Os segredos e métodos
de sucesso do futebol
no Velho Continente

2ª reimpressão

A ESCOLA EUROPEIA

DANIEL FIELDSEND

The European Game
Copyright © Daniel Fieldsend, 2017

Copyright da edição brasileira © Editora
Grande Área 2018

Tradução
Christian Schwartz

Preparação
Andressa Bezerra Corrêa

Revisão
BR75 | Silvia Baisch

Capa
BR75 | Luiza Aché

Produção editorial
BR75 | Silvia Baisch

Dados Internacionais de Catalogação na Publicação (CIP)
Angélica Ilacqua CRB-8/7057

F477e

Fieldsend, Daniel
A escola europeia: os segredos e métodos de sucesso
do futebol no Velho Continente/Daniel Fieldsend;
tradução de Christian Schwartz. 1ª ed. - 2ª reimpressão.
Campinas, SP: Grande Área, 2018.
336 p.

ISBN: 978-85-69214-19-9

Título original: The European Game: The Secrets of
European Football Success

1. Futebol - Europa 2. Futebol - Aspectos sociais -
Europa 3. Times de futebol 4. Jogadores de futebol -
Formação I. Título II. Schwartz, Christian

CDD 796.334094

Índices para catálogo sistemático:
1. Futebol - Europa 796.334094

Para minha mãe e meu pai,
"A Golden Sky"*

* Literalmente, "um céu dourado": trecho da célebre canção "You'll never walk alone", com a qual os torcedores do Liverpool FC, caso do autor deste livro, prestam tributo e apoio a seu time.

SUMÁRIO

NOTA DO AUTOR ————————————————— 9

1. CRIANDO UM SUPERCLUBE: ————————————— 13
   A ECONOMIA DA BOLA EM PARIS

2. UM LEGADO PARA O FUTURO: ————————————— 39
   O LYON DE AULAS

3. BASCOS EM GLÓRIA: ———————————————— 57
   O ATHLETIC BILBAO E O PODER DA IDENTIDADE

4. MESTRES E APRENDIZES: ————————————— 75
   OS INOVADORES TÁTICOS DO PORTO

5. A INVENÇÃO DE CRISTIANO: ————————————— 93
   O *SUPERSTAR* DO SPORTING

6. PORTA DE ENTRADA PARA A EUROPA: ———————— 105
   A ÁGUIA ALTANEIRA DO BENFICA

7. LUZ À SOMBRA DE UM GIGANTE: ————————— 115
   PACO, O RAYO E UMA FILOSOFIA DA RESISTÊNCIA

8. BARÇA: ———————————————————— 137
   A PALETA DE UM IMPÉRIO

9. PREGOEIROS, MERCADORES E SONHOS MEDITERRÂNEOS: —— 149
   O AGENTE DE MARSELHA

10. OS SEGREDOS DO RECRUTAMENTO: ———————— 161
COMO A JUVENTUS DOMINA A ITÁLIA

11. ESTILO, HISTÓRIA, PRESTÍGIO, MILAN ———————— 181

12. CASTELOS, REIS E FÁBULAS: ———————— 197
BAYERN DA BAVIERA

13. ASAS DA MUDANÇA: ———————— 211
RED BULL SALZBURG

14. INTERVALO DE LEITURA: ———————— 221
INVESTINDO EM POTENCIAL; TRANSFERÊNCIAS EUROPEIAS

15. AVENTURAR-SE NO DANÚBIO — PARTE I: ———————— 245
VIENA E UM AMOR PELA CIDADE

16. AVENTURAR-SE NO DANÚBIO — PARTE II: ———————— 255
A HISTÓRIA DO HONVÉD

17. CAVALEIROS DA MURALHA AMARELA: ———————— 269
RENÂNIA DO NORTE-VESTFÁLIA

18. EFEITO MINA DE OURO: ———————— 285
O FEYENOORD DE ROTERDÃ

19. ENTENDENDO O AJAX DE AMSTERDÃ: ———————— 303
LITERATURA

20. A RECEITA DA COCA-COLA ———————— 321

AGRADECIMENTOS ———————— 331

REFERÊNCIAS ———————— 333

SOBRE O AUTOR ———————— 335

NOTA DO AUTOR

Houve um tempo em que o futebol na Europa guardava algum mistério. Dias ensolarados de *Calcio*, quando Edgar Davids, da Juventus, e Ronaldo, da Inter de Milão, eram capazes de encantar uma geração de potenciais "eurófilos". Vê-los jogar era fascinante, consequência do acesso pouco regular que tínhamos a imagens dos jogos. Com o tempo, numa era de globalização e à medida que a sociedade se empanturrava de consumo visual, aquela aura seria minada, revelando o enigma daquele futebol que um dia fora tão sedutor. Minha geração viu o sol se pôr sobre o mistério, deixando uma nostalgia duradoura pelo futebol do continente, por nomes como Barcelona, Bayern de Munique e Ajax e o que eles outrora representavam.

Mais tarde, quando vim a trabalhar com futebol, consegui cavar oportunidades de visitar esses clubes (e outros) depois de enviar centenas de e-mails ao longo de muitos meses e, com base nas respostas recebidas, tracei um roteiro pelo continente. Minha intenção era descobrir se esses clubes mantinham a especificidade cultural que os tornara célebres ou se a era da hipercomunicação terminara por amalgamá-los numa única e triste mesmice.

Não pretendia escrever um livro sobre o assunto, queria apenas me aventurar — um capricho pessoal. No entanto, diante do padrão e da abundância das minhas observações, perguntei aos profissionais dos clubes se eles se importavam que eu compilasse oficialmente seus métodos de trabalho. Disseram que não e, na verdade, pareceram até bastante receptivos à ideia. Durante minhas estadias, eu lhes fiz as perguntas nas quais estava pessoalmente interessado. Ao voltar para casa e repassar as transcrições das entrevistas, ficou claro para mim que este relato poderia ser dividido em três áreas.

DANIEL FIELDSEND

Primeiramente, o livro explora o papel de cada profissional no futebol, de proprietários e treinadores a olheiros e agentes. Em seguida, profissionais trabalhando nessas funções explicam os métodos de que se valem para que eles, e, na verdade, seus clubes, sejam bem-sucedidos. Num terceiro momento, faço um perfil dos clubes que visitei e das características que os tornam especiais. O leitor pode folhear os capítulos na ordem que desejar, de Milão a Amsterdã, mas recomendo seguir o roteiro em sequência. Ao cobrir três áreas específicas, espero ter dado ao projeto uma diversidade única. Atreladas a cada capítulo, há pequenas seções falando de minhas descobertas ao longo do caminho: relativas a viagem, sociedade, identidade e pertencimento. Escrevi sobre fãs, tática, trabalho de treinadores e agentes, política, finanças, liderança e vida cotidiana na Europa.

Em algum lugar no meio da França, comecei a ler uma revista toda manchada de café, distribuída gratuitamente no trem, que encontrei no bolsão da poltrona à minha frente. Os textos eram quase todos em francês, claro, mas, tentando me livrar das garras do tédio, persisti na exploração dos estranhos anúncios e das belas fotos. Foi quando, inesperadamente, cercado por todas aquelas palavras estrangeiras, surgiu um artigo em inglês. Era sobre as experiências de viagem de uma mulher e sua observação de que os lugares que visitava, com suas realidades palpáveis, eram moldados pelo sistema de crenças das pessoas que lá viviam e vice-versa. Psicogeografia, "o estudo das influências mútuas entre pessoas e lugares", era a definição da autora para o que fazia. Gostei da ideia e a guardei, para depois redefini-la de modo a se adequar à perspectiva do futebol. É um conceito que aparece na maioria dos capítulos, uma vez que descobri haver uma óbvia relação entre o sucesso de um clube e sua ligação com o entorno. Em Bilbao, conforme ficará claro nas próximas páginas, o Athletic vai às escolas ensinar sobre a história de opressão na região a fim de inspirar orgulho nos jovens. No Feyenoord, os jogadores treinam debaixo de chuva e granizo para aprenderem sobre a bravura do povo de Roterdã. Todo clube deveria ser capaz de olhar para o entorno local e descobrir o que o torna culturalmente único, valendo-se disso para manter sua identidade.

A ESCOLA EUROPEIA

Por fim, gostaria de explicar minha metodologia. Conhecer os clubes e passar algum tempo ali foi essencial para ter *insights* informados. Eu poderia ter escrito partes deste livro de casa, uma vez decidido sobre minhas intenções, mas, para citar Da Vinci: "A experiência sempre foi a amante do bom escritor". Só mesmo tendo estado nos lugares é que sou capaz de descrevê-los por completo.

O leitor também deve estar preparado para minhas ideias românticas sobre como me deslocar em viagem. Pegar aviões de um lugar a outro seria trapacear. Somente viagens de trem — montanhas e campos passando na janela — oferecem prazer estético por horas a fio. Além dos vinhedos preguiçosos de Bordeaux, também foram inspirações o terreno arenoso do norte da Espanha e o Mediterrâneo azul espelhado. Tentei capturar essa atmosfera sempre que possível. Voar é sempre sair de um genérico complexo de vidro e metal para outro — tudo o que há entre um ponto e outro se perde. Do trem, atravessando grandes países, eu via a paisagem mudar.

Espero que você, leitor, curta este livro. Há, nestas páginas, uma paixão acumulada por futebol da qual sei que você compartilha. Obrigado por fazer parte deste projeto.

Dan Fieldsend
Fevereiro de 2017

DANIEL FIELDSEND

Postscriptum: a ideia de um livro sobre a Escola Europeia de futebol é muito anterior ao Brexit. Não incluir aqui os clubes britânicos não é uma manifestação política, é a opção por um nicho.

Observação: ao longo do livro, refiro-me aos clubes como "eles". Acredito que clubes são associações de pessoas, não apenas instituições, e que, portanto, merecem o pronome pessoal.

Aviso: as opiniões expressas a cada capítulo pelos profissionais entrevistados são, na maior parte, teorias, ideias e métodos de trabalho pessoais que, embora contribuam para a eficiência e o sucesso de seus clubes, não são institucionalmente representativas. Isso é ilustrado pelo fato de que, desde as entrevistas, alguns desses profissionais se transferiram para novos clubes e levaram consigo suas crenças. No entanto, os clubes em si se oferecem como um pano de fundo fantástico para explorarmos como funciona o futebol moderno.

1.
CRIANDO UM SUPERCLUBE: A ECONOMIA DA BOLA EM PARIS

Depois de se passar um dia em cada ponta do Eurostar, as semelhanças entre Londres e Paris se tornam claras. Existem, aparentemente, duas faces para cada cidade. Há aquela que os turistas veem, com catedrais, monumentos e museus, e há a periferia repleta de cultura, mas economicamente carente, onde a maioria das pessoas vive. Aquela gente bem-vestida e eloquente no centro da agitação das duas capitais, mergulhada na busca ferozmente competitiva pela prosperidade, difere pouco na aparência. São pessoas calmas e bem-educadas, suavemente gentis. Nas estações de metrô circunscritas ao perímetro delimitado pelo Boulevard Périphérique de Paris, muito parecidas com as do metrô de Londres, a conversa é sofisticada. No entanto, o que Paris tem de excepcional como cidade é sua insistência em apresentar novas combinações de refinada arquitetura à saída de cada estação. Impossível outro lugar no mundo com tal cuidado decorativo. A constante invisível que Lawrence Durrell descreve como "uma ternura de bem viver" pode ser sentida em imagens e sons. É a única cidade com sensibilidade suficiente para valorizar as muitas formas de arte, onde jovens ambiciosos trabalham determinados a, um dia, ver os quadros que vendem na rua expostos no Louvre. Depois de muita espera, felizmente, a bela metrópole tem um time de futebol que apaixona seus habitantes com exibições de respeito.

DANIEL FIELDSEND

Nem sempre foi assim, no entanto. Houve uma época em que o escudo do Paris Saint-Germain causava embaraço, não tinha o peso e a sofisticação que o tornassem digno das lojas de suvenir da cidade. O clube começou a flertar com a sociedade parisiense quando o sueco e mundialmente célebre Ibrahimović (o jogador é conhecido como "Ibra"; sua caricatura, como "Zlatan") chegou do Milan. Vestindo uma camisa cristalina de tão branca, sorrindo com a Torre Eiffel ao fundo, camisa do PSG na mão e cercado por uma multidão de adoradores, Ibrahimović se tornou a própria imagem de um clube de futebol renascido. "É um sonho que se tornou realidade", disse ele na época, antes de admitir: "Não conheço muito o campeonato francês".

Nem deveria. Quando Ibra foi apresentado no Camp Nou para 55 mil torcedores esperançosos do Barcelona, em 2009, a primeira divisão francesa (Ligue 1) estava em decadência. Naquela temporada, o PSG teve uma média de público de 33.266 espectadores; o Lyon, de 34.767; e o Mônaco, uma base de 7.894 fãs aparentemente desinteressados. Oito temporadas mais tarde, Ibrahimović desembarcou na França trazendo investidores comerciais, gerou maior curiosidade pelo campeonato e se foi. Deixou em seu rastro uma grande onda de interesse. Em 2016, o PSG levou em média 44.433 torcedores a suas partidas (um aumento de 33,5%, depois de ter vencido cinco vezes o campeonato); o Lyon, 38.113 (alta de 9,6%, que seria maior não fosse pela localização do novo estádio, fora dos limites da cidade); e o Mônaco, 9.752 (23,5% a mais do que em 2009, marca impressionante para os bebedores de champanhe da Costa do Mediterrâneo).

A ascensão do PSG e da Ligue 1 se deveu principalmente à entrada de dinheiro do Golfo Pérsico, que coincidiu com uma gentrificação[1] de imagem e de espectadores. Ao longo de grande parte de sua história, o Catar, um país desértico na Península Arábica, dependeu da pesca de pérolas e da exportação de pedras preciosas para se manter como uma economia estável. Transformou-se na potência financeira que conhecemos somente a partir de 1971, quando a maior reserva de gás natural do mundo, o condensado de North Dome, foi descoberta

---

[1] Processo de mudança do perfil de um público, que passa a contar com pessoas de maior poder aquisitivo. (N. E.)

próxima à costa do país. No entanto, o xeique Khalifa bin Hamad Al Thani não conseguiu capitalizar todo esse potencial econômico. Foi tirado do poder por seu filho, Hamad bin Khalifa Al Thani, e outros membros da família, num golpe de estado sem uso de violência, em 1995, enquanto estava fora do país, em Genebra.

Entre 1995 e 2013, o xeique Hamad (para usar uma abreviação de seu nome) transformou o Catar, um território desértico com potencial natural mas fraco desempenho econômico, num dos maiores exportadores de petróleo e gás pós-milênio. Já era hora de não depender mais da pesca de pérolas. Uma das primeiras medidas do xeique foi acelerar a exploração da reserva North Dome. O PIB do país disparou e o Catar acumulou uma riqueza soberana de 170 bilhões de dólares. Inteligentemente, o xeique Hamad tratou a renda advinda de recursos naturais como uma espécie de fundo de investimento livre. Fundou a Autoridade de Investimento do Qatar em 2003 e passou à aquisição de autênticas instituições do Ocidente, como Harrods, Porsche e Volkswagen. Se a fonte secasse, por assim dizer, o dinheiro estaria a salvo.

Seu filho, o xeique Tamim, foi educado na Harrow School, na Inglaterra. No tempo que passou ali, o jovem xeique testemunhou a influência do futebol na cultura ocidental e acabou se encantando com o esporte. A Autoridade de Investimento do Qatar criou um braço esportivo em 2005, a Qatar Sports Investments (QSI), a ser administrada por um amigo próximo do xeique Tamim, Nasser Al-Khelaïfi. Em 2011, coerente com sua estratégia de permear a consciência ocidental, a QSI gastou 70 milhões de euros na compra do novato, mas problemático, clube de futebol Paris Saint-Germain.

No momento da compra, o time vivia um inferno atroz. "Gafe dos torcedores garante derrota do PSG mesmo com vitória" foi a manchete do *Guardian* em 2008, quando o clube figurava no 19º lugar da tabela, na Ligue 1.[1] Os torcedores do time de Paris haviam hasteado uma bandeira depreciativa contra os do Lens, na final da Copa da Liga da França, chamando os *Ch'tis* do norte do país de pedófilos consanguíneos, o que provocou indignação nacional. Mas há uma razão pela qual, durante um almoço em 2011 ao qual compareceram Michel Platini e o presidente Sarkozy, os representantes do Catar

DANIEL FIELDSEND

decidiram investir no PSG. Era o único grande clube numa cidade de 12 milhões de habitantes. Que diferença fazia que seus torcedores fossem um pouco violentos e a média de público estivesse em declínio? Aquela era Paris, a elegante capital espiritual da Europa. Lar da burguesia, da arte, da moda, da comida e do bem viver. Sua centralidade e seus famosos monumentos atraíam mais turistas que qualquer outro lugar do mundo. Além disso, tratava-se ali de futebol moderno; depender de torcedores locais deixara de ser um problema. O governo do Catar tinha um plano de negócios para monopolizar instituições ocidentais e, conforme deve ter argumentado o próprio Sarkozy, torcedor do PSG, assumir o controle do clube de Paris daria sequência ao projeto. O xeique Tamim e Nasser Al-Khelaïfi gostaram da ideia — em muitos aspectos, o PSG era semelhante ao Catar no qual tinham sido criados durante a década de 1980, um gigante adormecido em miniatura — e decidiram financiar os parisienses para torná-los um "superclube", não importando o quanto custasse. "As receitas geradas pelos empreendimentos devem ser reinvestidas no Catar", justificou o site da QSI. [II]

O domínio dos superclubes

Um artigo de autoria de Matt Andrews, da Universidade de Harvard, publicado em 2015,[2] fazia uma analogia entre superclubes e corporações multinacionais ou transnacionais. O autor os definia como clubes com "receitas muito mais altas do que a média, [potencial para] ganhar muito mais jogos e títulos e maior probabilidade de contribuir positivamente para as respectivas economias nacionais". Os atuais superclubes são (deixando de fora os ingleses): Real Madrid (com receita de 620,1 milhões de euros em 2016 — a fonte dos números, sempre em euros, é a consultoria Deloitte), Barcelona (620,2 milhões), Bayern de Munique (592 milhões), Paris Saint-Germain (520,9 milhões) e Juventus (341,1 milhões). São assim definidos por seu faturamento milionário e pela capacidade de monopolizar recursos no mercado interno. A Juventus, por exemplo, faturou 159 milhões de euros a mais do que o Napoli, o segundo clube italiano

---

[2] ANDREWS, M. "Being Special: The Rise of Super Clubs in European Football". *Working Papers*, Harvard, 229 ed., n. 1, p. 2-43, 2015.

mais rentável em 2016, e o Bayern de Munique, cerca de 194 milhões a mais do que o Borussia Dortmund no mesmo ano.

O aspecto mais ameaçador do domínio dos superclubes é seu sucesso inabalável, fortalecido a cada temporada. "Clubes de sucesso ganham mais com direitos de televisão, o que permite que contratem e mantenham melhores jogadores, o que, por sua vez, os faz continuar a ser bem-sucedidos",[III] escreveu Gabriele Marcotti para a ESPN sobre esse ciclo que se perpetua. O PSG e o Bayern conquistaram quatro títulos consecutivos na França e na Alemanha, respectivamente, de 2012 a 2016, e a Juventus, cinco na Itália. O campeonato espanhol, tendo superado a italiana Série A como destino das superestrelas do esporte, viu Barcelona e Real Madrid dividirem entre si 25 dos 30 títulos disputados entre 1986 e 2016.

Historicamente, como explicou o artigo do pesquisador de Harvard, os superclubes construíram suas marcas ao longo de muitos anos. O sucesso deles é resultado da atração de investidores e da oferta de novos produtos por meio de campanhas publicitárias e de mídia. À medida que a sociedade evoluía, os superclubes perceberam, muito antes de seus rivais, a mudança do apoio local, baseado em venda de ingressos, para a internacionalização. O Manchester United, por exemplo, se deu conta do potencial de comercialização do futebol, ou ao menos tentou se capitalizar, antes do Liverpool. Assim como fizeram o Bayern de Munique antes do Dortmund e o Real Madrid antes do Valencia. Novas formas de financiamento estavam disponíveis e direcionaram o curso de suas histórias para atrair patrocinadores, acordos de televisão e novos torcedores.[IV]

Mas esse grupo de superclubes (Bayern, Juventus, Real Madrid e Barcelona) dispunha de muita história para contar. Seu status era produto de anos de sucesso. Tome-se o Bayern de Munique, por exemplo. Após a Segunda Guerra Mundial e a criação da Alemanha Oriental comunista, grandes empresas, como a Siemens, se transferiram para Munique. Antes da criação da Bundesliga, em 1963, a Audi e a BMW se mudaram para a cidade, cuja população crescia. Essas empresas optaram por investir no Bayern, e não nos rivais locais do Munique 1860, por conta dos êxitos nacionais do primeiro nos anos 1970. Num

DANIEL FIELDSEND

universo paralelo, o 1860 poderia ser um superclube, em vez do Bayern, se tivesse convencido Gerd Müller (do TVS Nördlingen) e Franz Beckenbauer (nascido em Giesing) a reforçar seu plantel, e não o de seus rivais na cidade (Beckenbauer levou um tapa na cara num jogo contra o 1860, quando menino e, por isso, chegando à idade em que pôde decidir por si próprio, escolheu jogar pelo Bayern).

Em 1972, o Bayern mudou de casa para o Estádio Olímpico, com capacidade para 70 mil pessoas, e em 1974 passou a ter o patrocínio da empresa alemã Adidas. Desde então, manteve a posição de clube mais rico da Alemanha, mais tarde passando a fazer parte de um grupo de superclubes igualmente ambiciosos no continente. A pesquisa de Harvard identificou a maneira como, de forma similar, o sucesso associado à internacionalização pioneira do Real Madrid e do Barcelona proporcionou as bases para a promoção das marcas e o subsequente status de superclubes dos dois, mencionando as vindas de Alfredo di Stéfano, em 1953, na época jogando na Colômbia, e de Johan Cruyff, da Holanda, em 1973, como exemplos. "O Real Madrid é lendário por ter sido construído sobre doses iguais de legado histórico e identidade de marca, remontando à identidade nacionalista da Espanha de Franco", menciona o estudo.

Entrando para a turma

No entanto, graças ao avanço da globalização e da comunicação instantânea, um clube não precisa necessariamente ter uma rica história de sucesso doméstico para se tornar "super". O PSG é prova viva disso. "O mundo agora é instantâneo, digital. O Real Madrid demorou cinquenta anos para vir a ser um grande clube mundial. Agora, isso pode ser feito em cinco anos", afirmou Jean-Claude Blanc, diretor-geral do clube francês, a Simon Kuper, do *Financial Times*.[V]

Durante minha visita a Paris, o PSG me deu acesso a um relatório normalmente apresentado a potenciais investidores comerciais. É sutil, mas, no meio de parágrafos nos quais se vangloriam de sucessos recentes, pode-se analisar quais áreas o PSG e a QSI consideram chave para seu investimento. Ou seja, aquelas áreas em que escolheram focar, a fim de alçar o clube da irrelevância à condição de superclube.

A ESCOLA EUROPEIA

De associação esportiva eternamente inferior, com base na capital e nascido da fusão do Paris FC com o Stade Saint-Germain em 1970, às voltas com hooligans e sem dinheiro, a uma das equipes mais ricas e com maior patrocínio do futebol mundial, o PSG apresentou uma evolução nunca vista. E isso se deveu, de acordo com o relatório que li, a: melhoria nas instalações do clube; prioridade ao desenvolvimento das categorias de base; criação de um estilo de jogo favorável; ênfase no poder de mídia; e investimento em jogadores famosos.

Etapa 1: instalações

Houve um tempo em que as *socialites* parisienses nem sonhariam em ser vistas frequentando *le football*. Mas, com a gentrificação do público, agora não mais formado pelo torcedor tradicional, muitas vezes indisciplinado, e a crescente presença de celebridades (Kendall Jenner, Gigi Hadid, Rihanna, Jay Z e Beyoncé), o estádio Parc des Princes substituiu o Théâtre de la Ville como lugar da moda. *Dream Bigger* [Sonhe mais alto]: lia-se na placa do lado de fora da entrada dos jogadores, na tarde em que cheguei ali, escrita num perfeito inglês, a língua do consumo. Sob a placa, onde antigamente os torcedores se misturavam, estendiam-se um tapete vermelho e um cordão de isolamento aveludado. O PSG, ao que tudo indicava, transformava seus sonhos em realidade.

Cédric é estudante em Paris e desde sempre torceu para o PSG. Nós nos encontramos num dia nublado de fevereiro do lado de fora do Parc des Princes, uma estrutura cinzenta de concreto construída às margens da rodovia A13. Peões de obra circulavam pelo complexo com capacetes amarelos, suas conversas inaudíveis sob o ruído das britadeiras. "Estão dando um trato no estádio para receber a Eurocopa!", berrou Cédric.

Um estádio é a cara que um clube deseja apresentar ao mundo. O Parc des Princes fica entre as duas faces de Paris; suficientemente próximo tanto dos 2 milhões de moradores abastados do perímetro do anel viário da cidade, quanto dos 10 milhões de pessoas vivendo em piores condições nos arredores. Fotos de "lendas do clube" (o critério varia conforme o observador) foram afixadas no estádio, para grande irritação de Cédric. "Tem mais fotos do Beckham aí do que

DANIEL FIELDSEND

das verdadeiras lendas do clube, como o Raí ou o Pauleta." De fato, eram quatro imagens de David Beckham, do período de cinco meses em que jogou no PSG (total de dez jogos no campeonato francês), contra duas fotos de Pauleta, um dia detentor do título de maior artilheiro da história do clube, e apenas uma de Raí.

O que Cédric lamentava era, segundo ele, a tentativa de esquecer a história. A presença de Beckham atraiu celebridades, empresários, clientes e *socialites* ricas para o Parc des Princes, o que por sua vez exigiu transformar o estádio para acomodá-los. "O programa de hospitalidade do Paris Saint-Germain também serviu de chamariz a um número considerável de clientes corporativos", confirmava o relatório a que tive acesso. "O que os atraiu foi o excepcional conjunto de catorze suítes de luxo do Parc des Princes e a variedade de serviços *premium* oferecidos." O faturamento com o programa de hospitalidade se multiplicou por seis entre 2011 e 2016, alcançando 24,6 milhões de euros.

"Graças ao aumento do número de cadeiras VIP, à reorganização do Parc, à melhoria das praças de alimentação e à criação de novos produtos, o Paris Saint-Germain colocou em prática uma das políticas de preços de ingressos mais competitivas do futebol mundial", escrevem os autores do documento. Preço competitivo no PSG, porém, só se a comparação for com ingresso de teatro, não de futebol, reclama Cédric. O valor médio do carnê de ingressos para a temporada aumentou de 460 euros em 2011 para 938 euros em 2015, daí a gentrificação da torcida e o clube ter se tornado, como consequência, atraente para a classe média. "O Paris Saint-Germain possui agora um estádio à altura de suas ambições", conclui o relatório.

O estudo da Universidade de Harvard sugeria que os superclubes iriam criar novos produtos para manter seu status de elite. O PSG, fiel à regra, criou um serviço de *concierge* com o cartão American Express. "Essa parceria está alinhada com nossa estratégia, iniciada há três anos, de reposicionar o clube como uma marca *premium*", declarou o diretor comercial, Frédéric Longuépée. Os clientes andam de carro com motorista pela Cidade Luz e, depois de levados para assistir a um jogo da Champions League, são convidados para uma festa com os jogadores. "Somos os representantes de Paris, da França e do Catar", explicou Ibrahimović — o menino criado num gueto em Malmö.

A ESCOLA EUROPEIA

Etapa 2: categorias de base

O Barcelona e o Bayern de Munique venceram a Champions League em 2013 e 2015, respectivamente, com uma visão clara de como jogar, permitindo a seus jovens jogadores uma adaptação mais fácil. O Barcelona tinha sete pratas da casa entre os jogadores do plantel principal, enquanto o Bayern costumava começar os jogos com quatro deles como titulares. O comentário sobre o Paris Saint-Germain é que, historicamente, o clube sempre fechou os olhos ao talento local que tinha bem debaixo do nariz. "O melhor jogador a subir das categorias de base foi o [Mamadou] Sakho. Usava a braçadeira de capitão aos dezoito anos e podia ter sido o nosso [Paolo] Maldini, mas foi vendido", Cédric comentou comigo noutra ocasião, quando seguíamos de trem para Lyon. O PSG jogaria com o Olympique de Lyon naquele final de semana e tínhamos ingressos.

"Temos tido uma postura *blasé* com os pratas da casa; nossas categorias de base nunca foram boas, mas estão melhorando agora." Em 2015, o ganhador do troféu Golden Boy — prêmio dado ao melhor jogador da temporada europeia com menos de 21 anos — foi Anthony Martial, atacante criado em Paris, mas contratado pelo Lyon. Kingsley Coman, outro talento parisiense saído do PSG, foi finalista na premiação. Mais alguns astros de Paris e arredores que o PSG deixou passar são: Riyad Mahrez, Lassana Diarra, N'Golo Kanté, Abou Diaby, Patrice Evra, Hatem Ben Arfa e o futebolista mais caro do mundo, Paul Pogba. Até mesmo Didier Drogba passou parte da infância e da adolescência morando na cidade, mas não foi contratado pelo clube da capital.

Embora se possa argumentar que alguns desses nomes tenham começado como talentos discretos, levando anos para se anunciar ao mundo, como nos casos de Drogba, Kanté e Mahrez — que precisaram de tempo para lentamente se desenvolver —, outros mostraram talento gritante desde cedo. Thierry Henry e David Trezeguet são bons exemplos. Aos vinte anos, já eram campeões mundiais com a França e, aos 22, levantaram o troféu da Eurocopa também jogando pela seleção do país. Ambos haviam sido negligenciados pelo PSG quando jogavam em categorias de base, apesar de viverem nos subúrbios da cidade.

DANIEL FIELDSEND

Trezeguet nasceu na França, mas cresceu em Buenos Aires. Quando voltou para Paris, em 1995, fez um período de experiência no PSG e pediu um apartamento para a família morar. O clube recusou. E o atleta acabou, por isso, assinando com o Mônaco, onde formaria dupla com seu companheiro exilado Henry. "Meu sonho era Paris! Nos treinamentos durante o período de experiência, o Luis Fernandez me disse: 'David, você vai ficar aqui'. A única coisa que eu queria no contrato era um apartamento para a minha família. Ponto em que parecíamos ter entrado em acordo, mas, no final das contas, meus pedidos não foram atendidos. Dois dias depois, fui obrigado a ir embora."[VI]

A periferia da cidade é um celeiro. Enquanto o PSG historicamente tende a negligenciar isso, outros clubes ficam atentos. Cerca de 25% dos futebolistas profissionais franceses vêm daqueles subúrbios. Um clube amador no oeste de Paris, o CO Les Ulis, costuma se beneficiar da negligência do PSG, embora dispute apenas a sexta divisão do futebol francês. O clube descobriu e amadureceu Patrice Evra, Yaya Sanogo e Thierry Henry antes que categorias de base de times profissionais os levassem. Outro que também passou pelo Les Ulis foi Anthony Martial, cuja ida para o Manchester rendeu ao pequeno clube 270 mil libras.

"O Paris Saint-Germain foi complacente no cuidado com suas categorias de base no passado, o que levou à saída do Anelka, ao mesmo tempo que a rede de pesca do clube deixava escapar Henry e Evra", comentou Jonathan Johnson, dos canais ESPN e beIN, quando saímos para jantar. "O Trezeguet também queria desesperadamente assinar com o PSG, mas o clube não dava preferência a jogadores jovens na época. Agora aprenderam e, mesmo tendo perdido Kingsley Coman, lutaram com unhas e dentes para segurar Adrien Rabiot no clube. Querem oferecer contratos de longo prazo a esses jovens e estão desesperados tentando fazer Presnel Kimpembe ficar."

O relatório do clube a que tive acesso descreve os progressos feitos nessa área com orgulho: "As categorias de base do Paris Saint-Germain estão empenhadas em transmitir a filosofia e os valores do futebol do clube, baseado na posse de bola". Com seu potencial de recursos, o PSG sempre reuniu condições para ter o melhor centro de formação de jogadores do mundo; a QSI ajudou o clube a torná-lo realidade.

A ESCOLA EUROPEIA

Etapa 3: estilo de jogo

Entre os grandes nomes de jogadores-celebridade trazidos do exterior, o PSG investiu num jovem talento do pequeno Pescara, da segunda divisão da Itália, e imediatamente procurou promovê-lo como garoto-propaganda de seu novo "estilo". "Marco Verratti, jogando no miolo do meio-campo parisiense, chegava para ser a âncora da filosofia baseada na posse de bola da equipe. O jovem italiano se revelou um dos melhores meios-campistas da Europa, dominando as estatísticas nacionais com uma média de 102,8 toques na bola por jogo e 86,2 passes certos", afirma orgulhosamente o relatório do clube. Essa "filosofia baseada na posse de bola" que o PSG queria criar, Cédric acreditava, foi em parte a razão pela qual Laurent Blanc acabou sendo demitido e substituído pelo espanhol Unai Emery: Blanc não conseguira criar um estilo de jogo que enchesse os olhos.

O sucesso, para os catarenses da QSI, já suficientemente ricos, tem a ver com a imagem da qual gozam na sociedade. Seu anseio é que o PSG seja um patrono das artes, digno de Paris, razão pela qual a derrota de 2017, mais uma, para o Barcelona — o clube no topo do futebol mundial e também patrocinado pelos catarenses — foi particularmente dolorosa. O placar (uma capitulação por 6 × 1 depois da vitória em casa, no primeiro jogo, por 4 × 0) não desgostou tanto os parisienses quanto os tons de mediocridade que coloriram seu desempenho. Mesmo na vitória do time da casa em Paris, o Barça teve o controle do jogo ao qual assistiam patrocinadores e convidados VIP, totalizando 57% de posse da bola, jogando como se espera de um grande clube; como o PSG achava que seria capaz de fazer. "Todo mundo ficou chateado", disse Nasser Al-Khelaïfi após a derrota por 6 × 1, quando o Barcelona teve a bola nos pés 71% do tempo.

Embora o futebol de posse de bola não necessariamente seja garantia de vitória, esse estilo mantém uma aura de elitismo. É uma abordagem proativa do jogo que diferencia os grandes clubes dos menores; aqueles que propõem o jogo ao adversário dos que apenas resistem o quanto podem. Como disse Arrigo Sacchi: "Todas as grandes equipes têm essa característica de querer controlar o campo e a bola". O estilo que o PSG deseja desenvolver é o do domínio da bola e, portanto, do desenrolar do jogo. Por isso, foi recrutado o ex-treinador do Barcelona, Carles Romagosa, como diretor técnico para auxiliar no desenvolvimento dessa forma de jogar.

O que o clube concluiu, fundamentalmente, após a derrota para o Barça, foi que, para ser bem-sucedido com um futebol de posse de bola, precisaria que os jogadores, dentro da estrutura da equipe, melhorassem suas tomadas de decisão em todos os momentos. Tinham de saber para quem passar, quando, com que objetivo, a força e o ângulo do toque na bola. Também seria preciso que enxergassem o quadro maior: que deslocassem os oponentes para criar espaços a serem explorados noutras partes do campo.

Carles Romagosa, no tempo que passou na Universidade Central da Catalunha, trabalhou para aperfeiçoar as tomadas de decisão dos atletas. "Com seus assistentes, Carles Romagosa veio implementar o método 'Ekkono', uma nova abordagem de treinamento que enfatiza e melhora as funções cognitivas dos jogadores", escreveu o jornal *Le Parisien* na época da contratação do diretor. O método é dividido em quatro áreas específicas: o jogo, a percepção, o questionamento e os conceitos. No quesito jogo, por exemplo, Romagosa explicou que é importante projetar exercícios aplicáveis ao futebol, para que os jogadores possam transpor o conteúdo dos treinos à vida real. No que diz respeito aos questionamentos, o ex-treinador do Barça considera essencial criar problemas para os jogadores dentro e fora de campo, em vez de lhes apresentar soluções.

O centro de treinamento Camp des Loges, do PSG, instalado confortavelmente no parque nacional de Saint-Germain, vizinho ao castelo de verão de Luís XIV, implementaria uma filosofia baseada na posse de bola no estilo (bastante vendável) do Barcelona. Todos os jovens de todas as faixas etárias seriam treinados para ter segurança quando tivessem a bola e estar à vontade jogando em todos os setores do campo. Ao fazer isso, conforme afirmava o artigo do pesquisador de Harvard, o PSG promoveria uma imagem mais atraente, alinhada a seu status de superclube.

Etapa 4: controle da mídia
Aldous Huxley, na época em que lecionou em Eton (tendo George Orwell como aluno), começou a refletir sobre o potencial da mídia sobre a consciência cívica. Quando de sua morte, em 1963, já havia

A ESCOLA EUROPEIA

se tornado um grande pensador sobre esse tema. "Uma sociedade", escreveu ele em *Admirável mundo novo*, "cuja maioria dos membros passa grande parte de seu tempo não no aqui e agora, nem num futuro que se possa vislumbrar, mas em outro lugar, nos mundos alheios e irrelevantes do esporte, da novela, da mitologia e da fantasia metafísica, teria dificuldade em resistir às investidas daqueles que a manipulassem e controlassem."[3]

A manipulação da mídia de modo a influenciar as tomadas de decisão e as preferências dos torcedores, especificamente de futebol, essa massa de gente, teria sido algo de grande interesse para Huxley se ainda fosse vivo hoje. Com "hoje", quero dizer nesta era da hipercomunicação. Até mesmo Jean-Claude Blanc reconheceu que o futebol está mais fluido do que nunca, com o PSG capaz de alcançar em cinco anos o que custou cinquenta para o Real Madrid conseguir. Há um "rebanho" considerável de pessoas impacientemente à espera de um time pelo qual torcer. Estão de coração aberto a qualquer um deles, não importa de onde. Com o uso da mídia, os clubes podem prescindir do pertencimento local e ampliar sua aquisição de novos torcedores para horizontes globais.

O professor Richard Giulianotti, da Universidade de Loughborough, é um dos principais acadêmicos especializados na complexa relação entre globalização e futebol. Seu artigo de 2002, intitulado "Supporters, Followers, Fans, and Flâneurs: A Taxonomy of Spectator Identities in Football" [Torcedores, seguidores, fãs e *flâneurs*: Uma taxonomia das identidades do espectador de futebol], está entre os trabalhos mais perspicazes já escritos sobre as diferenças entre os tipos de aficionados por futebol. Em seu artigo, o professor apresentou os potenciais clientes abastados citados por clubes de elite como prioridade. Giulianotti dividiu a identidade do espectador de futebol em quatro categorias diferentes, descrevendo-as pelo tipo de interesse que cada espectador tem pelo clube de seus desejos. O espectador "tradicional" é aquele com investimento emocional mais profundo no clube, com o qual mantém um relacionamento próximo do que teria com um membro da família. O segundo tipo de espectador é o "seguidor", que não tem como característica o vínculo emocional com um clube em particular, mas, em vez disso, prefere se manter a par do

[3] HUXLEY, A. *Brave New World*. Nova York: Harper & Bros, 1946.

DANIEL FIELDSEND

que acontece com vários clubes e personalidades do esporte pelos quais tem algum interesse. O terceiro tipo de espectador é o "fã". Em geral sem vínculo de localidade, o "fã" expressa sua identificação com um clube e seus jogadores pelo consumo de produtos relacionados, provando assim seu senso de pertencimento. A última das categorias de espectador, e talvez a mais importante, é a do *flâneur*.

Descritos como burgueses e, portanto, em busca de uma multiplicidade de experiências no futebol, são consumidores de nenhuma localidade em particular. Por conta de seu poder aquisitivo, os clubes os têm atraído com vitrines cada vez mais interessantes aos olhos, criando assim uma quase comunidade de cosmopolitas. "O *flâneur* era um transeunte urbano moderno: homem, tipicamente em plena idade adulta, ele passeava pelas avenidas e pelos mercados. [*Flâneurs*] adotam uma relação distanciada com os clubes de futebol, mesmo seus favoritos. Um verdadeiro *flâneur* do futebol pertence tão somente a uma comunidade virtual de transeuntes que circulam com seus olhos consumidores de uma vitrine a outra dos clubes."[4]

Muito apropriadamente, *flâneur* era o nome dado aos apreciadores de vitrines que caminhavam com tempo de sobra pelas ruas de Paris no século XIX. O centro da cidade era uma coalescência de *socialites* abastadas, cujas individualidades se combinavam para criar uma comunidade de mútuo interesse próprio. Por muito tempo, os *flâneurs* de Paris, cuja maior ambição era se destacar na multidão, consideraram o futebol algo *démodé*. Homens e mulheres de respeito deveriam ir ao Théâtre de la Ville ou à Ópera Garnier, não assistir à prática de um esporte que hooligans da periferia frequentavam com a intenção de arranjar briga. A aquisição do PSG pelos catarenses coincidiu com banimentos em massa dos baderneiros já identificados, permitindo que o clube se transformasse para receber tanto a rica sociedade parisiense quanto gente com influência financeira do mundo todo.

"Como um dos dez melhores clubes do futebol mundial, a marca Paris Saint-Germain desfruta de reputação global. Isso se deve, em primeiro lugar, à extensa cobertura da mídia no exterior — 70% da audiência total de televisão do clube vem de transmissões internacionais

---

[4] GIULIANOTTI, R. "Supporters, Followers, Fans, and Flâneurs: A Taxonomy of Spectator Identities in Football". *Journal of Sport and Social Issues*. 26 ed., n. 1, p. 25-46, 2002.

A ESCOLA EUROPEIA

dos jogos", alardeia o relatório do PSG. Cerca de 2,8 milhões de pessoas assistiram à partida contra o Barcelona em 2013. Após o jogo, o técnico do PSG, Carlo Ancelotti, teve de encarar perguntas de jornalistas querendo saber se sua opção por David Beckham (pouco acionado até ali naquela temporada), em lugar do jovem Marco Verratti, se devera ao significado comercial associado ao confronto. O treinador negou que os catarenses tivessem alguma influência sobre suas decisões.

Conforme afirma, ainda, o relatório: "[Nosso] site oficial (www.psg.fr) está agora disponível em oito idiomas e segue atraindo mais e mais fãs. Na atual temporada, foram mais de 30 milhões de visualizações, com mais de um terço delas a partir do exterior". As mentes de jovens *flâneurs* na Ásia e nas Américas podem ser conquistadas por superclubes como o PSG, especialmente na medida em que sua estratégia primordial é ter esses jovens como alvos e acolhê-los.

Etapa 5: investimento em talento
No entanto, mesmo com forte presença na mídia, um estádio melhor e excelentes categorias de base, o PSG não seria um superclube. O catalisador do status que adquiriu recentemente foi um investimento em nomes chamativos do futebol mundial — tanto jogadores como pessoal técnico. Na fachada do estádio, em cima do tapete vermelho e ao lado do letreiro com as palavras *Dream Bigger*, ficam imagens gigantescas dos principais jogadores do clube. Eles, mais do que qualquer outra coisa, definem o que é esse gigante moderno. Ali estão Ángel Di María, Thiago Silva e Edinson Cavani em azul e vermelho. Antes havia também as fotos de David Beckham e Zlatan Ibrahimović. De maio de 2011 a agosto de 2016, na tentativa de se fazer notado, o PSG gastou 509,48 milhões de libras em jogadores. Seus rivais mais próximos, do Olympique de Lyon, investiram, nesse mesmo período, apenas 58 milhões de libras em transferências (cerca de 451 milhões a menos). Para se ter uma ideia dos excessos do PSG de uma perspectiva continental, outro clube que busca se tornar "super", o Borussia Dortmund, gastou 219 milhões de libras naqueles mesmos anos, com a diferença de que faturou 179 milhões de volta com a venda de jogadores.[5]

---

[5] Todas as cifras ao longo do livro foram pesquisadas no confiável site Transfermarkt.com (salvo indicação em contrário).

Cédric é sócio-torcedor — um dos poucos torcedores "tradicionais" com sorte para ainda poder frequentar todos os jogos da temporada — e lamenta os gastos do clube, para ele desnecessários: "Eles [os investidores do Catar] gastaram esse dinheiro como se estivessem dizendo: 'Olhem só pra gente, aqui o negócio é sério'. Mas havia outros jogadores que estavam saindo mais em conta, como o [Philippe] Coutinho, que foi para a Inglaterra, e até o [Carlos] Tévez". O rapaz se referia a duas transferências em particular. Na mesma janela em que Lucas Moura foi contratado por 30 milhões de libras, Philippe Coutinho chegava ao Liverpool por 9 milhões. Da mesma forma, o belo (e vendável) Edinson Cavani custou 48 milhões de libras, enquanto o argentino Carlos Tévez, da seleção de seu país, e um jogador similar em muitos aspectos, desembarcava por 6,75 milhões na Juventus, onde acabou sendo eleito duas vezes o melhor do ano na Série A. Falar dessas transferências em retrospectiva é fácil, mas o que Cédric mais lamenta é que os torcedores tenham sido obrigados a arcar, desde então, com a reputação do PSG de clube gastador. "A gente nunca confiou no Ibrahimović, sabe? A torcida preferia ficar com o Kevin Gameiro."

O PSG e a economia da bola
A riqueza no futebol se estrutura de tal forma que, até mesmo no caso de sucessos anômalos, quando times como o Leicester City vencem competições de prestígio a partir de uma posição inferior na hierarquia, é difícil segurar jogadores talentosos se os superclubes os assediam. Simon Kuper, colunista do *Financial Times* e autor de *Football Against the Enemy* e *Soccernomics*, previu essa dificuldade para o Leicester ainda em fevereiro de 2016, meses antes de o time se tornar campeão da Premier League. "Os melhores jogadores do time vão ser comprados pelos clubes ricos e tudo voltará ao equilíbrio normal. O Leicester pode ter um futuro drasticamente melhor, mas repetir o Nottingham Forest e manter o sucesso?", o jornalista deu de ombros. "Esse brilho vai se apagar, mas talvez não de imediato." Algum tempo depois, a previsão se provou correta, com a revelação local N'Golo Kanté indo para o Chelsea.

Tínhamos marcado encontro no Café Funambules naquela manhã de outono. *Scooters* passavam zunindo na cinzenta rua parisiense às costas de Simon, que mexia o café entre uma pergunta e outra. Morador de Paris de longa data, ele concordara em discutir as mudanças no futebol local desde o lançamento de seu livro *Soccernomics*, em 2009. "Tinha aqui esse território com 12 milhões de habitantes e um time ruim que nunca se classificava para a Champions League ou a Copa da Uefa. Comparado a Londres, que tem 8 milhões de pessoas e seis clubes muito bons, era um abismo de diferença. Quando os catarenses chegaram com o dinheiro deles, acharam que conseguiriam trazer logo de cara os melhores jogadores. Na primeira temporada, só foram bem-sucedidos com o [Javier] Pastore. Aí começou o desmanche do Milan e assinaram com o Ibrahimović e o Thiago Silva. Foi quando o projeto decolou."

A noção de uma economia da bola, apresentada em *Soccernomics*, pode ser usada para auxiliar na investigação de algumas das primeiras decisões do PSG no mercado de transferências. Nos primeiros capítulos do livro, Kuper e seu coautor, Stefan Szymanski, identificam quatro ineficiências universais nesse mercado; erros que os clubes de elite cometem o tempo todo. Mais do que erros individuais, são "desvios de racionalidade", e todos têm relação com o que acontece no PSG de alguma forma:

1. Um novo treinador desperdiça dinheiro

> *"É típico de um técnico recém-chegado querer imprimir sua marca ao novo clube. Então ele compra seus próprios jogadores. Depois, é obrigado a 'fazer a limpa' de algumas das aquisições de seu antecessor, geralmente com prejuízo."*

De início, não foi ao técnico, mas ao diretor esportivo, Leonardo, que a QSI deu o dinheiro. "É ele quem vai fazer o clube evoluir", declarou Nasser Al-Khelaïfi à mídia.[VIII] Blaise Matuidi (8 milhões de euros) seria um bom substituto para o veterano Claude Makélélé, de 38 anos, enquanto o ponta Jérémy Ménez (8 milhões de euros) parecia bem adequado a assumir o papel de Ludovic Giuly. Kevin Gameiro (11 milhões de euros) marcara 22 gols no ano anterior, mas havia ainda Momo Sissoko (7 milhões de euros), Diego Lugano (3 milhões

DANIEL FIELDSEND

de euros), Milan Biševac (3,2 milhões de euros) e Salvatore Sirigu (3,9 milhões de euros), todos chegando com salários maiores do que o de qualquer outro jogador já no plantel. Javier Pastore (42 milhões de euros) seria o ponto alto para anunciar a nova fase do clube.

Em conformidade com as conclusões de *Soccernomics*, a janela de transferências se mostraria um fracasso para Leonardo e o técnico Antoine Kombouaré (um foi demitido, o outro pediu demissão). O Montpellier ganhou o campeonato e o novo treinador do PSG, Carlo Ancelotti, mandou Biševac para o Lyon (2,7 milhões de euros), liberou Sissoko, despachou Lugano para o West Brom (de graça), Gameiro para o Sevilla (7 milhões de euros) e Ménez para o Milan (também de graça). Prejuízo total de mais de 22 milhões de euros.

2. Estrelas de uma Copa do Mundo recente ou Eurocopa são supervalorizadas

> *"A pior época para contratar um jogador é no verão, quando acabou de ter ótimas atuações num grande torneio. Todos no mercado de transferências viram que grande jogador ele é."*

É mais sintomático do clima do mercado em geral do que do PSG que todos os reforços sejam geralmente contratados depois de uma sequência de boas atuações — especialmente porque hoje é possível vê-los jogar o tempo todo. No passado, os principais torneios, como a Copa do Mundo ou a Eurocopa, eram oportunidades únicas para isso. Mas, numa era globalizada, o desempenho dos jogadores é analisado ao longo da temporada inteira e, consequentemente, leva a um maior número de transferências. A "grande fase" de um jogador pode acontecer em outro momento, não apenas num torneio quadrienal. Estima-se que 300 milhões de pessoas tenham assistido à final da Eurocopa de 2016, enquanto cerca de 380 milhões viram a decisão da Champions League no mesmo ano. "Estrelas" podem despontar, portanto, em competições anuais, bem como em torneios internacionais realizados apenas a cada quatro anos.

O mercado de transferências agora se alinha, de acordo com Rupert Fryer, à teoria de negócios do dr. Laurence J. Peter: o "Princípio de Peter". "Todos numa organização vão sendo promovidos até que atinjam seu grau de incompetência. Nesse ponto, deixam de ser."[VIII] Em outras palavras, a questão é o jogador encontrar o seu nível. É antes culpa do clube do que reflexo da ambição dos atletas que eles assinem contrato logo depois de um período de boas atuações. No afã de estar à frente da concorrência, os grandes clubes tentam contratá-los assim que entram na tal "grande fase". Rivais da mesma estatura disputam um mesmo jogador, o que o torna supervalorizado. A concorrência do Barcelona e do Manchester United elevou o lance do PSG por Marquinhos a 26,69 milhões de euros, assim como aconteceu nas disputas com a Juventus por Marco Verratti e com o Arsenal por Yohan Cabaye (este um excelente exemplo de incompetência segundo o Princípio de Peter: contratado por 21 milhões de libras depois de uma boa temporada no Newcastle, acabou vendido por 10 milhões na temporada seguinte). "Eu estava num grande clube, mas ficar só no banco para mim [foi] frustrante", declarou o jogador, mais tarde, ao *Telegraph*.[IX]

3. Certas nacionalidades são supervalorizadas

> *"De todas as nacionalidades, a brasileira é a que mais está na moda no mercado de transferências."*

Ao assumir o PSG, a QSI nomeou o brasileiro Leonardo como diretor esportivo, trazendo-o da Inter de Milão. Ele deixou o cargo no PSG em 2013, mas a essa altura o processo já havia começado. A partir de 2015, o clube gastou mais de 137 milhões de libras em sete brasileiros. Para criar um produto comercializável, o PSG precisava de jogadores que empolgassem, e os brasileiros historicamente são considerados os mais extravagantes e atraentes, de Pelé a Ronaldo. Como escreveu Simon em *Soccernomics*: "A nacionalidade expressa uma autoridade, uma vocação inata para a profissão — seja qual for a aptidão natural [no caso específico]".

Thiago Silva se tornou o zagueiro mais caro da história ao chegar ao PSG por 35 milhões de libras; e Marquinhos, vindo da Roma por 29 milhões, o mais caro defensor com menos de vinte anos. "Estou muito feliz por passar a fazer parte do Paris Saint-Germain, clube em que tantos brasileiros jogaram e ajudaram a escrever a história", disse o jogador de dezenove anos depois de assinar contrato. Mas o excêntrico zagueiro brasileiro David Luiz (com 26,6 milhões de curtidas no Facebook) assumiu o posto de defensor mais caro de todos os tempos por ter custado 50 milhões de libras ao PSG em 2014. Ele seria vendido ao Chelsea, depois de duas temporadas, por 34 milhões, talvez numa prova de que a nacionalidade, embora atraente, pode de fato ser supervalorizada.

4. Os cavalheiros preferem os loiros

> *"Olheiros procuram atores com o 'tipo' certo para o papel. Talvez no futebol se acredite que os loiros tenham mais cara de superestrelas."*

O mais famoso *superstar* loiro do futebol é David Beckham. Com sua esposa-celebridade e filhos loirinhos e famosos, Beckham é um ícone global. A London School of Marketing o avaliou em 508 milhões de libras. Ao contratá-lo, o PSG tentava se pavonear para fãs de fora da França (o nome Beckham é sinônimo de marketing, especialmente na Ásia e nas Américas). Mesmo sendo o jogador mais velho da Ligue 1 quando chegou, ele significou ganhos intangíveis e essenciais para a campanha de promoção da marca do clube. "Beckham é suficientemente esperto para saber que, com seu perfil, sua presença talvez fosse imposta a um treinador por outros motivos além do futebol",[X] disse Carlo Ancelotti mais tarde.

Antes de 2011, Beckham tinha pouco interesse no PSG. Era maior do que o clube. Mas, depois de sua saída do LA Galaxy, a família mostrou-se receptiva a uma mudança para a cosmopolita Paris. A esposa, Victoria, mantinha relações antigas com a indústria da moda local, enquanto o filho, Brooklyn, podia entrar para as categorias de base do PSG. Então o relacionamento Beckham-PSG, aparentemente unilateral, se deu com o jogador se recusando a receber seu salário de 170 mil libras por semana, doando-o, em vez disso, a instituições de caridade locais (o valor representava apenas 5% de sua renda como o jogador de futebol mais rico do mundo). No entanto, parece ter sido uma decisão comercial (mais do que técnica) contratar o loiro. No dia seguinte à partida em que Beckham entrou contra o Barcelona, o *L'Equipe* deu a ele nota 3 pela atuação, ressaltando que seu parceiro de meio-campo, Blaise Matuidi, tivera que "batalhar pelos dois".

Mudanças na economia da bola

Soccernomics reconhece que os clubes de cidades do interior são mais bem-sucedidos historicamente que os de capitais (as ditaduras fascistas fizeram de Madri e Lisboa exceções). Liverpool e Manchester United, em vez de Arsenal e Tottenham, dominaram o futebol inglês de 1960 a 2005. Na Alemanha, Bayern, Hamburgo FC, Borussia Dortmund e Schalke seguem sendo times mais competitivos que o Hertha Berlin. As cidades industriais de Milão e Turim deixaram os clubes de Roma para trás. Haia (capital política dos Países Baixos) tem o clube ADO na Eredivisie, a primeira divisão holandesa, mas o time nunca será páreo para o Feyenoord e o PSV. Os times de Glasgow superam o Hearts e o Hibs de Edimburgo, enquanto o PSG só agora tenta igualar o balaio de títulos de Marselha e Saint-Étienne. O que impulsionou essas cidades interioranas a ter clubes de sucesso foi o senso de pertencimento e confiança de suas comunidades numa era de escapismo industrial.

Quando *Soccernomics* foi publicado pela primeira vez, em 2009, o Chelsea não havia vencido a Champions League e o PSG ainda estava por ser comprado. Nesse contexto é que Simon escreveu: "Os londrinos não saem por aí cantando loas à sua cidade ou tampouco acreditam que um troféu para o Chelsea ou o Arsenal melhoraria o status de Londres. O futebol é ainda menos importante em Paris, onde é possível passar a vida inteira sem saber que ele existe. O Paris Saint-Germain, cujo estádio não fica exatamente dentro do perímetro da cidade, dificilmente se tornará o principal motivo de orgulho do parisiense".

Com o tempo, isso aos poucos vem mudando. Em Paris, camisas falsificadas do PSG são vendidas ao lado das tradicionais boinas nos quiosques nos arredores do Louvre. Ao mesmo tempo, a pesquisa Visit Britain descobriu que dois em cada cinco turistas que chegam ao Reino Unido têm o esporte em seu roteiro de férias. "Levou muito

DANIEL FIELDSEND

tempo para os clubes de Londres criarem uma tradição e uma história, mas eles estão chegando lá", Simon reconheceu.

Em Paris, 59,9% dos turistas citam "ver monumentos e marcos históricos" como parte da visita. "Ir a eventos", uma categoria guarda-chuva ambígua, aparece como motivação para 9,4% dos visitantes, com o futebol caindo vários pontos percentuais abaixo disso. Levando-se em conta que a esmagadora maioria dos turistas que visitam Paris é dos Estados Unidos e da China (países onde o futebol ainda está em desenvolvimento), é justo dizer que o PSG jamais vai gerar mais interesse que os monumentos da cidade. No entanto, o clube cresceu. As provas disso estão em seu relatório, conforme apontou-me o PSG. Nele, comemora-se um aumento de 165% na receita de bilheteria nos cinco anos desde que a QSI assumiu o clube, assim como a duplicação do número de sócios, para dez mil, e um acréscimo no de sócios-torcedores, aqueles que têm ingressos de temporada inteira, os quais passaram a somar 37 mil no total. Mesmo que o PSG não seja o principal motivo de orgulho do parisiense, as pessoas agora sabem de sua existência.

Aburguesamento

Tem havido uma mudança na correlação de forças no futebol, com a perda de poder de regiões ao redor de cidades tradicionalmente de classe trabalhadora que dominavam a Europa — Roterdã, Glasgow, Liverpool, Nottingham, Mönchengladbach, Eindhoven, Bruges, Birmingham — para os ambientes mais ricos de Londres e Paris. A ascensão do PSG simboliza isso. Para Simon, essa transferência de poder se deve mais ao aburguesamento geral do futebol do que a uma predileção específica por capitais. De fato, os jogadores agora estão preferindo prestar seus serviços em vizinhanças mais agradáveis. O futebol na França se distanciou dos dias de glória das cidades movidas a mineração, como Saint-Étienne e Lens, e da localidade portuária de Marselha — três regiões de classe operária — para uma era de dominação da classe média, em Lyon e no Paris Saint-Germain. "A desindustrialização veio com muita força", Simon me explicou. "O norte é muito pobre agora. As regiões ricas da França são as mais desenvolvidas em tecnologia e serviços, como Lyon, Paris e Toulouse, onde o rúgbi também é de alto nível. Há mais

A ESCOLA EUROPEIA

patrocínio nessas áreas, o que é significativo quando os contratos pelos direitos de tevê são mais modestos do que na Inglaterra. Há uma dependência maior do dinheiro dos torcedores, e ali eles têm maior poder aquisitivo. Muitos anos atrás, o futebol das regiões de classe trabalhadora é que era bem-sucedido, mas agora o esporte se tornou mais popular por toda parte, de modo que as cidades ricas se dão bem."

Desde a virada do milênio, clubes de localidades mais abastadas e com populações de classe média passaram a vencer no futebol, como a Juventus de Turim; o Milan e a Internazionale de Milão; o Ajax de Amsterdã; o Bayern de Munique; o Lyon e o Barcelona, com Porto e Sevilla correndo por fora. Quando, em 2012, Gylfi Sigurðsson e Clint Dempsey escolheram ir para o Tottenham em vez do Liverpool, ilustraram bem essa predileção pela metrópole. Os investidores ricos também passariam a preferir muito mais assumir o controle de clubes em regiões de classe alta, de modo a ter acesso à sociedade ali. Foi o caso de Roman Abramovich, que comprou o Chelsea durante um almoço no The Dorchester com Ken Bates, depois de ter sobrevoado Stamford Bridge em seu helicóptero algumas semanas antes. Ficaram no passado os casos de torcedores locais que compravam um clube dispostos a administrá-lo com prejuízo, como o Blackburn Rovers (Jack Walker) e o Wolverhampton Wanderers (Jack Hayward). Com frequência, a burguesia de um país se concentra na capital. PSG, Chelsea, Arsenal, Real Madrid e Atlético de Madrid conquistaram 68 troféus desde 2000, numa era de influência cosmopolita. (O Hertha Berlin, com uma média de público de 51 mil torcedores na temporada 2016-7, com o tempo pode vir a significar mais uma capital em ascensão e mais atraente para os jogadores alemães do que, digamos, clubes de extração operária na região do Reno.) Se os moradores ricos da capital e de outras áreas de classe média passam a se interessar por futebol, e se investidores optam por colocar ali o seu dinheiro, regiões mais pobres vão penar.

Competitividade na Europa

Uma conclusão possível seria a seguinte: colocar dinheiro num clube com a ambição de ser campeão europeu, como tem feito o PSG, não é nem original nem sustentável. Houve um tempo em que o torneio era

DANIEL FIELDSEND

imprevisível, e o Steaua Bucareste, o psv, o Estrela Vermelha de Belgrado, o Olympique de Marselha e o Borussia Dortmund podiam superar equipes endinheiradas e vencer a competição. Mas zebras monumentais não conseguem mais manter alto desempenho num formato de "liga". Nesse sentido, era de se esperar que o psg agora tivesse chance.

No entanto, não há garantia de sucesso. Se analisarmos a lista dos campeões ao longo de um período de dez anos, apenas duas vezes os favoritos pré-torneio acabaram por vencer (o Liverpool e o Porto também foram grandes zebras campeãs da Champions nos anos anteriores a 2006). Não apenas há um grau de imprevisibilidade na competição que o psg deva levar em conta, mas também o fato de que o clube mais vezes campeão em anos recentes, o Barcelona, chegou lá graças a uma visão de longo prazo na formação de jogadores, e não com gastos exuberantes.

Temporada	Favorito	Chances (fonte)	Campeão	Chances (fonte)
2015-6	Barcelona	4/1 (SkyBet)	Real Madrid	11/2 (SkyBet)
2014-5	Real Madrid	4/1 (ibtimes)	Barcelona	5/1 (ibtimes)
2013-4	Bayern	Evens (888)	Real Madrid	5/1 (888)
2012-3	Barcelona	9/4 (Ladbrokes)	Bayern	16/1 (Ladbrokes)
2011-2	Barcelona	2/1 (Totesport)	Chelsea	12/1 (Bet365)
2010-1	Barcelona	11/4 (Ladbrokes)	Barcelona	-
2009-10	Barcelona	4/1 (PaddyPower)	Inter	12/1(PaddyPower)
2008-9	Barcelona	5/2 (Soccerlens)	Barcelona	-
2007-8	Barcelona	7/2 (Ladbrokes)	Man United	5/1 (Ladbrokes)
2006-7	Chelsea	3/1 (Betfair)	Milan	10/1 (Fiso)

A ESCOLA EUROPEIA

Em geral, as probabilidades são determinadas em favor do campeão do ano anterior, uma vez que as casas de apostas os estabelecem como parâmetro de perdas mínimas. Mas o PSG enfrenta o mesmo problema que o Lyon teve nas sete temporadas anteriores à aquisição do clube parisiense pelos catarenses: competitividade. Um time não é mais capaz de vencer a Champions League sem estar jogando um campeonato nacional competitivo. Conforme definiu Damien Comolli, ex-diretor do Saint-Étienne, na época da aquisição do PSG, em 2011: "A gente precisa se perguntar se a liga francesa é suficientemente competitiva e desafiadora para que o clube tenha chance em nível continental".[XI]

O Sevilla veio a dominar a Copa da Uefa em parte por enfrentar regularmente adversários como Real Madrid, Barcelona e Atlético de Madrid, o que levou o time de Sevilha a vencer a competição pela terceira vez em 2016. Naquela mesma temporada, o PSG terminou a liga francesa 31 pontos à frente do segundo colocado, o Lyon. A teoria se aplica à estagnação de clubes que disputam "campeonatos de dois times", como o Celtic, o Basel e o Ajax — o abismo entre jogar contra o Ross County, o Winterthur e o PEC Zwolle no sábado e, na quarta-feira, encarar os superclubes Bayern de Munique e Juventus é grande demais, tática e mentalmente.

A *Forbes* descreveu a Ligue 1 como um campeonato "repleto de talentos estelares e desprovido de competitividade, incapaz de encorajar um maior esforço dos jogadores [ou] promover sua ambição", mas é preciso se perguntar se essa é uma preocupação da QSI. A competitividade um dia virá. Por enquanto, há patrocinadores de sobra, camisas vendem a rodo e, mais importante, a imagem do Catar melhora aos olhos do Ocidente. Gabriele Marcotti escreveu sobre estarmos vivendo uma era de domínio do 1% que ocupa o topo, "e, francamente, isso não vai mudar, a não ser que haja algum tipo de profunda revisão regulatória. O poder esmagador [dos superclubes] só vai crescer", para deleite do PSG. O artigo do pesquisador de Harvard oferecia conclusão semelhante: "Cabe perguntar se o futebol voltará algum dia a ser jogado num campo nivelado?".

Para os parisienses que leem o *L'Équipe* voltando da Ópera para Tolbiac, são preocupações que não lhes dizem respeito. Um

DANIEL FIELDSEND

complexo de superioridade perpassa esta cidade há séculos. Conforme declarou Napoleão a seus generais: "Os dentes da inveja são inofensivos aqui, onde as vitórias são de granito". Bonaparte, o orgulho francês simbolicamente encarnado, certamente teria admirado a fria ambição do PSG. Se algum lugar do mundo merece um superclube, esse lugar é Paris.

2.
UM LEGADO PARA O FUTURO: O LYON DE AULAS

As *Mères Lyonnaises* (Mães de Lyon), humildes criadas do mais alto padrão, atraíam *connoisseurs* endinheirados de todo o continente, no século XIX, ansiosos por saborear sua famosa culinária. Ingredientes de origem local — azeitonas, vinhos, queijos e óleos — eram preparados com tal potência que as *Mères* inspiraram a invenção dos guias Michelin.[1] Senhoras modestas sem grandes recursos que prosperaram numa era de opressão de gênero, as *Mères* sintetizavam o caráter da gente de Lyon. A população local acreditava que Lyon era celeiro dos melhores produtos do mundo, e tinha razão. Os filhos das futuras gerações seriam criados por suas mães para entender os requisitos da excelência. Hoje em dia, os habitantes da cidade seguem orgulhosos e com apetite para serem os melhores. É, portanto, surpreendente que seu clube, o Olympique de Lyon, tenha demorado tanto tempo a competir pela glória. Seria um membro dessa futura geração, Jean-Michel Aulas, nascido na pequena aldeia de L'Arbresle, nos arredores da cidade, e criado à base daquela rica culinária, o responsável por adaptar a mensagem das *Mères Lyonnaises* ao futebol, apresentando a Lyon uma equipe de campeões. Aquelas criadas diziam: "Esforce-se para ser o melhor; crie algo que valha a pena saborear; e confie no produto local". O Lyon de Aulas dá ênfase a essa mensagem, com fé inabalável nas categorias de base e no pessoal técnico do clube.

---

[1] André e Édouard Michelin criaram seus guias na esperança de levar as pessoas a pegar o carro e ir a restaurantes e, assim, gastar mais pneus.

DANIEL FIELDSEND

Uma grande planície rural separa Paris de Lyon. Aldeias esporádicas, com igrejinhas e casinhas, oferecem alguma variação na paisagem em que, de resto, predominam campos verdes. Nessas *petit villages*, vive-se numa bolha. É bem diferente da terra de ninguém concretada que separa as cidades na maior parte da Grã-Bretanha. Quanto mais perto de Lyon, as aldeias se tornam mais frequentes na paisagem, até que, por fim, seus telhados cor de marmelo formam uma cidade. E uma bela cidade. Durante o século v, Luís xi promoveu Lyon a meca da seda, negociando e depois distribuindo o tecido internacionalmente. A riqueza associada ao produto ainda pode ser notada na arquitetura neoclássica e barroca do lugar.

No entanto, como em Paris, existem duas Lyon. Há o centro afluente e o subúrbio pobre. A bela arquitetura da cidade antiga domina a área entre os rios Saône e Rhône. Com uma caminhada de cinco minutos para o leste ao cair a noite, porém, os abastados apreciadores de vitrines do centro velho dão lugar a jovens membros de gangues com seus capuzes. Nesse aspecto, Lyon tem as características típicas de outros lugares. O que chama a atenção na cidade é como as duas comunidades (a mais e a menos favorecida) nunca cruzam para o lado oposto da fronteira invisível entre elas; poderiam ser populações de mundos diferentes. É essa compreensão das diferenças sociais que faz Lyon funcionar como um prisma através do qual observam-se as estruturas humanas.

Os jovens árabes do lado pobre da cidade são loucos por futebol. Usam moletons e bonés de Napoli, Milan, Arsenal ou Real Madrid. Até uniformes do psg eles usam; qualquer um, menos o do Olympique de Lyon. A desilusão com a sociedade é um grande problema na França. Os árabes se veem como estrangeiros em suas próprias cidades e, contrastando com o caráter histórico do morador de Lyon, pouco se orgulham do lugar. Em Paris, Simon Kuper me explicara essa questão pela perspectiva do futebol. "A geração de 1998 tinha os rapazes saídos do campo, que cresceram em aldeias, como Didier Deschamps, Bixente Lizarazu, Laurent Blanc e Fabien Barthez. Tem muito menos disso agora; são na maioria não brancos e dos subúrbios. Isso é um problema no futebol francês. Esses caras [descendentes de árabes] foram excluídos da nação francesa, e discriminados e, de repente, se tornam futebolistas profissionais endinheirados. Muitos torcedores franceses não gostam da ideia." A amostra mais clara dessa tensão ocorreu em 2010, quando, na Copa do Mundo da África do Sul, a seleção nacional entrou em greve. A revista *France Football* descobriu, numa pesquisa em 2014, que apenas 20% dos entrevistados tinham uma visão positiva da equipe. O *New York Times* aventou a possibilidade de um racismo subjacente.[XII]

Futebol de rua

Naquele final de tarde, com o sol poente se refletindo no rio Rhône, sentei em alguns degraus ali às suas margens. Homens e meninos árabes do bairro jogavam bola juntos numa quadra sob a ponte La Guillotière. Sentados comigo estavam grupos de famílias; os homens fumavam enquanto as mulheres conversavam e assistiam ao jogo dos filhos. Rap francês estourava nos alto-falantes. A atmosfera era agradável para um anoitecer de domingo, e o talento exibido na quadra, surpreendente. Um menino com o braço engessado passava batido pelos adolescentes mais velhos, ludibriados repetidas vezes por suas fintas. Sendo aquele que executava mais truques ali, o menino tinha virado o rei da quadra. É nesses ambientes de rua, sem muitas regras, que muitos dos melhores jogadores de futebol se criam. Não é necessário ter mais do que uma superfície plana e uma bola — fator importante para a popularidade global do jogo. Criatividade, tenacidade, coragem, talento e agressividade se desenvolvem nas ruas, como bem exemplificam Ibrahimović e Zidane. Quando o garoto prodígio Wayne Rooney saía dos treinos no Everton, ia jogar nas ruas de Liverpool com os amigos.

Para os jogadores, é escapismo; talvez nunca cheguem a outro mundo para além daquele bairro. Ao contrário do futebol tradicional, o jogo ali tinha dois sistemas de pontuação: um que somava um gol para cada bola na rede, como de costume, e outro que recompensava a equipe também com um gol para cada efeito especial. Na sociedade daquela miniquadra, o estrelato acena para o garoto que é capaz de vencer o adversário da maneira mais criativa. A *roulette*[2] de Zidane nasceu num campinho empoeirado de Marselha. Da mesma forma, o

---

[2] Drible que se tornou marca registrada do craque francês, no qual ele, frequentemente para se livrar de dois adversários de uma vez, primeiro lhes dava as costas, confundindo-os, para então rolar a bola primeiro sob o pé direito, em seguida usando a sola do esquerdo, ao mesmo tempo em que girava completamente o corpo sobre o próprio eixo, o que lhe permitia, por fim, sair novamente de frente para a jogada e livre de marcação. (N. T.)

DANIEL FIELDSEND

elástico de Ronaldo, no Rio. Infelizmente, o futebol de rua na Europa está morrendo. As crianças em geral têm melhor condição de vida do que antes e, por isso, outras opções além da atividade ao ar livre.[3]

Ambientes economicamente desfavorecidos proporcionam evolução contínua. Os jovens de Lyon odeiam perder um jogo na quadra e ficam ansiosos para saber quem fez os lances mais audaciosos. Por conta da variação nas faixas etárias — as idades dos jogadores vão dos dez aos vinte anos —, os menores se esforçam para serem tão bons quanto os mais velhos, tanto verbal quanto tecnicamente. Bastam dez minutos de observação para se ter uma aula completa sobre o comportamento de Karim Benzema.

Nas áreas urbanas, campos gramados de tamanho padrão são difíceis de encontrar. Não são parte da paisagem. Razão pela qual muitos dos talentos ainda por lapidar chegam aos clubes sem qualquer noção do aspecto tático do futebol. Geralmente não têm senso de posicionamento e, muitas vezes, parecem perdidos quando vão passar por uma peneira. Mas tática é algo que pode ser ensinado. A técnica natural, ao lado de um desejo inato de vencer, são qualidades intangíveis que a maioria dos clubes procura. Um treinador usando cones e um apito não consegue ensinar noções de espaço como faz o futebol de rua. Bancos, balanços, gangorras e veículos em movimento são os obstáculos dos quais desviar, mantendo sempre o controle da bola. A força e o ângulo de um passe devem ser perfeitos a ponto de fazê-lo passar pelo espaço estreito entre uma lixeira e um carro e chegar a um companheiro de time entrando em velocidade. É um ambiente que também confere e inspira liderança numa idade em que personalidades ainda estão sendo formadas. Organizar partidas requer democracia, mas as coisas são geralmente decididas por aqueles com língua mais afiada. A garotada local adorava Zlatan quando ele jogava em Paris; era um cara visto como a personificação do futebol de rua.

Aleksandar Hemon descreve o futebolista de rua como um artista, sua imprevisibilidade sendo a expressão de uma natureza exuberante: "O que poderia ser chamado de estética neorromântica do

---

[3] GENTIN, S. "Outdoor Recreation and Ethnicity in Europe: A Review". *Urban Forestry & Urban Greening*. 10 ed., n. 3, p. 153-61, 2011.

A ESCOLA EUROPEIA

futebol".[4] Hemon destaca o fato de que futebolistas de rua costumam se comportar com a mesma imprevisibilidade de solistas também fora do campo, citando exemplos como os de Garrincha, Stoichkov, Hagi, Gascoigne e Riquelme. O artista apoteótico Diego Maradona dedicou a vida a impressionar as pessoas e não poderia ser mais escancarado em suas atitudes, mas mantém um mistério em torno de si e causa profunda frustração por não ter legado a ninguém sua habilidade inspiradora. Um verdadeiro jogador de futebol de rua tem talentos que são impossíveis de ensinar; que somente podem ser aprendidos em seu ambiente natural.

Recriar o futebol de rua é um desafio que todas as categorias de base de clubes ocidentais enfrentam hoje em dia. Por conta de mudanças na sociedade, os jovens jogadores simplesmente não passam mais tempo suficiente desenvolvendo aquelas habilidades, e os clubes sentem que é seu dever corrigir isso. O Feyenoord, como veremos adiante, abre os portões uma hora antes do treino e deixa cinquenta bolas disponíveis num dos campos. Incentiva os garotos a "jogar para se divertir", oferecendo aquele tipo de experiência sem muitas regras que é essencial para o desenvolvimento social. O Sporting de Lisboa também adotou uma abordagem *laissez-faire* para treinar crianças em idade de formação: "Simplesmente deixamos que elas brinquem", contou um dos treinadores.

Se colocasse um olheiro nos degraus da Guillotière e o instruísse a se sentar e observar, o Olympique de Lyon encontraria muitos tesouros às margens do rio. É uma situação privilegiada. Alguns jogadores são "peladeiros" demais e penam, muitas vezes, para se adaptar a um ambiente de treinamento que exige regras e estrutura. Outros, como o prodígio Karim Benzema, nascido em Lyon de pais argelinos, mostram disposição para aprender. Benzema era o aluno perfeito — educado e cortês com a equipe técnica, mas com um lado durão adquirido nas ruas. Aos dezessete anos, com o time reunido, pediram-lhe que se apresentasse aos demais. Olhando em torno na sala, percebeu que companheiros já com carreiras internacionais riam dele. "Eu não estaria rindo", retrucou. "Estou aqui para tomar o lugar de vocês!"[XIII]

---

[4] HEMON, A. *The Blizzard: The Football Quarterly*. Sunderland: Blizzard Media, set. 2013, p. 98.

DANIEL FIELDSEND

"Esforce-se para ser o melhor; crie algo que valha a pena saborear; e confie no produto local"

Foi em 1987 que o empresário de sucesso Jean-Michel Aulas comprou o Olympique de Lyon. Seu projeto, intitulado "OL — Europa", era estabelecer o Lyon, então na segunda divisão, como uma força da Ligue 1 num período de quatro anos. A compra marcou uma mudança de perfil do presidente de clube movido pela emoção para uma mentalidade de negócios. No início, Aulas não via o Lyon como um instrumento na busca pela glória pessoal; era uma empresa na segunda cidade mais rica da França e seu baixo desempenho, uma questão de administração. Como aquela era também a cidade do cinema, a Pathé comprou uma participação no clube em 1999, acelerando, com isso, seu processo de crescimento. A ascensão do Lyon não se deveu ao fato de um dono ter resolvido injetar recursos para a compra de novos jogadores, à moda do Paris Saint-Germain em 2011; foi, antes, fruto de um plano estratégico inteligente e meticuloso.

Quando chegou, Aulas lamentava a ausência de uma história e de uma base de torcedores no clube. Lens, Nantes e Auxerre, clubes de cidades pequenas, eram todos mais competitivos. No entanto, como as expectativas no Lyon eram mais baixas, o novo presidente teve margem para investir com paciência em talentos emergentes. Um tipo de abordagem Tour de France: "É possível se concentrar em ultrapassar quem está logo à sua frente", explicou Aulas. Florent Malouda (comprado por 3 milhões de libras do Guingamp; vendido por 14,25 milhões ao Chelsea), Michael Essien (comprado por 8,78 milhões de libras do Bastia; vendido por 28,5 milhões ao Chelsea), Eric Abidal (comprado por 6,38 milhões de libras do Lille; vendido por 11,5 milhões ao Barcelona) e Mahamadou Diarra (comprado por 2,93 milhões de libras do Vitesse; vendido por 19,5 milhões ao Real Madrid) foram considerados investimentos sólidos, ao passo que Karim Benzema (formado nas categorias de base; vendido por 26,25 milhões de libras ao Real Madrid) exemplificava o produto local.

O Lyon ganharia sete títulos consecutivos da liga entre 2002 e 2008, mas foi em busca de um ardiloso oitavo que Aulas se perdeu. "Era uma

A ESCOLA EUROPEIA

dominação total", lembrou Cédric a caminho da Gare de Lyon, em Paris. "Quando eles ganharam o sétimo campeonato, nós [PSG] terminamos três pontos acima da linha do rebaixamento", em 16º lugar, mais precisamente; 36 pontos atrás do Lyon. "E eles continuavam a injetar dinheiro — a gente achou que aquilo não teria mais fim." A queda do OL veio em 2008, quando, na ambição de conquistar a Europa, o clube gastou demais em jogadores de segunda linha. Lisandro López, Michel Bastos, Aly Cissokho, Ederson, Jean Makoun e Kader Keïta custaram 73 milhões de libras, tiveram desempenho abaixo do esperado e, ao sair, renderam, juntos, apenas 26 milhões. Aulas se viu confrontado a escolher entre duas opções: apostar em mais gastos e esperar que o Lyon voltasse a vencer em algum momento ou cortar custos e reconstruir o clube organicamente. "É hora de adotar contenção fiscal e melhor gestão econômica", ele decidiu. "Significa que enfrentaremos menos depreciação nos próximos anos."[XIV] A partir de 2011, Aulas vendeu os jogadores mais bem pagos do Lyon e recheou o time dos mais experientes entre os atletas das categorias de base.

A imprensa francesa batizou o movimento de "o verão da loucura". O Lyon foi ridicularizado por ter despachado dezenove jogadores da equipe principal, inclusive o grande talento de sua geração, Hugo Lloris. "A temporada 2011-2 não foi boa, mesmo com gastos de quase 135 milhões de euros em novos jogadores; estava muito além da conta, considerando a posição do clube na época", explicou Aulas. "Então decidimos mudar totalmente a política do nosso departamento de futebol, concentrando no fortalecimento da base. Hoje, estamos colhendo os frutos daquele investimento nos jovens jogadores." Esse Lyon, cuja essência é seu centro de formação, com um primeiro time repleto de talentos locais e inspirado pelas *Mères Lyonnaises*, era o clube que eu visitaria na primavera de 2016. Um velho torcedor do time, o qual tinha estado nos encarando de seu assento do outro lado do vagão durante a viagem, a ponto de nos constranger, esperou o trem chegar a seu destino para declarar poeticamente: "O PSG tem tanto dinheiro que é como a escuridão. Nós somos a resistência a eles agora, somos a luz".

45

DANIEL FIELDSEND

Le moderne classique

Na cidade velha ainda se encontram as *traboules* — pequenas passagens entre edifícios que foram usadas por guerrilhas locais para escapar das tropas alemãs durante a Segunda Guerra Mundial. Os combatentes da Resistência atraíam os *Sturmabteilung* para aquelas ruelas e ali convenientemente desapareciam de vista, quando então donas de casa largavam baldes de água suja lá do alto na cabeça dos soldados. Uma guerra de guerrilha urbana. Numa tarde do final de fevereiro, nós, parisienses visitantes (eu entre eles como adotivo), andávamos apressados pelas *traboules* para evitar sermos reconhecidos por algum *Bad Gone* — a torcida organizada do Lyon. Cédric estava na cidade para ver o PSG contra o Lyon, um confronto de grande simbolismo, e se preocupava que alguém o reconhecesse. Seria uma batalha entre o antigo campeão e o atual; entre um clube que investe com cautela e outro que gasta em excesso; entre o primeiro e o segundo colocados na tabela do campeonato.

O trajeto até a recém-construída arena Stade des Lumières (Parc OL), do Lyon, incluía pegar o metrô, depois um bonde e um ônibus. À medida que anoitecia, os dois grupos de torcedores se irritavam com a lentidão da viagem. "Eles deviam mudar o nome do time para Olympique Décines", brincou um parisiense, referindo-se à localização do novo estádio, em Décines-Charpieu, fora de Lyon. Um estádio é parte de uma comunidade, que permite a seus membros criar rituais baseados em experiências. É o que se chama, na universidade, de "pertencimento". Scannell e Gifford criaram, em 2010, um modelo tripartite como estrutura conceitual de análise do fenômeno. Definiram o apego a um lugar a partir de três Ps: Pessoa, Processo e Praça. No quesito da "Pessoa", o apego se daria individualmente ou por se fazer parte de uma comunidade unida por experiências compartilhadas. O "Processo" ocorreria na dimensão de assistir aos jogos regularmente disputados pelo time, ao passo que a "Praça" seria o próprio estádio onde a comunidade se reúne.[5] Posto de forma mais simples, o Stade de Gerland, antigo estádio do Lyon, tinha da parte dos torcedores um amor consolidado ao lugar — também

---

[5] SCANNELL, L.; GIFFORD, R. "Defining Place Attachment: A Tripartite Organizing Framework". *Journal of Environmental Psychology*. 30 ed., n. 1, p. 1-10, 2010.

chamado de topofilia — que o novo Parc OL ainda precisaria conquistar. O novo lugar de pertencimento pode levar anos para se consolidar, o que depende principalmente de que o estágio da "Pessoa" seja bem-sucedido.

O Parc OL foi projetado pelo mesmo arquiteto do Emirates Stadium do Arsenal. "Em muitos aspectos, vários estádios de futebol europeus são os equivalentes conceituais das casas parlamentares em formato de ferradura, o predileto em todo o continente, por favorecer, ao menos em teoria, a cortesia, o consenso e a colaboração", analisou num texto o colunista de arquitetura Ike Ijeh, na inauguração do Parc OL. "O design do estádio inglês, por outro lado, assim como nossa Câmara dos Comuns, espécie de arena de confronto entre gladiadores, tende a apresentar uma configuração mais agressiva." Os estádios ingleses são famosos em toda a Europa por expressarem em sua arquitetura uma intensidade e um sentido de opressão, com arquibancadas mais inclinadas, telhados circundantes e sem pista de atletismo em torno do gramado, o que, diz-se, promove maior conexão e energia entre os espectadores e o que acontece em campo. O Parc OL, explicava Ijeh em sua resenha, trazia essa influência britânica. Aulas, eterno anglófilo, mirou o Arsenal como inspiração ao longo daquele período de austeridade. "É verdade que eles passaram por um período difícil, com muita gente cética dizendo: 'Não dá para construir uma infraestrutura dessas e ter uma equipe forte ao mesmo tempo — vai ser o fim do clube', de modo que definitivamente há um paralelo entre os clubes." O Arsenal virou inspiração tanto no aspecto econômico quanto no arquitetônico para o *nouveau* Olympique de Lyon.[XVIII]

Somada às razões econômicas óbvias para a construção do Parc OL, havia a questão do legado. A arquitetura é um tributo permanente à história. O Stade de Gerland, casa anterior do Lyon, ao mesmo tempo que estava decadente e precisando ser modernizado, era um símbolo das seis décadas de clube anteriores a Aulas. "Quando começamos esse projeto, dissemos a nós mesmos que um grande clube se define não apenas por suas atuações em campo, mas também por seu desempenho fora dele." O Parc OL é uma afirmação de triunfo, riqueza, poder e status, mas, mais importante, celebra os sonhos de um homem que, ao decidir investir no Lyon, encontrou um clube sem ambição nem torcedores. Em fevereiro de 2016, durante minha visita, 56 mil pessoas compareceram ao estádio para ver os garotos locais enfrentando o rico clube da capital. Boa arquitetura irradia absolutismo; a sensação de se estar fazendo a coisa certa. O Parc OL justifica, para Aulas, o trabalho de uma vida: um panteão que levará seu nome por gerações. "Na França, a gente tem um problema cultural", comentou ele certa vez. "Os vencedores não são populares."

Excepcionalmente para um proprietário de clube, Aulas é adorado. Quando impôs austeridade ao Lyon, os torcedores aceitaram. Se a estratégia significava um recomeço para as categorias de base, tudo bem. O melhor produto é mesmo o produto local. Frédéric Kanouté, Steed Malbranque e Ludovic Giuly surgiram nos anos 1990, quando o Lyon queria ser grande. Mais tarde, Sidney Govou e Hatem Ben Arfa ajudaram a garantir que isso acontecesse.

Naquela noite, o Lyon derrotou o PSG, dando fim a uma invencibilidade de 36 jogos do clube parisiense com um time formado basicamente por pratas da casa. Basicamente. Na verdade, eram nove jogadores formados no clube. Teriam sido doze, caso Clément Grenier, Nabil Fekir e Samuel Umtiti, que logo sairia para o Barcelona, estivessem disponíveis. Até o técnico, Bruno Génésio, era um ex-jogador do Lyon, nascido na cidade, que fora promovido de treinador dos juniores para a equipe principal em 2015 — uma cria de Aulas que estava ali para levar adiante a visão de clube do presidente.

Os *capos* da *Bad Gones* agitaram suas bandeiras e cantaram do primeiro ao último minuto. A maior parte dos cantos teve como alvo Adrien Rabiot, melhor jogador do PSG na partida. Outros eram loas a Anthony Lopes, goleiro do time da casa. Num encontro recente de torcedores organizados, ele foi o único jogador a comparecer, embora o convite tivesse sido feito a todos (antes de se tornar profissional, Lopes foi membro da *Bad Gones*). Tanto a arquibancada *Nord*, no primeiro tempo, quanto a *Sud,* no segundo, se obrigam a vociferar suas homenagens ao goleiro. *"Pas besoin de défenseur"* ["Nem precisa de zagueiro!"], marmanjos sem camisa rugiam para ele, sobre uma melodia que seria adotada e ficaria conhecida na Eurocopa de 2016, durante a vitória da Irlanda do Norte contra a Ucrânia, no mesmo Parc OL, como a música do atacante irlandês Will Grigg. Naquela noite de fevereiro, Aulas tinha distribuído vale-cerveja para ser usado no intervalo por todos os torcedores. Mais tarde, nos trajetos de ônibus, bonde e metrô até o centro da cidade, eles comentavam que já se sentiam em casa no novo estádio. A topofilia às vezes pode ser uma forma excêntrica de amor.

O futuro da ciência do futebol

> *De todas as espécies do planeta, a humana é a mais adaptável. Nos 5 milhões de anos desde que os primeiros hominídeos surgiram no Vale do Rift, na África Oriental, o homem precisou se adaptar à evolução climática e aos predadores. Nosso instinto de sobrevivência, nossa inteligência inata, foi o que nos trouxe até aqui. Sabemos como combater ameaças, quando lutar e quando fugir. Mesmo hoje, o humano moderno e inteligente tem de se adaptar ao ambiente social e de trabalho para sobreviver. Alguns são incapazes de fazê-lo e se sentem deslocados em qualquer lugar, enquanto outros se adaptam confortavelmente. No futebol — a mais instável das indústrias do esporte (os técnicos ingleses duram, em média, 1,23 ano no cargo) — os melhores profissionais tentam sobreviver pela adaptação. Um homem que fez isso com sucesso é Emmanuel Orhant, chefe da equipe médica do Lyon desde 2008.*

"O treinador principal vai trabalhar com uma equipe de outros técnicos, específicos para os atacantes ou para os goleiros, e todos têm seu jeito pessoal de trabalhar", explicou o médico, no consultório instalado num contêiner em Tola Vologe, o centro de treinamento do Lyon. Orhant estava à vontade, tendo sobrevivido a quatro trocas de comando técnico. "Não é possível, para mim, manter a mesma maneira de trabalhar com todos os treinadores. Quando o time troca de técnico, a filosofia e o tipo de trabalho que faço mudam completamente."

A cidade ainda dormia naquela manhã de sábado, quando cheguei a pé à rua Jean Jaurès para encontrá-lo. Lyon ainda estava por

DANIEL FIELDSEND

acordar, todo o movimento se resumindo a uma senhora que renovava a vitrine de sua confeitaria e a um velho que, à primeira luz do dia, regava seus oleandros. Encontrei até mesmo Tola Vologe adormecido ao chegar a seus portões e tocar a campainha. Passados alguns minutos, um rapaz cerimonioso veio ao meu encontro e gentilmente me apresentou ao médico. "Você vai me perdoar por não falar muito bem inglês", Orhant se desculpou, modesto, apesar de se virar perfeitamente no idioma.

No futebol, o pessoal técnico costuma ser nômade. Quando o treinador vai embora para outro clube, leva seus assistentes com ele. Orhant permanece. Seu talento é tamanho que cada novo técnico dispensa o médico com o qual trabalhava no clube anterior e deposita toda a confiança no doutor do Lyon. "Para mim, é muito difícil a adaptação, porque às vezes não vejo as coisas como o treinador. Se pensamos de forma completamente diferente, sou obrigado a adaptar minha organização para atender às necessidades dele. Posso opinar sobre como fazer, mas minha posição é a de um chefe de cozinha; se o dono do bistrô quer as coisas de um certo jeito, devo concordar. E no futebol é assim." Orhant entende que um clube de sucesso precisa ser administrado de forma coesa. Mesmo que tenha outros princípios, o treinador terá sempre razão.

Do lado de fora, o meia lesionado Corentin Tolisso e um preparador físico faziam um trabalho de recuperação com o uso de manequins. Acenaram para nós enquanto corriam e, em seguida, pararam e verificaram o monitor de GPS de Tolisso. Sem cerimônia, Orhant explicou o que a dupla conferia no aparelho. "O GPS nos diz se ele está correndo em níveis próximos da intensidade máxima. Também é possível ver se está usando uma perna mais do que a outra, se há alguma lesão oculta." *A tecnologia nunca foi tão útil para a ciência do esporte, certo?* "Certo, mas ainda precisa melhorar." *Como assim?* "Acho que no futuro o futebol vai ser como a NBA e a NFL. Tudo monitorado. Vamos ter a medida do sangue a cada momento, ou da pele, e, num horizonte de uns vinte anos, até a psicologia poderá ser controlada pela tecnologia."

Orhant acredita que o médico, de seu iPad no banco de reservas, será capaz de analisar se os níveis de sangue de um jogador atingiram

A ESCOLA EUROPEIA

certa percentagem na qual ele está mais suscetível a lesões, o que exigiria uma substituição. "Vamos saber o limite máximo a que o atleta pode chegar e avaliar se é adequado ou não que continue jogando." O mesmo valeria para os reservas, acredita o doutor — o treinador consultaria seu próprio iPad para saber se o corpo do potencial substituto está suficientemente "aquecido" em relação ao ritmo do jogo. "A ciência precisa nos ajudar a preservar os jogadores. Na NFL e na NBA, eles trabalham com vídeos de cada lance. O treinador tem à mão os materiais e os dados sobre aceleração das jogadas, de modo que consegue saber se o ritmo está bom ou não e quando mudá-lo. O treinador também deveria enxergar no *tablet* essas alterações no volume de jogo, para que possa ver se seus jogadores correm risco iminente de se machucar."

Lesões na parte posterior da coxa são as que costumam criar problemas para Orhant e, na verdade, para os médicos de todos os clubes. Em seguida, vêm as contusões de tornozelo e joelho. São causadas pelo excesso de movimento repetitivo. Especialistas nos treinamentos de força e condicionamento, como Nicolai Kammann, do Bayern (ver capítulo sobre a Baviera), diversificam os exercícios para os jogadores das categorias de base, incorporando sessões de diferentes modalidades esportivas, como judô e futebol americano, de modo a variar a exigência sobre os principais grupos musculares. Na equipe principal, é mais difícil implementar uma rotina de exercícios desse tipo; tudo deve ser voltado para o que acontecerá nas partidas. Assim, Orhant e seus assistentes se reúnem antes dos treinamentos para conversar sobre estratégias que minimizem potenciais lesões. "Conversamos por uma hora antes da sessão de exercícios. Por exemplo, o treino para a partida contra o PSG foi às 17h30, então nos encontramos às 16h30. Temos uma hora para trabalhar com cada jogador e discutir com ele possíveis problemas musculares. Se houver um desequilíbrio na força do músculo, trabalhamos nesse problema por uma hora." Os jogadores do Lyon também são incentivados a ter responsabilidade com a própria condição física. Recebem cartões que detalham exercícios para fazer em casa, de modo a fortalecer os músculos. "O jogador sabe o que deve fazer com antecedência de

DANIEL FIELDSEND

um, dois ou três dias do jogo. Dizemos a ele que pegue seu cartão e trabalhe nos exercícios preventivos."

A planilha

Era uma manhã fria, apesar do sol, e o consultório do médico, um refúgio acolhedor. "Temos muitas coisas que nos ajudam a evitar lesões", prosseguiu ele, ligando o computador e se acomodando na cadeira. "No início da temporada, os jogadores fazem testes de preparação física e criamos exercícios para minimizar as contusões." Trabalhando com os preparadores, o departamento médico de Orhant tenta determinar a resistência dos músculos e tendões de cada jogador, de modo a mantê-lo dentro de seus limites físicos: "Procuramos avaliar os jogadores, entender a maneira de lidar com cada um deles, usando para isso placas de equilíbrio e outras tecnologias". Todos os dados são lançados numa planilha de Excel que determina a capacidade atlética de cada jogador. Fatores como destreza, lesões anteriores, flexibilidade dos músculos e biologia (resistência dos dentes e tamanho do pé) são mantidos sob avaliação ao longo da temporada. Os dados estão ali, o que permite a Orhant saber qual é a condição limite para cada indivíduo. Veja-se o caso de Alexandre Lacazette. O atacante tinha tomado uma pancada na partida anterior do campeonato, contra o Lille. Orhant fez testes e comparou os resultados com a planilha. Descobriu que Lacazette mantinha capacidade atlética suficiente para jogar oitenta minutos contra o PSG. Em campo, o jogador participou do primeiro gol do Lyon.

"A gente explica a cada jogador o que ele deve fazer. E o treinador e a equipe de preparação física recebem as mesmas instruções. Ao longo das semanas de duração da temporada, cada atleta tem sua planilha atualizada, e o técnico sabe quantas vezes cada um deu um pique, a distância percorrida, a energia gasta. [A planilha] é compartimentada por atacantes, meios-campistas, zagueiros e laterais. Sabemos exatamente o que cada jogador faz e é possível determinar, após o treino, se ele deve jogar a partida inteira ou não." O software de GPS (num aparelho preso ao peito por uma tira elástica preta que os jogadores usam nos treinos) informa se o indivíduo está jogando

A ESCOLA EUROPEIA

no máximo de seu potencial atlético. "Aí, durante as partidas, quando não temos o auxílio do GPS, usamos uma câmera especial em campo que mostra quantos quilômetros cada jogador percorreu e a que velocidade, de modo que possamos determinar se está correndo na intensidade máxima. Mas só dá para fazer isso jogando em casa, pois não dispomos dessa tecnologia nos jogos fora."

O Ajax acredita que os melhores jogadores simplesmente não se machucam. O clube estabeleceu uma correlação entre os talentos mais destacados das categorias de base e uma menor frequência de lesões. Os melhores ocupavam a parte inferior do gráfico. Portanto, acumulavam mais tempo de jogo e se aperfeiçoavam mais do que outros jovens propensos a lesões. O Lyon também chegou a essa conclusão. Perguntei a Orhant sobre um dos debates mais atuais da ciência do esporte. *Alguns atletas são naturalmente inclinados a se machucar?* "Não é por vontade divina que esses jogadores estão sempre lesionados, há um problema aí e precisamos saber qual é. A psicologia também desempenha um papel. Talvez coisas que aconteçam na vida do atleta estejam dificultando que ele se previna contra contusões em casa. Temos que pensar em tudo. Converso muito com meu fisioterapeuta, de modo que a gente possa levar em conta todas as possibilidades e enxergar onde está o problema." Muitas pessoas sustentam a ingênua noção de que há jogadores naturalmente propensos a lesões. Ao que parece, no entanto, isso não existe.

Cultura da idade

No futebol moderno, o órgão mais importante a merecer atenção dos treinadores é o cérebro. Com a evolução do jogo, cada vez mais se valoriza compreender melhor os jogadores; sua disposição e sua aptidão. Antigamente, os futebolistas eram vistos mais como *commodities* do que como pessoas, e pertenciam ao clube. Bill Shankly ficou famoso por ignorar contusões de jogadores. Hoje em dia, os cursos de formação de treinadores, da base à elite do futebol, incluem noções de psicologia. "Trabalho com uma clínica na qual os jogadores têm atendimento psicológico", explicou Orhant. "Alguns não precisam de um psicólogo para questões de sono, por exemplo, mas é importante

DANIEL FIELDSEND

que frequentem a clínica. Outros jogadores preferem esse tipo de trabalho de recuperação. Quero que cada um descubra o que funciona para si — pode até ser acupuntura. Tenho médicos especialistas em cada área para auxiliar os atletas." *Quer dizer que o senhor ainda encontra alguns jogadores que resistem a trabalhar esse aspecto do jogo?* "Sim, mas minha função é propor soluções. Se o jogador optar por não fazer, a escolha é dele. Pode ser que se sinta bem com um médico, mas não com outro."

Tola Vologe é um pequeno complexo com três campos gramados ao ar livre. Fica à sombra do Stade de Gerland, quase literalmente à beira da estrada. E, em breve, quando o Lyon se mudar para o novo centro de treinamento, deve se tornar um elefante branco esquecido assim como o próprio estádio. O dr. Orhant voltava comigo pelos campos em direção à recepção. Eu tinha tempo para uma última pergunta. *Por que a vida útil dos jogadores de futebol está aumentando?* Lembramos o exemplo de Francesco Totti, com seus quarenta anos. "Na França nunca aparece esse tipo de jogador. Depois dos trinta, passam a jogar com menos frequência. Para mim, isso se deve ao tipo de cabeça do jogador, que chega aos trinta e já não quer trabalhar duro. Não é assim na Inglaterra ou na Itália. Além disso, os treinadores aqui não dão regalias; não adaptam uma sessão de treinamento para torná-la mais fácil para os jogadores mais velhos. O veterano deve treinar com a mesma intensidade que os mais jovens da equipe."

Com exceção da França, no geral os atletas têm estendido seu período de pico. Orhant, no entanto, acredita que a questão é cultural. Na Itália, pelo ritmo mais lento dos jogos e porque há maior compreensão tática do jogo, é normal que as carreiras vão além dos 35 anos. Grandes jogadores de verdade — como Paolo Maldini, Javier Zanetti e Francesco Totti — chegarão aos quarenta na ativa. A sociedade italiana valoriza a idade mais do que outros lugares. Sua expectativa média de vida é de 82,94 anos, maior que a do Reino Unido ou da França, e os avós são o epicentro de famílias unidas. Culturalmente, por respeito, os jogadores mais velhos podem treinar com menos frequência, pois a contribuição intangível de sua experiência para a equipe vale mais do que o próprio desempenho. Essa

A ESCOLA EUROPEIA

é a natureza do comentário de Rudi Garcia sobre Totti: "Francesco não é apenas um jogador formidável — um *fuoriclasse* ["fora de série"], como se diz na Itália —, mas também um homem de grandes qualidades fora de campo". Marcello Lippi acrescentou: "Totti é um monumento do futebol italiano".

Na Eurocopa de 2016, Gábor Király se tornou, aos quarenta anos, o mais velho jogador a disputar o torneio em toda a sua história. O mesmo elixir levou à competição Ricardo Carvalho e Gianluigi Buffon, de 38 anos. Eiður Guðjohnsen, da Islândia, e Anatoliy Tymoshchuk, capitão da Ucrânia, disputaram o campeonato europeu de seleções aos 37 anos. Um atleta disciplinado é capaz de estender seu período de pico por muito mais tempo. Mas a mentalidade dos franceses incorpora elementos socialistas. Ao contrário da Itália, onde os jogadores mais velhos têm status diferenciado, na França eles devem contribuir em pé de igualdade com os demais. "Tudo se resume à dieta, aos cuidados com o próprio corpo e ao nível de intensidade nos treinamentos", explicou Orhant, para em seguida me agradecer rapidamente com um aperto de mãos e voltar a trabalhar em sua planilha de Excel: a ferramenta de avaliação mais valiosa do Lyon.

3.
BASCOS EM GLÓRIA: O ATHLETIC BILBAO E O PODER DA IDENTIDADE

Confete caía nos rostos sorridentes de centenas de pessoas reunidas diante da prefeitura. Elas cantavam canções de independência e agitavam bandeiras até tarde da noite quente de agosto. Os veteranos contavam histórias comparando a vitória recente a uma era de ouro anterior, o que inspirava orgulho em seus ouvintes de uma geração mais jovem. Não apenas tinham voltado a levantar uma taça, a primeira desde 1984, mas o haviam feito contra um grande time — o Barcelona de Suárez, Neymar e Messi. E vencido "eles mesmos" o torneio, sem precisar contratar um time de forasteiros para melhorar o desempenho do clube; ali só havia jogadores da comunidade. Jogadores bascos. Homens criados para adorar o Athletic como torcedores.

DANIEL FIELDSEND

Para o povo

O complexo de treinamento Lezama fica aninhado num vale verde, típico basco, banhado pelo sol. Treinar num cenário desses, com a paisagem ondulante à vista, deve ser verdadeiramente gratificante, especialmente se o jogador for um cidadão local representando um clube tão entranhado na história de seu povo. Os bascos costumam ser descritos como honestos e trabalhadores. A atmosfera de suas cidades é tão agradável que a região central da França parece comparativamente tímida. As bandeiras do Athletic, em vermelho e branco, surgem em todas as sacadas de primeiro andar e varais de roupas de Bilbao; uma demonstração diária de um frenético "fanatismo de final de campeonato". É como se o clube dominasse a consciência de seus cidadãos. Nas paredes das fábricas, nos arredores da cidade, grafites anunciam que "3 + 4 = 1" — os fatores da conta se referem às três regiões da França (Lapurdi, Nafarroa Beherea e Zuberoa) e às quatro da Espanha (Bizkaia, Gipuzkoa, Nafarroa Garaia e Araba) que, somadas, formariam um só País Basco. Nem todos os torcedores do clube pretendem politizá-lo de modo a promover a independência da região — muitos desejam continuar a fazer parte da Espanha —, mas, ainda assim, a imagem do Athletic Bilbao segue sendo um símbolo do separatismo basco.

A ideia é reforçada pela "regra da *cantera*", segundo a qual *todos os jogadores representando o clube devem ter laços familiares na região e arredores.* Depois da Primeira Guerra Mundial, durante a década de 1920, o nacionalismo cresceu na Espanha e o Athletic, num esforço para se consolidar na comunidade local, criou a norma de só aceitar bascos no time. Os futebolistas que jogam no clube hoje em dia estão cientes de que representam a identidade histórica politicamente carregada da região. Há quem argumente que a *cantera* incentive a insularidade, a desconfiança de influências de fora. No entanto, é uma filosofia que ao mesmo tempo protege o Athletic da face inexpressiva do jogo moderno, esse carrossel de jogadores e pessoal técnico de passagem buscando uma colocação vantajosa. "Os outros times parecem fotocópias uns dos outros", declarou o presidente do clube, Josu Urrutia, ao *New York Times*.[XVIII]

Ekain Rojo é doutorando em Ciências Sociais na Universidade do País Basco. "Houve dois importantes conflitos internos que foram os motivos pelos quais eles [a região basca] perderam o direito de ser um país; um direito que remontava à Idade Média", Rojo me explicou, enquanto percorríamos a pé os arredores do San Mamés, estádio do Athletic situado à beira-rio. "Foi parte de um processo de centralização da Espanha para consolidar um Estado forte." Perguntei a Ekain por que ele achava que o Athletic Bilbao se mantinha sociologicamente cimentado por sua insularidade e como o futebol ajudaria a fortalecer essa mentalidade. Ele explicou que a ascensão do jogo, no início do século XX, coincidiu com o ressurgimento do nacionalismo basco. O futebol se tornou um veículo de expressão para as populações da Catalunha e da região basca, já que a Espanha "promovia agressivamente" o Estado-Nação. Franco baniu a cultura não espanhola e, em 1941, mudou o nome do clube para Athletic Bilbao por decreto. Até hoje, o Athletic e o Barcelona unem forças contra um inimigo comum, o Real Madrid, time de Franco (o adorado presidente do clube, Santiago Bernabéu, foi um franquista que lutou contra os catalães na Guerra Civil). Alguma tensão ainda existe hoje, embora a ameaça de violência esteja muito menos presente do que anos atrás.

Os últimos leões

A ideia de que o Atlético poderia ser um time vencedor apenas com jogadores locais se consolidou na década de 1950, quando, com outros clubes espanhóis começando a recrutar estrangeiros, os bascos continuavam competitivos usando só a prata da casa. É essa limitação autoimposta que, ao obrigá-los a competir a partir de uma posição de inferioridade, dá aos locais mais força. Eles são um Davi disputando um campeonato de Golias, ou ainda, conforme concluiu a antropóloga húngara Mariann Vaczi, são "como o Asterix e o Obelix do futebol global".[XIX] A pesquisadora dedicou um ano a estudar a cultura do futebol na região. "Os torcedores celebram o Athletic por contrariar as tendências e as regras da competição moderna e manter-se fiel ao futebol como era nos primórdios." O clube basco é o único que poderia reproduzir o que o Celtic fez em 1967 com seus Lisbon Lions, ao vencer o campeonato europeu apenas com jogadores formados no clube. Uma vitória assim, em nível continental, seria hipersignificativa nestes tempos de desterritorialização.

DANIEL FIELDSEND

Do ponto de vista de uma antropóloga, o Athletic oferecia uma abordagem original para o estudo da cultura basca. "É bastante intrigante que o Athletic se limite a um pequeno território numa cultura do futebol globalizada e em expansão, cuja prosperidade depende da migração e da comercialização de atletas", escreveu Vaczi.

Embora o uso exclusivo de jogadores locais possa barrar potenciais caminhos para o sucesso na competitiva liga espanhola, a maioria dos torcedores apoia a filosofia do clube. "Pode ser que assim as vitórias sejam menos frequentes, mas quando acontecem, a alegria e o orgulho são muito maiores do que ganhar com um time de estrangeiros. Essa filosofia dá abertura para que até mesmo derrotas sejam comemoradas, como a da Copa do Rei de 2009 para o Barcelona. É algo que redefiniu o significado de ganhar e perder: é preciso perder jogos para ganhar tradição e identidade", argumentou Vaczi. Nas sociedades pós-modernas, as identidades foram desconstruídas, descolando-se de suas expressões originais nacionalistas ou políticas (como ter orgulho de vir de um determinado lugar e dos valores daquela região), para se transformarem num tipo de pertencimento mais imediato e menos pungente; com maior apego a experiências compartilhadas: festivais, tendências de mídia social, programas de tevê favoritos e estrelas pop cultuadas, por exemplo. O futebol, por outro lado, tem se oferecido consistentemente como um veículo de expressão. As pessoas numa comunidade são arrebatadas por seu clube esportivo local e o veem como uma extensão de si mesmas. O Athletic, ao contrário de outros clubes, reforça esse pertencimento. É provavelmente o melhor exemplo, no mundo, de conexão entre um clube e seus torcedores.

A greve da fome

Durante a primavera de 2016, fui convidado pelo Athletic a conhecer Lezama. O clube mantém a grafia inglesa de seu nome — em vez da alternativa "Atletico", em espanhol — como homenagem aos trabalhadores dos estaleiros britânicos que o fundaram no final do século XIX. O Athletic também usa as cores do Southampton, clube que lhe forneceu os uniformes em seus primeiros anos. Ao longo de todo o século seguinte, o Athletic forjou uma intensa conexão com a Grã-Bretanha, tendo sido treinado por ingleses em onze ocasiões. Naquela manhã, enquanto esperava na moderna área de recepção com paredes de vidro, ganhei uma revista para ler — um tributo de vinte páginas a Howard Kendall, o último técnico inglês a passar pelo Athletic. A influência britânica levou o Athletic a jogar um estilo de futebol que misturava o jeito local com o vigor típico inglês, conhecido em Bilbao como *la furia*. Era, como se pode imaginar, um estilo de força física e passes longos na direção de um atacante (Urzaiz, Llorente, Aduriz). Por causa do clima britânico ali e dos gramados lamacentos que dificultam os passes com a bola no chão, os jogadores se mostraram receptivos a essa maneira de jogar e tiveram sucesso com ela. O técnico da seleção espanhola, basco e ex-meia do Athletic, Javier Clemente, adotou o estilo nos anos 1990 e encheu o time nacional de bascos. *La furia*, como ficou conhecida aquela Espanha, funcionava como contraste direto ao *dream team* do Barcelona na época, o time de Cruyff que jogava à base de passes constantes. "Yin e Yang", conforme descreveu *El Confidencial* sobre a relação entre os dois estilos.

A chegada de Luis Aragonés à seleção, em 2004, e depois de Marcelo Bielsa ao Athletic, em 2011, mudou esse quadro. Durante seu período como treinador, no qual o Athletic alcançou um sucesso que havia muitos anos não via, Bielsa mudou o estilo de jogo e se impôs como objetivo conhecer os nomes, as habilidades e as necessidades de cada jogador a partir da categoria acima de catorze anos, pois entendeu que eram eles a espinha dorsal do clube. Essa conjunção do time de cima com as equipes jovens se verifica até hoje. Caminhando pelo enorme centro de treinamento, é difícil saber onde termina uma coisa e começa outra, tamanha é a dependência do clube de suas categorias de base.

O Athletic Bilbao está privado do oceano global de talentos a que os outros clubes têm acesso. Sua alternativa é desenvolver jogadores a partir de um lago raso com 3 milhões de bascos (menos ainda, na verdade, considerando que esse total inclui mulheres, idosos e enfermos); um número pequeno se comparado aos 44,1 milhões de habitantes da Espanha e ao total de 742 milhões na Europa. É consenso que o Ajax de Amsterdã virou sinônimo de excelência nas categorias de base. O time holandês, no entanto, não é obrigado a produzir jogadores locais.

DANIEL FIELDSEND

Pode beber também de outras fontes. Por exemplo, alguns de seus pratas da casa com carreiras mais bem-sucedidas foram os belgas Toby Alderweireld e Jan Vertonghen (comprados do Germinal Beerschot com quinze anos de idade) e os dinamarqueses Viktor Fischer e Christian Eriksen (a mesma coisa, vindos de Odense e Midtjylland).

As limitações autoimpostas pelo Athletic o tornam um interessante estudo de caso na formação de jovens jogadores; sem meias palavras, é um processo no qual o clube não pode se dar ao luxo de errar. Se falhar em produzir jovens talentosos, torna-se insustentável. É verdade que contrata jogadores bascos formados em outros clubes, mas, segundo dados da Transfermarkt.com, o Athletic gastou em transferências apenas cerca de 60 milhões de libras desde a virada do milênio. O que torna extraordinário, portanto, o fato de ser um dos únicos três clubes, ao lado do Real Madrid e do Barcelona, a jamais ter sofrido um rebaixamento no campeonato espanhol.

Independência basca

A nação espanhola se recusa a se deixar desmantelar. O governo de Madri arrecada impostos das indústrias catalã, galega e basca (assim como de todas as outras partes do país) antes de redistribuir essa riqueza. O que esses Estados autônomos querem é, dependendo de com quem se converse, ou ser totalmente independentes ou fazer parte de um conjunto de territórios. Na Galícia, onde o desejo de independência não se expressa tão abertamente, as pessoas promovem uma ideia simbólica de liberdade. Na região basca, olham para o Reino Unido e particularmente para a Escócia como inspiração. Apreciam o arranjo pelo qual País de Gales, Irlanda do Norte, Inglaterra e Escócia são capazes de formar um Reino Unido enquanto mantêm suas identidades particulares. Todas as nações britânicas (exceto a Escócia) participaram da Eurocopa de 2016 como seleções individualizadas, e não como Grã-Bretanha. Se o governo espanhol concedesse essa independência ideológica a seus territórios, talvez eles tivessem menos divisões forçadas.

A seleção espanhola que venceu a Copa do Mundo de 2010 contava com um total combinado de dez jogadores catalães e bascos entre os 23 campeões. Se Euskadi (a terra dos bascos) tivesse a possiblidade de colocar em campo um time próprio naquela Copa, seria um belo grupo de jogadores. César Azpilicueta, Aymeric Laporte, Javier Martínez, Xabi Alonso, Ander Herrera, Fernando Llorente e Asier Illarramendi nasceram perto ou dentro da região com a qual têm laços familiares, mas disputaram o Mundial pela França ou pela Espanha. Atualmente, a seleção do País Basco pode jogar um amistoso por ano, no Natal. O sonho, conforme anotou o *Telegraph* em 2013, é que "seleções nacionais independentes um dia representem as regiões autônomas da Espanha".[xx]

Kondaira

O técnico da seleção basca é José María Amorrortu, um autêntico filho da região que, numa carreira de 45 anos, treinou Real Sociedad, Athletic Bilbao e Eibar. Ninguém tem tanta sintonia quanto ele com as exigências do jogo na região, o que logo se percebe. Amorrortu é um oráculo do futebol basco. Além de treinar a equipe nacional autônoma para seu compromisso anual, atua também como diretor esportivo do Athletic. Em Lezama, seu nome reverbera nas paredes, mas sempre pelo sobrenome apenas, como uma lenda célebre. "Você veio para ver o Amorrortu?", perguntou a recepcionista. Ele chegou usando agasalho esportivo, os óculos presos num cordão, muito parecido com Marcelo Bielsa. "Aqui todos os treinadores são de Bilbao", começou a conversa, assim que nos instalamos num dos escritórios envidraçados que estava vago. "Não é difícil para eles explicar qual é a filosofia do Athletic e o que o clube representa."

Os jovens jogadores têm aulas de história basca na escola, de modo que crescem entendendo o significado da camisa do Athletic. "Nosso modelo é único no futebol mundial. O Chivas só aceita jogadores mexicanos, mas aqui vamos além de uma restrição a jogadores espanhóis; temos apenas jogadores bascos." O próprio Amorrortu foi jogador do Athletic nos anos 1970, depois treinador do time nos anos 1990. Como diretor esportivo, tem um papel mais de controle. "A função de um diretor deve ser estar próximo de jogadores e treinadores. Tenho que ajudar, dar apoio, conversar e entender os problemas

DANIEL FIELDSEND

deles. O mais importante é que todo mundo caminhe junto na mesma direção." A diferença no departamento de futebol do Athletic é que o presidente é quem lida com finanças e transferências. Amorrortu foca puramente no desenvolvimento do futebol do clube.

Rivais dos bascos

Saindo de Lezama por uma estradinha rural chega-se a um restaurante instalado numa casa de madeira. Embora oficialmente não faça parte do clube, é a esse lugar que os diretores trazem os visitantes para jantar e beber vinho. As paredes são forradas de recordações do Athletic: broches, cachecóis e quadros. Há fotos emolduradas em cada um dos ambientes, celebrando as conquistas do clube. Uma dessas imagens, de 1976, mostra os capitães do Athletic e da Real Sociedad segurando juntos uma *Ikurriña* (a bandeira branca, verde e vermelha do País Basco), símbolo banido na época pelo regime de Franco. Se alguma prova fosse necessária de que o futebol transcende rivalidades, aquela foto seria suficiente; o Athletic perdera o jogo por 5 × 0, mas os torcedores reverenciam o simbolismo daquele momento e o consideram um dos mais pungentes na história do clube.

Na década de 1940, o general Franco tentou suprimir a mentalidade separatista, incentivando o provincianismo. Durante muito tempo, os dois clubes — Athletic Bilbao e Real Sociedad — competiram pela honra de ser o melhor representante da região basca. No entanto, quando a Real Sociedad abandonou a política da *cantera*, em 1989, essa honra foi entregue de bandeja para o Athletic. Os torcedores da Real Sociedad se opuseram fortemente à mudança de filosofia (em sua autobiografia, John Aldridge — primeira contratação estrangeira do clube — lembra que a população local lhe dava cusparadas nos pés) e, no fim, convenceram o clube a contratar jogadores de outros lugares da Europa, mas não espanhóis, nos anos 1990.

Embora os dois times não gostem um do outro, a atmosfera antes, durante e depois dos jogos entre o Athletic e a Real Sociedad é descontraída. Ambos os clubes pertencem à mesma região e enfrentam o mesmo preconceito antibasco dos demais torcedores (apesar de praticamente não existir, na Espanha, a cultura do torcedor visitante).

A ESCOLA EUROPEIA

Ekain me explicou que a sensação quando acontece um dérbi local é semelhante à de um jogo de rúgbi; é mais um clima de visita que de invasão. Olhando de fora, a primeira conclusão seria de que, como o rival do Athletic tem a palavra "Real" no nome, em reconhecimento à monarquia (símbolo óbvio da Espanha), haveria maior tensão entre os dois clubes. Ekain me garantiu, no entanto, que raramente os torcedores locais atentam para isso. Já desde o início do século xx a família real espanhola tira férias em San Sebastián, e o título de "realeza" da Real Sociedad remonta à criação da Copa do Rei.

A Real Sociedad precisa manter um alto padrão. Seria fácil se tornar mais um clube genérico, que contrata e vende jogadores estrangeiros, uma vez que deixou para trás as restrições da política de *cantera*, mas não é o que faz o clube. O "basquismo" ali é muito importante, com o presidente empenhado em desafiar o domínio do Athletic no recrutamento de jovens locais. Um exemplo notável dessa resistência foi a contratação de Rubén Pardo, um dos jogadores bascos mais cortejados da Espanha — tanto pelo Real Madrid como pelo Athletic — quando ainda atuava nas categorias de base. A Real Sociedad conseguiu assinar com o jogador, marcando posição diante do Athletic. O contrato incluía uma cláusula estipulando um adicional de 30 milhões de euros para negociação com clubes espanhóis e de 60 milhões de euros se o comprador fosse um clube basco.[XXI] A ideia era mostrar aos jovens jogadores locais que o rival regional não é a única opção para eles. No entanto, para consolidar a força de seu elenco nos últimos anos, o Athletic Bilbao tem procurado atrair jogadores bascos emigrados para clubes rivais. Ao contratar Raúl García, do Atlético de Madrid, e Beñat, do Betis (este saído das categorias de base do próprio Bilbao), o clube esperava reforçar sua identidade como o verdadeiro lar dos talentos locais.

Educando o orgulho

Iñaki Azkarraga foi contratado por Amorrortu como professor há vinte anos. Seu trabalho é educar e incutir orgulho nos jovens jogadores. Ele reconhece o quanto é essencial para o Athletic dar apoio não apenas aos garotos, mas também a suas famílias. "Uma vez

DANIEL FIELDSEND

decidida a contratação, a gente passa a tomar conta deles o máximo possível. Temos dois caras trabalhando na parte de educação e outro cuidando das famílias. E mais fisioterapeutas, especialistas em *fitness*; todos aqui são muito receptivos", o que é verdade. O lugar tem uma atmosfera acolhedora. Ao passar pela gente, todos — jogadores incluídos — sorriem e dizem um *aupa!* (saudação informal que significa "pra cima" ou "bora"). "Geralmente tentamos dizer aos jovens que, se querem jogar futebol profissionalmente, aqui é o melhor lugar para se estar. O melhor caminho para chegar à primeira divisão é no Athletic." Um jovem jogador pode assinar com o clube sem se preocupar que sua trajetória até o time de cima seja barrada por recém-chegados contratados a peso de ouro. Basta se dedicar que a oportunidade virá. "Eles sabem que confiamos neles e, desde garotos, têm nosso compromisso de que, seguindo todos os passos, vão se profissionalizar no clube." Amorrortu reforçou seu argumento com uma planilha mostrando que "80% da equipe principal aqui veio das categorias de base. Promovemos um mínimo de duas estreias na liga por ano, às vezes até cinco. Nossos jogadores permanecem em média 7,2 anos no Athletic".

"Por quê" entendido. Entendendo o "como"

Circulando pelos campos de grama recém-cortada de Lezama, a questão premente era: "como?". Como um clube com restrições tão pesadas pode se sair tão bem? Em 2016, o Athletic terminou em quinto num campeonato de gigantes. O Euro Club Index[1] o posiciona como o 18º melhor clube da Europa (entre 703 times), à frente de Liverpool, Porto e ambos os clubes de Milão. Do ponto de vista da estratégia, podem contar apenas com um número limitado de jogadores (com idade média de 27,1 anos), mas ainda assim são capazes de superar seus adversários. Amorrortu recostou-se na cadeira para pensar sobre a questão. Surpreendentemente, sua resposta foi apontar o trabalho cognitivo de identificação com o clube nas categorias de base, algo que considera ser a diferença do Athletic para outros

---

[1] Site que prevê o sucesso de um time com base em atuações recentes e em informações das últimas temporadas. Disponível em: <https://www.euroclubindex.com>. Acesso em: nov. 2016.

times. "Quando se encontra um talento, os aspectos médicos e fisiológicos podem ser medidos, mas a aptidão para o lado mental do jogo é menos clara. A base para um futebolista moderno está nesse aspecto. Temos a convicção de que nossos modelos de recrutamento e desenvolvimento nas categorias inferiores devem se basear na identificação e no aprimoramento desse aspecto mental." É o que Amorrortu destaca numa folha de papel que imprimiu para mim, realçando o argumento. "Eles precisam entender o jogo para tomar as melhores decisões. Não se deve instruí-los estritamente sobre o que fazer. O jogador é quem tem de avaliar qual é a decisão correta", ele aponta a própria cabeça, "porque estamos convencidos de que nosso método de aperfeiçoamento, não tanto de habilidades técnicas, mas da visão dos jogadores [refere-se à compreensão tática do futebol], é a coisa mais importante a desenvolver. Hoje o sistema de formação dos jogadores é completamente diferente do de outras épocas. A compreensão necessária para tomar as decisões técnicas corretas era muito diversa no passado. Precisamos manter a mente dos jogadores pensando com clareza para que eles possam decidir corretamente."

Os treinadores promovem ali um tipo de prestação de contas no qual os jogadores assumem responsabilidade pela própria evolução. Não é incomum ver as crianças carregando todos os equipamentos — bolas e cones — em vez dos treinadores. Daí em diante, os jogadores são avaliados a fim de verificar se atingem os objetivos da equipe. Estão se saindo bem na escola? Alcançaram suas metas de desenvolvimento pessoal? Conseguiram aumentar a resistência física? "Claro, o que queremos é que nossos jogadores entendam o jogo com autonomia e assumam responsabilidades."

A missão

"Nossa missão", explicou Amorrortu, ao apresentar os objetivos do clube, "é a formação de jogadores." A complexidade dessa formação tem como referência uma cultura baseada na aprendizagem, na participação e no pensamento crítico em prol dos jogadores; "orientada a melhorar o desempenho com uma atitude vencedora". Houve um tempo em que se via o treinamento para vencer como oposto àquele voltado a educar, uma formação que preconizasse o desenvolvimento dos jogadores num ambiente sem competição — um sistema que permitisse a todas as crianças vencer, ainda que nações bem-sucedidas no esporte fomentassem a competitividade. Na verdade, evolução do atleta e vitória caminham lado a lado — são parte da mesma família. A competição é natural, especialmente num esporte obviamente competitivo como o futebol. Por isso, é saudável que os jovens jogadores possam sentir o gosto da vitória, que a saboreiem e apreciem, ao mesmo tempo que também experimentem o amargor da derrota. Com isso em mente é que o Athletic se propõe a desenvolver uma mentalidade vencedora. A apresentação de Amorrortu sobre como o clube consegue chegar à vitória foi dividida em três partes:

1. Exigências aos treinadores.
2. Exigências aos jogadores.
3. Objetivos da formação/clube.

Exigências aos treinadores
(neste *slide*, Amorrortu discorreu sobre sete incumbências que os treinadores do clube recebem):
• A primeira é ser um "especialista em futebol". Com isso, ele quer dizer que todo treinador deve conhecer cada um dos fatores-chave do jogo. Por exemplo, como achar espaço com a bola, da forma cognitiva mais básica de fazê-lo, que é demonstrando cadência de jogo. Não só isso: um especialista em futebol é capaz de aplicar esse princípio a um contexto tático. Por exemplo, o meia recebe sob pressão e deve saber dar um toque na bola para abrir espaço.
• Em segundo lugar, todo técnico do Athletic precisa ser exemplar em sua atitude, apresentação, linguajar e personalidade. Deve ter a aparência e o comportamento de um treinador profissional.
• Precisa, em terceiro lugar, estar comprometido com o autoaperfeiçoamento, usando o tempo livre para se informar sobre os avanços no jogo.
• O quarto ponto que Amorrortu enfatiza é que o treinador deve entender seu trabalho como parte de uma estrutura, "nós em vez de

A ESCOLA EUROPEIA

eu". A ideia aqui é que ele não deve privilegiar demais determinados aspectos ou adaptar as sessões de treinamento de modo a estar no centro das atenções, mas se encaixar na estrutura já montada.

• A quinta exigência é que o técnico se identifique com a *filosofia centrada no jogador*, o que decorre do ponto número quatro. O jogador é o mais importante; as sessões devem se concentrar no desenvolvimento de um grupo de indivíduos competitivos.

• Estar no clube por "vocação" é a exigência número seis.

• A sétima e última exigência liga os pontos anteriores, resumindo tudo no foco em *treinamento de jogadores*, avaliados ao longo do ano para a evolução adequada dos jovens talentos.

Exigências aos jogadores (são cinco):

• Educá-los para que sejam capazes de entender o jogo em todos os seus níveis, permitindo que tomem "as melhores decisões consistentemente". Para isso, o treino se dá em sessões simuladas nas quais os jogadores encaram cenários reais de jogo e têm a chance de tentar resolvê-los. O futebol é caótico, e cenários que se encadeiam ao longo dos noventa minutos jamais se repetem na mesma sequência. Portanto, o trabalho do treinador é dar aos jogadores uma compreensão do que fazer em cada situação, para que durante a partida possam decidir com base em suas experiências de treino.

• Os jogadores devem poder oferecer "soluções técnicas adequadas às demandas do jogo", como finalizar no canto oposto ao do goleiro ou colocar a força perfeita numa bola tirada de trás para o campo de ataque.

• Em terceiro lugar, o Athletic gosta de enfatizar que os jogadores tomem a si próprios como referência para evoluir — essa parte da apresentação ganhou o título simples de *responsabilidade*.

• O quarto ponto está relacionado ao anterior: os jogadores devem aprender a levar em conta o próprio desempenho e os objetivos definidos para eles. É o que se chama *autonomia*.

• Finalmente, jovens futebolistas que queiram jogar no Athletic precisam ter boa avaliação física. Devem ser velozes, fortes e resistentes ou se destacar numa das três coisas.

DANIEL FIELDSEND

Objetivos da formação/clube:
A meta é que os jogadores evoluam na estrutura do clube para chegar ao time de cima. Esse desenvolvimento acontece ao longo de etapas às quais o clube se refere como "maturações", o que costumamos chamar de categorias de base, intermediárias e avançadas (dos sub-6 e sub-10 às faixas etárias superiores dos sub-18 e sub-21). As expectativas nas categorias inferiores se assemelham àquelas observadas em outros lugares. Traduzindo do basco o *slide* de Amorrortu: "Vamos estabelecer um plano com diferentes sequências de trabalho, orientadas e executadas tendo por objetivo o treinamento de um jogador holístico, em termos de competitividade". Em outras palavras, o clube oferece três etapas de maturação, ao final das quais o jogador deve ter se tornado "holisticamente competitivo", ou seja, estar pronto para jogar. O primeiro estágio é uma abordagem multilateral para introduzir fundamentos básicos (drible e passe). O segundo, um trabalho individual específico para zagueiros, meios-campistas, atacantes e laterais/pontas. O terceiro e último estágio é chamado de alto desempenho, com os jogadores já dominando seu ofício. Parece complexo, mas ninguém além de Amorrortu precisa entender todo o esquema; os treinadores bascos do Athletic só precisam se concentrar na faixa etária com que cada um trabalha individualmente.

Replicando o sucesso
A maioria dos clubes faz apresentações em *slides* parecidas com essa, de modo que, depois de ouvir a explicação, quis saber de Amorrortu, sem rodeios, quais eram os segredos do Athletic. "Muitas pessoas chegam aqui e perguntam isso. Qual é a chave? Para mim é difícil explicar, é preciso entender o caráter de quem joga aqui. Fazer parte do projeto exige um senso de gravidade e orgulho. É uma tradição que herdamos de nossos pais e avós." Uma vez que todos os clubes têm acesso, em grau semelhante, à especialização das análises de desempenho e das técnicas de treinamento, a motivação intrínseca para jogar é da maior importância. O privilégio do Athletic de contar com jogadores que já chegam às partidas motivados pela percepção das tensões políticas e históricas envolvidas, entendendo

A ESCOLA EUROPEIA

que a camisa que vestem é uma extensão da identidade local, dá ao clube uma vantagem inicial de 1 × 0 em todo jogo.

São muitos fatores ali para que a política da *cantera* seja bem-sucedida, o que torna quase impossível replicá-la em outros lugares. Um clube que queira seguir o modelo precisa ter um histórico de opressão (percebido ou genuíno) e um número suficientemente grande de talentos a explorar. O Celtic, de Glasgow, talvez pudesse tentar, mas para isso teria de recorrer a um sectarismo arcaico e indesejado, capaz de inspirar o separatismo. Uma coisa é a aceitação da diferença como particularidade cultural, outra é promover ódio e intolerância. A linha entre uma e outra é tênue, mas o Athletic está do lado certo da fronteira. Se a economia política da Itália fosse diferente, o Napoli poderia ser a força dominante num Estado do sul da Itália, mas falta ao clube a infraestrutura de Bilbao (uma das cidades mais ricas da Espanha, enquanto Nápoles é uma das mais pobres da Itália). O Palermo e o Catania também vêm de uma região onde o orgulho siciliano local tem precedência sobre o nacionalismo italiano, mas, assim como o Napoli, não competem num nível de afluência suficiente para montar uma estrutura de *canteras*. O que um clube precisa é de uma liga forte, que lhe proporcione receita regular, permitindo que reinvista em suas instalações. Deve ser capaz de oferecer salários competitivos e ganhar troféus regularmente para induzir os jogadores a ficar (quando a relação entre o clube e seus talentos deixou de ser recíproca, Llorente foi embora para a Juventus; Martínez, para o Bayern; e Herrera, para o Manchester United), ter uma identidade local firme e torcedores que a sustentem. Nada acontece sem esses fatores; se não estivessem presentes, não se veria ali mais do que um clube alimentado por categorias de base fortes produzindo jogadores para ser vendidos.

Na Inglaterra, talvez em Manchester, Liverpool, Yorkshire e outros lugares do norte, seria possível tentar implementar a mesma filosofia, por conta da desconfiança nos governos que o pessoal da região mantém desde a negligência econômica que sofreu nos anos 1970 e 1980. Essas partes insulares da Inglaterra têm uma mentalidade regional, e não nacional. No entanto, os clubes da Premier League estão tão impregnados por uma visão financista do jogo que jamais se permitiriam apostar na formação de jovens. O Everton caberia bem no modelo, sendo um clube de tamanho semelhante ao Athletic Bilbao, mas o campeonato é competitivo demais para que faça essa tentativa. Seria uma luta sobreviver com uma equipe apenas de jogadores nascidos no Merseyside, mesmo que os torcedores permitissem tal política. Um Wayne Rooney ou Ross Barkley só aparece a cada década e, mesmo com o clube podendo contratar gente como Scott Dann e Joey Barton (assim como o Athletic contratou Ander Herrera e Javi Martínez), além de admitir buscar talentos ao redor do globo, não consegue figurar entre os quatro primeiros da liga inglesa, de modo que seria muito improvável que pudesse prosperar adotando uma postura de reclusão. O que falta também ao Everton é a essência politizada do Athletic. Os jogadores bascos são ensinados sobre o sofrimento histórico da região — e, ainda que insular, Liverpool não é fervorosamente separatista. O Athletic Bilbao conta com tantos fatores intrincados a sustentá-lo que pode ser considerado o dióxido de carbono do futebol.

O segredo

Uma grande mansão não pode ser construída sem fundações sólidas. Iñaki sabe disso. "Estou aqui há vinte anos. Foi Amorrortu, quando atuou como técnico em 1995, quem quis trazer alguém para dar apoio aos estudos dos jogadores da base. Temos uma cultura, nas categorias inferiores, de gente preocupada com a questão dos estudos, porque por aí se tem uma boa ideia do nível de disciplina dos jogadores, de quanto estão dispostos a se sacrificar. Os bascos são diferentes em alguns aspectos; o povo aqui é durão, determinado. São décadas de história que, combinadas com nossa autossuficiência, se ajustam à nossa identidade e nos guiam à defesa dos nossos valores."

No futebol de hoje, os clubes competem com vantagens marginais. A maioria é igual em termos de técnicas de análise e qualidade de elenco, de modo que devem encontrar uma vantagem competitiva na preparação para as partidas. A intenção a cada jogo é motivar os jogadores na luta por aquelas vantagens marginais. Se, como dissemos,

A ESCOLA EUROPEIA

um clube tem um elenco intrinsecamente motivado, fica em posição vantajosa. Se, como o Athletic, tem uma situação em que é capaz de incutir motivação intrínseca, instruindo os jovens jogadores da base sobre a situação histórica de sua região, reforçando neles a ideia de que o clube pelo qual jogam representa uma nação e um povo autônomos, assume uma posição forte. "As crianças aprendem história basca. Com a democracia, começamos a descobrir nossos próprios valores. Quando se ensina a história local na escola, representar o clube passa a significar tudo para os jovens que chegam ao time de cima." Esse é o segredo do Athletic Bilbao, é como seus pontos fracos o tornam mais forte.

Num ambiente educativo também é possível para o clube avaliar a responsabilidade de cada jogador. É a filosofia das faculdades americanas que, na distribuição do tempo de jogo, cobram pedágio aos jovens que não valorizam sua educação. "Temos vários jogadores que tiram notas baixas na escola, por isso pedimos a eles que trabalhem conosco durante a semana para melhorar, porque, dependendo da qualidade de seu desempenho acadêmico, podem vir a jogar menos durante as partidas. É um incentivo para que se saiam bem e se concentrem na formação escolar." O clube almeja formar "gente de primeira divisão", não apenas jogadores de elite. Trata-se de alguns dos jogadores mais inteligentes que é possível encontrar. Se algum não consegue se profissionalizar, há um plano de contingência para ele: uma bolsa de estudos nos Estados Unidos, totalmente paga pelo clube.

Amaiera

A dependência do Athletic em relação ao talento local permanece sustentável. É uma política admirável que projeta o clube na contracorrente do futebol dependente de dinheiro. Sua visão interna é muitas vezes romantizada, mas, como clube, é um pioneiro na formação de jovens jogadores. Ganhou admiradores em escala global por suas *canteras* (o que é um pouco irônico para uma política que prega o isolamento detrás de uma ponte levadiça), ao mesmo tempo em que torcedores de outros clubes, desiludidos com o carrossel de idas e vindas nos elencos, idealizam sua filosofia. Num esforço para se conectar com esse núcleo de admiradores, o Athletic criou o prêmio

DANIEL FIELDSEND

One Club Man [Homem de um Clube Só], entregue aos vencedores de cada ano num San Mamés lotado com 40 mil pessoas. A distinção é uma tentativa de premiar a lealdade no futebol e foi vencida por Matt Le Tissier, do Southampton, em 2015, e por Paolo Maldini, do Milan, em 2016.

O Athletic nunca abandonará suas tradições. Mesmo que o clube fosse rebaixado, ainda teria San Mamés e Lezama, além de uma estrutura de formação fantástica e de sua saudável perspectiva orgânica do futebol. Tão firmes são as fundações do clube que os normalmente onipresentes Real Madrid e Barcelona não conseguem contratar jovens bascos. É o clube de uma grande comunidade, um amálgama que Amorrortu só faz reforçar. "Nossa preocupação é que diariamente nossos jogadores evoluam", diz ele. "Cada jovem com quem trabalhamos no nosso dia a dia deve ter um objetivo: imaginar que um dia será jogador do Athletic! Quando ele entra aqui, encontra soluções da parte de nossos treinadores. Sabemos dos outros problemas na vida do jogador, de todos eles — seus estudos, sua psicologia, suas questões familiares —, e ele terá nosso apoio. Nossa preocupação deve ser mostrar interesse por todos os aspectos da vida de um atleta, uma vez que evoluímos juntos a um nível superior."

Enquanto eu caminhava por Lezama, o sol inclemente tinha amenizado um pouco para dar lugar a um calmo começo de noite. Um coro de pássaros fazia a trilha sonora ao longo do meu trajeto, passando pelos gramados em direção à estradinha rural. Dispersas por ali, mansões brancas em diferentes pontos da encosta exibiam suas persianas verdes ou vermelhas — as cores da bandeira basca, a *Ikurriña*. O futebol dispensa excepcionalidades nesta era moderna caracterizada pelo livre comércio de jogadores, pelo movimento fluido de treinadores e torcedores. Com sua postura, o Athletic, mesmo que nem sempre leve os três pontos, ganha todos os jogos. Na vitória ou na derrota, é o clube mais cativante do futebol. Longa vida às *canteras*.

4.
MESTRES E APRENDIZES: OS INOVADORES TÁTICOS DO PORTO

Para entender a atmosfera do Porto moderno, é preciso refazer as trajetórias de José Mourinho e André Villas-Boas. É a história de dois sujeitos ambiciosos que ascenderam de funções obscuras — um deles, intérprete, o outro, olheiro — à realeza do futebol europeu. Nenhum dos dois teria chegado ao *beau monde* da bola sem ter passado pelo cargo de treinador dos Dragões. Foi uma relação mutuamente vantajosa, uma vez que o Porto até hoje se beneficia do legado deixado por eles. A história de Mourinho–Boas, dos primórdios notáveis aos conhecidos em comum, de aliados inseparáveis a posteriores rivais, poderia muito bem ser tema de um romance. Na visão do futebol que compartilham e os une, Mourinho e AVB tiveram os mesmos mentores: Bobby Robson e o teórico tático Vítor Frade. Este capítulo é sobre uma metodologia tática desenvolvida no Porto pelos dois jovens técnicos. O clube é, e tem sido há muito tempo, um lugar onde gente com potencial prospera.

DANIEL FIELDSEND

A viagem de Bilbao ao Porto leva um dia inteiro. O trem atravessa lentamente as insulares regiões basca e galega antes de chegar a Vigo, na costa noroeste da Espanha. Fora do país, praticamente não se ouve falar de independência da Galícia, em certa medida pela relativa neutralidade quanto ao tema de seus times de futebol, o Deportivo La Coruña e o Celta de Vigo. Trilhos rústicos conduzem os trens pelas montanhas da Cantábria, onde os passageiros se encantam com as sombras projetadas nas copas verde-escuras das árvores. A Galícia funciona bem como zona de transição, com sua língua que é uma mistura de espanhol e português. Mais adiante, nas estradas empoeiradas pelas quais se cruza a fronteira entre os dois países, o único indício de que a Espanha virou Portugal é a substituição das laranjeiras por palmeiras (e as pessoas no ônibus voltando a usar seus celulares). Como na maior parte da Europa, não há posto de fronteira, só uma invisível linha divisória.

As estradas não podem ter mudado muito nas duas décadas desde a chegada de Bobby Robson ao Porto. Era 1994 e uma parte dele devia estar sentindo saudade de casa. O Sporting de Lisboa tinha demitido o ex-treinador da Inglaterra alguns meses antes, mesmo com o clube liderando o campeonato àquela altura. O que se revelaria um erro dos lisboetas. O Porto recebeu Robson de braços abertos. No trajeto do aeroporto Francisco Sá Carneiro ao centro da cidade, uma grande estátua surgiu no horizonte diante dele: um leão no topo de uma coluna de mais de doze metros de altura, o corpo e as patas dianteiras a imobilizar uma águia já sem reação. O leão da estátua representa a Grã-Bretanha, cujas forças navais defenderam Portugal contra a águia, ali dominada, da França de Napoleão, entre 1808 e 1814. Por isso o povo do Porto é grato aos britânicos, cuja intervenção lhes permitiu se autoproclamar Invicta — a cidade invencível. O clima do lugar também funcionou como boas-vindas a Robson. As gaivotas grasnam por detrás de nuvens cinzentas de chuva, de dia ou de noite; o Porto tem a atmosfera de uma cidade do litoral britânico no verão. O sol espreita só o tempo suficiente para secar o calçamento e animar os espíritos, até que a próxima chuva chegue, como que se desculpando. Por conta disso, um arco-íris coroa a cidade permanentemente.

A ESCOLA EUROPEIA

Bobby Robson não estava sozinho no Porto. Seu assistente, intérprete e amigo recente José Mourinho concordara em se transferir com ele para o norte. Para Mourinho, os dez anos anteriores tinham passado em sua vida como um furacão. Ele progredira sem parar, a partir de um trabalho como treinador de crianças em escolas para as categorias de base do time de sua cidade, o Vitória de Setúbal. Flertara com outras possibilidades em outros clubes menores, como as de olheiro e assistente técnico, antes de se candidatar à vaga de intérprete de Bobby Robson no Sporting. "Devo muito a ele. Eu não era ninguém no futebol quando ele veio para Portugal." Robson ter se afeiçoado a Mourinho (os dois se conheceram ainda no aeroporto) acabaria por se revelar o momento de virada na vida do português. Foi com grande entusiasmo, portanto, que ele acompanhou seu *Mister* na transferência ao Porto. Lá eles venceriam os campeonatos de 1994 e 1995.

Chega o garoto

Reza a lenda que, certa manhã, um estudante bem vestido se aproximou de Robson e, ousado, começou a falar um inglês perfeito. O treinador reconheceu o rapaz, que era seu vizinho, e teve com ele uma prazerosa discussão sobre futebol. "Por que o senhor não está colocando o Domingos pra jogar?", quis saber o garoto. Robson gostou da apresentação sem rodeios.

O adolescente André Villas-Boas vivia numa área nobre do Porto com a mãe e o pai — ele, professor universitário, ela, empresária. Quando não estava na escola, passava todo o tempo livre jogando Championship Manager (e continuaria a fazê-lo até ser contratado como técnico do Académica de Coimbra, em 2009),[1] de modo que, ao descobrir que Robson havia se mudado para um apartamento no mesmo prédio onde morava, o garoto planejou iniciar um diálogo. A dupla continuaria a se falar sempre que uma oportunidade surgisse, com AVB — autoconfiante como os jovens podem ser — deixando relatórios de avaliação na caixa de correio de Robson toda sexta-feira. Mais adiante, acabou sendo convidado a assistir aos treinos do time pelo qual torcia. Conheceu o pessoal técnico, apertou as mãos dos jogadores

[1] De acordo com a biografia de autoria de Luis Miguel Pereira e Jaime R. Pinho.

DANIEL FIELDSEND

e foi apresentado ao intérprete de Robson, José Mourinho. Aos dezessete anos, AVB foi enviado a Lilleshall, sob as bênçãos de Robson, a fim de se certificar como treinador. Também ganhou um estágio no Ipswich Town, onde aprendeu o ofício com o então técnico do clube, George Burley: "O Bobby me disse que o menino teria um destino especial no mundo dos treinadores. Ele me ligou e o André veio para passar duas semanas seguindo todos os meus passos. Acompanhou todas as sessões de treinamento e as reuniões com a diretoria. Pensei comigo que o Bobby tinha mesmo achado um cara especial", contou Burley.[XXII]

Robson deixaria o Porto em 1996 rumo ao Barcelona, levando Mourinho consigo. AVB ficou e, ele próprio ainda um adolescente, começou a treinar as categorias de base. Em 1999, Robson retornou à Inglaterra, para o Newcastle; Mourinho, no entanto, permaneceu no Barcelona, continuando sua formação sob Louis van Gaal. Sem que se pudesse saber olhando de fora, nenhum outro ambiente no mundo estava produzindo tantos futuros técnicos talentosos. O clube se tornou um viveiro de mentes iluminadas na época de Mourinho ali. De 1996 a 2000, ele trocou ideias com jogadores como Laurent Blanc, Luis Enrique, Frank de Boer, Phillip Cocu, Julen Lopetegui e sua futura nêmesis Josep Guardiola. A formação de Mourinho sob Robson e van Gaal o levou ao cargo de técnico da equipe principal do Benfica em 2000. Aos 37 anos, ele substituiu Jupp Heynckes na ocasião da demissão do técnico alemão, mas acabou indo embora quando o Benfica passou a cortejar outros treinadores.

André Villas-Boas também tinha a ambição de trabalhar no futebol profissional. Mais ou menos na mesma época em que Mourinho assumiu o lugar de Heynckes, AVB se candidatou a uma vaga na equipe nacional das Ilhas Virgens Britânicas. Tinha 22 anos, mas não revelou sua idade à federação durante o processo de seleção. Para seus empregadores, foi um choque descobrir que tinham contratado alguém tão jovem.

PT

Vítor Frade era professor na Universidade do Porto, onde tinha estudado e ensinado educação física, medicina e filosofia. Em sua passagem por lá, no final dos anos 1980, combinou seus conhecimentos de cibernética,

A ESCOLA EUROPEIA

antropologia e psicologia para criar um programa de desenvolvimento esportivo chamado "Periodização Tática" (PT).[2] Mourinho conversou pela primeira vez com Vítor Frade quando trabalhava nas categorias de base do Setúbal. Ao desembarcar no Porto com Robson, retomou o diálogo e os três criaram uma relação pessoal mais próxima; discutiam, entre outras coisas, a influência duradoura do herói de Robson no futebol, Jimmy Hagan, e seu legado tático em Portugal (Hagan ganhou três vezes o campeonato português com o Benfica no início da década de 1970). José Mourinho, já treinador do Porto anos mais tarde, encorajaria sua jovem equipe de preparadores, analistas e olheiros a estudar o trabalho de Frade, especialmente Vítor Pereira (Rui Faria e André Villas-Boas tinham feito a mesma coisa antes).

Em janeiro de 2001, Mourinho se viu pronto para promover a completa implantação da periodização tática e levou o pequeno União de Leiria ao terceiro lugar na liga. O presidente do Porto, Jorge Nuno Pinto da Costa, estava construindo sua reputação de investir em talentos em potencial e trouxe Mourinho de volta ao clube em 2002, desta vez como treinador. Numa pequena cidade costeira, nomes são lembrados e discutidos diariamente. Em Crestuma, o centro de treinamento do clube, Mourinho se inspirou mais uma vez em Vítor Frade para discutir uma abordagem metodológica para o Porto. Decidiu contratar o jovem André Villas-Boas como olheiro dos adversários e, assim como num romance, suas trajetórias se entrelaçaram mais uma vez. Agora sem Bobby Robson como mentor, Mourinho reestruturou o modelo de formação do Porto de cima a baixo, com os princípios da PT permeando o trabalho com todas as faixas etárias.

Princípios da Periodização Tática: o Porto de Mourinho

Embora a PT tenha sido estigmatizada por alguns na mídia, em parte pelo uso excessivo do método como referência, é uma abordagem consideravelmente apreciada entre os treinadores de elite. Eles nem a chamam mais pelo nome, referindo-se a ela como "processo de

---

[2] O termo "periodização", cunhado originalmente em português, refere-se a um período, especificamente aquele gasto pelos treinadores para integrar um modelo de jogo, baseando os treinamentos em conceitos técnicos, táticos, psicológicos e físicos. Esse tempo é organizado em "morfociclos" entre as partidas.

DANIEL FIELDSEND

treinamento", e consideram prática comum treinar seus jogadores no clima mais próximo possível do jogo, e não em etapas isoladas. Não é mais um fator primordial para o sucesso de uma equipe (nos anos 2000, foi considerada revolucionária), e, sim, ao contrário, apenas o jeito normal de fazer as coisas — como a maioria das equipes treina. Mourinho popularizou o método no Porto e no Chelsea, mas, conforme escreveu Timo Jankowski em seu livro *Taktische Periodisierung im Fußball*,[3] entre os colegas do português adeptos da PT estiveram Marcelo Bielsa, Brendan Rodgers, Jorge Jesus, Christian Gourcuff, Rudi Garcia, Mauricio Pochettino, Roberto Martínez, Jorge Sampaoli, Luis Enrique e Julen Lopetegui.

A PT também foi incorporada por Pep Guardiola, a quem Vítor Frade admira muito. Perto do Natal de 2014, Guardiola teve um encontro com Eddie Jones, treinador do time de rúgbi do Japão, e os dois compartilharam ideias que viriam a beneficiar ambos os esportes. "A abordagem no futebol é chamada de periodização tática, na qual tudo é feito em preparação para o jogo e de modo a criar consciência tática", explicou Jones à Sky Sports.[XXIII] "Assisti a um treino do Bayern e tive uma reunião muito boa com o Guardiola. Acho realmente que podemos melhorar muito com ajustes na forma como treinamos." O Japão derrotaria a África do Sul na Copa do Mundo de 2015, numa das maiores zebras da história do rúgbi.

O treinamento da PT universaliza todas as etapas do jogo, da defesa ao ataque, e aperfeiçoa o desempenho a cada momento pela prática. Antes, as sessões diárias de treinamento no futebol incluíam exercícios físicos e táticos isolados, mas, conforme Vítor Frade explicou a Martí Perarnau (autor de *Guardiola Confidencial*), "[a PT] rejeita a noção de que o lado físico seja alguma coisa à parte do treinamento de jogo, uma vez que isso leva à especificidade".[XXIV] O futebol é fluido, e não compartimentado. Para colocar de forma bem simples, a PT instrui de forma fluida a partir de cenários reais de jogo, em detrimento dos treinamentos tradicionais com exercícios isolados, como correr em volta do campo ou treinar formações sem bola no estilo de

---

[3] JANKOWSKI, T. *Taktische Periodisierung im Fußball: Die Übungen der Spitzentrainer. Trainieren wie Guardiola und Mourinho.* Aachen: Meyer & Meyer, 2015.

A ESCOLA EUROPEIA

Sacchi. Também cultiva a filosofia subjacente de reforçar diariamente os princípios de equipe. Quanto mais realista for o treinamento, mais capaz será o jogador de aplicar seu conhecimento aos jogos. *Por que treinar futebol sem a bola?* Na PT, não se perde tempo.

José Mourinho ganhou a Champions League com o Porto, em 2004, ao promover a ampliação da base de conhecimentos de seu plantel pelo treinamento. O clube contornou paradigmas de estrutura e hierarquia da riqueza cada vez mais reverenciados — a noção de que no futebol os vitoriosos são os mais ricos — e triunfou com técnicas de treino evolucionistas. Mourinho explicou suas convicções na época: "Correr por correr implica num desgaste natural, mas sem efeito, e em termos emocionais tende a ser um gasto inútil de energia também, ao contrário daquele verificado em situações complexas nas quais, além dos requisitos físicos, os jogadores são exigidos técnica e taticamente, a complexidade desses exercícios levando à maior concentração".[4]

No Porto, as pessoas são abertas e francas; falam o que pensam e não têm pudores de xingar, para grande irritação do pessoal de Lisboa. As declarações de Mourinho sobre a força do norte (na época em que treinava o clube) manifestavam resistência ao que, internamente em Portugal, se percebe como uma centralização por parte de Lisboa no que diz respeito a vários tipos de favoritismo, e com isso o técnico se alinhava bastante à mentalidade cívica dos nativos do Porto. Sua retórica do "nós contra o mundo" criou um culto de adoração em torno de Mourinho como líder, o sujeito que ergueria a ponte levadiça local. Antes de se fechar totalmente, tratou de montar um estoque com os jogadores mais subvalorizados do país. Maniche chegou do Benfica de graça; Derlei e Nuno Valente vieram do Leiria pelo valor somado de pouco menos de 800 mil euros; e Paulo Ferreira foi comprado do Setúbal por 1,5 milhão. Ricardo Carvalho, um nômade que jogava um período de empréstimo depois do outro, se tornou um dos pilares da defesa. O "modelo de jogo" de Mourinho deu ao Porto a Copa da Uefa de 2003 e a Champions de 2004.

---

[4] José Mourinho, citado em: TAMARIT, X. *What is Tactical Periodization?* Oakamoor: Bennion Kearny, 2015.

Conhecimento subjacente

Quando ele chegou ao Chelsea, seus métodos ainda eram novos. Didier Drogba, contratado junto ao Marselha, da França, lembra em sua biografia o choque de aparecer para treinar calçando tênis de corrida e ouvir de Mourinho que eram desnecessários:

"Aonde você pensa que vai com eles?", quis saber o treinador.

"A gente não vai correr?", perguntei, surpreso.

"Traga suas chuteiras", ele respondeu, "porque você veio aqui jogar futebol. Tudo o que faço é adaptado e relacionado ao jogo — e pra jogar ninguém precisa de tênis de corrida!"[5]

Drogba descobriu o que era ter "condicionamento para o futebol" em vez de "condicionamento físico". Fora de Portugal, a PT era um conceito desconhecido. O que o método promoveu foi, muito simplesmente, o princípio pedagógico do futebol aprendido numa estrutura lógica, girando em torno de quatro momentos no jogo:

1. Organização defensiva.
2. Transição da defesa ao ataque.
3. Organização ofensiva.
4. Transição do ataque à defesa.

Segundo Frade, toda ação no futebol, seja o controle da bola ou o passe, exige: compreensão do contexto do jogo (tática); capacidade de executar a ação (técnica); movimento motor (aspecto físico); e concentração (aspecto mental). Os melhores jogadores são aqueles capazes de optar pela ação correta e de forma consistente com uma estrutura tática. Por exemplo, quando e em que direção passar se o time estiver vencendo por 1 × 0 a cinco minutos do final da partida. Uma vez que o futebol engloba quatro fatores — o tático, o técnico, o físico e o mental — a cada dado momento, Frade se perguntou por que treiná-los isoladamente.

As sessões de treinamento devem considerar e desenvolver todos os quatro fatores em cada exercício. O que determina o tema da sessão é a estrutura lógica. Ou seja, se o foco é na organização defensiva, Mourinho ou AVB trabalharão o posicionamento da equipe, a

[5] DROGBA, D. *Commitment.* London: Hodder & Stoughton, 2015.

A ESCOLA EUROPEIA

compactação, os espaços, retardando o avanço do adversário, de modo a pressioná-lo e encurralá-lo, e na sequência introduzirão a transição ao ataque assim que a bola for recuperada. O tempo todo os quatro fatores estão sendo trabalhados inconscientemente: quando pressionar pela bola (fator tático); a velocidade de movimento (fator físico); a calma para passar (fator mental); e a força do passe (fator técnico). "Minhas sessões duram noventa minutos perfeitamente calculados", explica Mourinho. "Não há lugar para distração; mantemos tudo sob controle, e o plano é que o jogador trabalhe em intensidade máxima todos os dias."[XXV]

Há um universo de interpretações da PT, mas o método pode ser dissecado. Primeiro, nos quatro fatores. Depois, nos momentos e nas transições. Mas a determinar ambas as coisas há, como se fosse a gravidade, um "contexto". Por que trabalhar em cima desses ou daqueles momentos específicos do jogo? É tarefa do treinador decidir isso. Ele está no comando e deve considerar absolutamente tudo. Daí pensar e planejar tanto os treinamentos. Mas, uma vez que a temporada começa, a observação dos jogos o ajudará a resolver o que treinar.

A primeira obrigação de um novo treinador é decidir acerca de um "modelo de jogo" — uma maneira de jogar — que ele quer que sua equipe siga. "Para mim, o aspecto mais importante nos meus times é ter um modelo de jogo, um conjunto de princípios que deem organização", afirma Mourinho. "Portanto, desde o primeiro dia de treino, nossa atenção está voltada para isso." Quando chegou ao Porto, o objetivo do treinador português era criar uma maneira de jogar baseada em alguns fatores: as capacidades dos jogadores do elenco que recebeu para trabalhar; o que queria o conselho deliberativo; a cultura do clube; as demandas dos torcedores; e a cultura do país e dos adversários. Uma vez que um modelo de jogo é decidido e os jogadores são selecionados, o técnico pode, então, começar a organizar os treinos com vistas à periodização tática. Por mais complexa que a PT possa parecer, ela pode ser resumida simplesmente na seguinte ordem de fluência:

Identificar um modelo de jogo » criar exercícios de treinamento com base nas partidas » incorporar as transições » levar em conta os quatro fatores.

DANIEL FIELDSEND

O queridinho do Porto

Já se sugeriu que José Mourinho ascendeu de humilde intérprete a maior treinador do mundo entre 2004 e 2012 por meios maquiavélicos. Seria menosprezar seus anos de aprendizado com Frade e Robson, no Porto, e com van Gaal, no Barcelona. A ascensão de Mourinho foi produto de pura ambição, pois, quando um homem está envolto nela, poucos poderão detê-lo. Numa hipotética sala com cem pessoas, pode-se avaliá-las pelas roupas e pela aparência externa, mas não se pode ver o que trazem dentro de si. A ambição é invisível. Para alguns, diminui com o passar do tempo, mas para outros, como Mourinho, só cresce. Ele sozinho imaginou o próprio futuro. Encarnando a definição de T. E. Lawrence em sua célebre introdução, Mourinho foi um sonhador diurno.[6] O intérprete sonhou com a glória e, um dia, acordou e descobriu que era realidade.

Talvez tenha passado despercebido durante os anos em que os dois estiveram juntos (embora fosse de se imaginar que tramaram tudo que fariam na vida nas longas horas entre os jogos), mas o protegido de Mourinho, André Villas-Boas, acalentava igual ambição; um companheiro de sonhos diurnos. "Pude aprender muitas coisas, e trabalhar com [Mourinho] leva a gente a outro nível", ele relembrou em entrevista ao *International Business Times*. "Ele é apaixonante, vira um ídolo. Eu queria ser como ele, saber tudo o que ele sabia e absorver toda a informação que ele me passava."[XXVI]

Em 2009, porém, AVB seguiu seu rumo sozinho. O jovem se sentou num grande auditório relendo os pontos-chave de sua apresentação enquanto esperava pelo grupo. Ele sabia o que ia dizer — a exposição seria semelhante à que fizera para o presidente do clube, José Eduardo Simões, dias antes. Nela, na casa do presidente, um Villas-Boas com a barba por fazer definira seus objetivos para melhorar o desempenho da Académica, que ocupava, naquele momento, um lugar desconfortável na parte de baixo da tabela do campeonato português. O que Villas-Boas apresentou ali foi um dos famosos relatórios de

---

[6] "Todos os homens sonham, mas não sonham igual. Aqueles que sonham à noite, nos recessos empoeirados de suas mentes, acordam no dia seguinte e descobrem que foi apenas vaidade: mas há os sonhadores diurnos, homens perigosos, porque podem de olhos abertos botar mãos à obra por seus sonhos e torná-los possíveis." T. E. Lawrence. *Os sete pilares da sabedoria*, 1922.

A ESCOLA EUROPEIA

olheiro que o haviam levado do Porto para o Chelsea e depois a Internazionale com Mourinho. Além de identificar os pontos fortes e fracos da Académica, explicou pela primeira vez em sua carreira *como* a performance do time seria melhorada. Foi uma explanação semelhante à que José Mourinho fez a Roman Abramovich, em 2004, batendo Sven-Göran Eriksson nas preferências do russo para o cargo no Chelsea. A Académica, especificou AVB, seria recuperada por um programa de periodização tática.

"No porto, um barco está seguro", disse ele, saindo da sombra de Mourinho, "mas não é para ficarem atracados que os barcos são feitos." Em sua primeira temporada como técnico, a Académica escapou do rebaixamento. Ao final da segunda (já com o Porto), Villas-Boas se tornou o treinador mais promissor da Europa. Aluno mais recente de Frade, AVB adaptou o modelo de jogo do mestre de modo a adequá-lo ao 4-1-2-3 (uma variação do 4-3-3 com apenas um volante). Taticamente, transformou o Porto num time mais dinâmico do que havia sido na versão de Mourinho. Colocou mais ênfase na pressão imediata para recuperar a bola e, no geral, deu velocidade a cada transição — era esse o seu modelo. A zaga central, Rolando e Nicolás Otamendi, jogava mais adiantada; Săpunaru e Pereira tinham maior liberdade como laterais do que seus antecessores Valente e Ferreira; Fernando, Moutinho e Belluschi conseguiam manter a posse por mais tempo, se necessário; e Hulk e Falcão dividiam entre si a responsabilidade por marcar gols, que sob Mourinho ficava somente com Benni McCarthy. Um estilo elogiado por Vítor Frade e inspirado por seu herói no futebol, Johan Cruyff.

O Porto venceu a Supercopa, a Copa de Portugal, o campeonato nacional e a Copa da Uefa, permanecendo invicto ao longo de toda a temporada. A equipe sofreu apenas treze gols, o que renovou o orgulho sustentado no título *Invicta* — a cidade invencível. Na vida, a perfeição é uma aspiração muitas vezes inatingível. Da mesma forma no futebol. No entanto, acreditar que a perfeição pode ser alcançada com frequência traz sucesso. Aquela temporada de 2010-1 esteve o mais perto da perfeição que o futebol pode oferecer. Aos 33 anos, Villas-Boas se tornou o mais jovem treinador a ganhar um troféu europeu e apenas o 11º a conquistar a tríplice coroa num ano. Mais crucial para ele, a partir dali se transformaria no homem a inspirar uma geração de jovens mentes na luta pelo inatingível no futebol.

Legado da metodologia

Ao longo do tempo, o Porto construiu uma reputação como progressista. Nos quarenta anos que se seguiram à chegada de Jorge Nuno Pinto da Costa aos bastidores do clube, o Porto conquistou 22 títulos de campeão português e duas Copas dos Campeões da Europa. "Temos olheiros internos e externos divididos por diversos níveis de observação, o que permite que um jogador seja observado por várias pessoas", explicou um dos diretores, Antonio Henrique. "Esse pessoal trabalha com a noção de um time espelho, uma seleção de jogadores identificados em várias ligas que podem ser contratados pelo Porto." Além de focar jogadores com potencial, o Porto investe em treinadores e gerentes de futebol e promove uma relação ativa com a universidade local — um dos mais ricos ambientes acadêmicos para o esporte na Europa atlântica.

Formados ali, José Mourinho e André Villas-Boas levaram os ensinamentos do professor Vítor Frade ao clube — chegando a lhe oferecer uma função no desenvolvimento da metodologia. Rui Faria era um dos estudantes mais brilhantes de Frade quando entrou em contato com Mourinho, nos anos 1990, para falar de sua tese sobre o Barcelona. Impressionado, Mourinho o incorporou à sua equipe no Porto, em 2002, quando voltava ao clube como treinador. Rui Faria seria o homem a implementar as sessões periodizadas de condicionamento para o futebol. Virou o braço direito indispensável de Mourinho. "O objetivo será sempre o mesmo", comentou, sobre a metodologia. "Tornar primeiro consciente, depois subconsciente, um conjunto de princípios, de modo que possamos exibir naturalmente uma maneira de jogar."[7]

Quando fazem o curso de credenciamento da Uefa, os treinadores têm a tarefa de apresentar uma tese. É frequente procurarem Frade para orientá-los. O que o professor diz a eles é que simplesmente estudem a filosofia de Johan Cruyff no Barcelona como modelo de jogo

---

[7] TAMARIT, X. *What is Tactical Periodization?* Oakamoor: Bennion Kearny, 2015.

A ESCOLA EUROPEIA

ideal. "Essa paixão pelo futebol de Cruyff não é à toa. Estamos falando de alguém que foi um marco na evolução qualitativa do jogo."[XVIII] Pelo que conta Frade, José Mourinho era um aficionado do futebol cruyffiano, e foi esse o estilo que implementou no Porto nos anos 2000.

Com sua maneira de jogar reativa, Mourinho passou a ser visto como um anti-herói entre os adeptos das ideias do holandês, mas era uma questão de necessidade. O português sabe como é frágil a condição de um técnico de futebol — seu pai foi demitido num Natal, quando Mourinho era menino — e vê o jogo reativo como uma prática fundamental para a sobrevivência. Quando se tornou treinador do União de Leiria, em 2001, Mourinho introduziu no futebol português a filosofia cruyffiana da posse de bola (mantê-la quando se está à frente no placar, frustrando o adversário com um mínimo de esforço físico). Quase todo mundo esquece que, em sua primeira temporada no clube, o Porto jogava num ofensivo 4-3-3. Técnico e time são lembrados pelo pragmático 4-4-2 em diamante com que atuavam nos compromissos do torneio continental, mas era uma equipe expansiva nos jogos domésticos. O diamante só era introduzido quando, à medida que o ritmo do jogo diminuía, seus jogadores podiam se infiltrar entre as linhas de defesa do adversário com maior facilidade. Mourinho passou, com o tempo, a ser considerado o anjo caído do Barcelona, o antibarça que combatia a implacável filosofia ofensiva do clube catalão, mas, nos seus primórdios como treinador, era da mesma escola de pensamento de Guardiola, Cocu, Luis Enrique, de Boer e outros puristas.

Tanto José Mourinho quanto André Villas-Boas participaram do desenvolvimento das categorias de base do Porto. O trio de meio campo com um só volante de AVB (o número 6 num 4-3-3) continua a vigorar. A razão pela qual muitos centros de formação treinam jovens para jogar no 4-3-3, apesar de o time de cima muitas vezes atuar de maneira diferente, é ter uma estrutura na qual cada indivíduo exerça uma função, ao mesmo tempo em que desenvolve o instinto de atacante que os técnicos consideram desejável. Os jogadores são colocados em campo tendo, cada um, seu objetivo individual, conforme me explicou o treinador das categorias de base do Porto, Vítor Matos: "Sempre vai ter a ver com o que queremos aperfeiçoar naquele

DANIEL FIELDSEND

jogador em particular. Imagine que, na rodada passada, a gente observou que o adversário sempre tentava interceptar a bola quando a jogada era pela direita. No treino para o próximo jogo, tentaremos forçar o jogo por aquele lado e diremos ao jogador aberto na direita: 'Você vai ser mais ousado, vai mostrar mais iniciativa e chegar à linha de fundo pelo menos cinco vezes'. É o que chamamos de iniciativas: digo à equipe que nossos meios-campistas devem contar pelo menos dez iniciativas em tal jogo". Numa formação em 4-3-3, cada jogador tem chance de cumprir metas. "Se algum não está conseguindo, vamos investigar por quê."

O último pupilo de Frade

Ainda no Porto, procurei a mais recente cria de Frade, Vítor Matos, para aprender mais sobre a PT. Aos 27 anos, ele goza de grande reputação no clube e ocupa quatro funções: olheiro de adversários das categorias inferiores, analista de desempenho dos sub-19, assistente técnico dos sub-17 e treinador dos sub-14.[8] "A influência do Mourinho é tamanha que todo mundo quer ser treinador em Portugal", contou Matos. "Escolhi estudar na Universidade do Porto porque o homem que inventou a periodização tática dava aulas lá. Na PT, tudo deve ter conexão — tática, técnica, aspectos físico e psicológico — e tudo, por sua vez, está ligado ao nosso modelo, ao nosso estilo de jogo."

Matos é um homem ocupado. Entre uma e outra de suas reuniões no clube, marcamos encontro para tomar um cappuccino e discutir detalhes da metodologia. *Um técnico pode ter sua própria versão adaptada da PT?* "Não, tem casos de pessoas que não entendem o método e tentam inventar em cima, mas não é necessário. Tudo se resume a princípios metodológicos. Por exemplo, a gente programa exercícios para reforçar um aspecto que quer ver posto em prática num jogo. Vamos querer que esse aspecto esteja muito presente no exercício. Esse é um princípio. São quatro os princípios que se aplicam à metodologia e nos permitem construir nosso estilo de jogo. É muito

---

[8] Matos, quando falamos pela última vez, tinha assumido um novo cargo na China como diretor técnico do Shandong Luneng, de Felix Magath.

A ESCOLA EUROPEIA

específico." Um treinador pode usar a PT aplicada a seu próprio modelo de jogo, mas não pode mudar a abordagem. *Por que então as pessoas tentam inventar?* "Quando tivemos o curso de credenciamento de treinadores europeus aqui em Portugal, tentaram discutir a periodização, mas, para estar em condições de fazer isso, a pessoa precisa ter conversado com Vítor Frade. É o único jeito. Pode-se até entender o método, mas precisa ser ensinado por ele."

Conforme já explicado, uma vez que decida por um modelo de jogo, o treinador busca inspiração para planejar as sessões de treinamento a partir de erros cometidos nas partidas. Matos tem uma competência de amplo espectro para decidir sobre as sessões de treinamento; afinal, é tanto analista de desempenho quanto treinador. "O nome que damos ao processo é 'morfociclo de uma semana'; um jogo neste domingo, outro no domingo seguinte. É um ciclo de dois jogos. Nesse intervalo, a ideia é ter um dia de folga na segunda-feira para recuperar os jogadores — porque, na PT, a recuperação é também emocional e psicológica. É possível que tenha sido um jogo difícil, que exija tempo para o atleta se recuperar mentalmente. Aí temos terça, quarta, quinta, sexta e sábado para treinar antes de entrar novamente em campo no domingo." Matos dedicará horas a pensar a estrutura de cada sessão, planejando e preparando meticulosamente o fluxo dos exercícios e adaptando-os à próxima partida.

"Imagine que no jogo de domingo algumas ideias não funcionaram. Precisamos, portanto, organizar o treinamento de modo a resolver isso. Vai ser o foco daquela semana, além dos exercícios pensados para o compromisso futuro. Tudo tem sempre relação com o jogo que passou e com aquele que está por vir, num ciclo." E assim segue a temporada, em ciclos entre as partidas. Matos acrescenta que todo ano há o momento em que ele identifica "picos de treinamento", o que o faz ter cautela para não dar treinos muito vigorosos cedo demais — ao passo que, noutras épocas, os clubes sobrecarregavam os jogadores com trabalho físico antes mesmo de a temporada começar. "A pré-temporada é o momento mais importante para a PT, pois desde o primeiro dia a gente precisa fazer o time desenvolver e treinar sua maneira de jogar."

DANIEL FIELDSEND

Quando atua como olheiro de times adversários, a primeira coisa que Matos tenta identificar é o estilo de jogo em geral. Ele então estuda como esses adversários trabalham as transições. "Eu observo quais são os melhores jogadores. Então analiso os pontos que podemos explorar para ganhar o jogo e aqueles em que o adversário é perigoso. O mais importante é o nosso estilo e o trabalho individual. Na categoria sub-19, isso começa a ser algo de que temos consciência; como bater o adversário usando nosso estilo de jogo?" Assim como AVB antes dele, Matos treina suas equipes para jogar num modelo alinhado com o do time de cima.

De natureza cruyffiana, a filosofia de Matos preconiza manter a posse de bola em postura ofensiva. "Faço isso por três razões: em primeiro lugar, porque acredito que é assim que o futebol deve ser jogado; segundo, porque penso que não há jeito mais fácil de vencer; e, terceiro, por ser a melhor maneira de desenvolver jogadores. Com a bola, a gente tem mais tempo para tomar decisões corretas, driblar e passar mais vezes e marcar mais gols. E, jogando assim, certamente evolui mais. Se o estilo de futebol é mais negativo, não se cria o jogador mais desejável; não se consegue um jogador técnico e criativo." *Por que, então, Mourinho com frequência prefere tentar ocupar espaços em vez de ter a bola?* "É preciso entender que cada equipe é um organismo diferente. Acredito que todos os bons times apresentam equilíbrio e fluidez e todos eles primam sempre pelo bom posicionamento. O estilo de jogo combina com a personalidade do treinador. Não há maneira certa ou errada de jogar, uma vez que todo mundo tem possibilidade de vencer jogando no próprio estilo. Apenas tenho para mim que a forma de fazer isso é atacar e ter a bola. Sei que o Mourinho consegue equilíbrio e bom posicionamento, ao mesmo tempo que seus times são perigosos. É assim que ele pensa, só isso, e não tem um jeito melhor que outro."

A história, além de José Mourinho, prova que Matos tem razão — não há receita pronta para encarar uma partida, especialmente se for decisiva. De acordo com o livro de Diego Torres sobre o técnico, Mourinho acredita que há sete regras a serem seguidas para vencer grandes jogos, regras essas que contrastam com a filosofia de Matos.

A ESCOLA EUROPEIA

São elas:

1. O jogo é ganho pela equipe que comete menos erros.
2. O futebol favorece quem leva o adversário a cometer mais erros.
3. Fora de casa, em vez de tentar ser superior ao adversário, é melhor induzi-lo ao erro.
4. Quem tem a bola está mais propenso a errar.
5. Quem renuncia à posse reduz a possibilidade de erro.
6. Quem tem a bola tem medo.
7. Quem não tem, portanto, é mais forte.[9]

Se vencer é o foco principal, como um técnico pode fomentar uma mentalidade vencedora em seus jogadores? "Bem, o futebol é um jogo, ou seja, o objetivo é vencer. Isso é básico." No Porto, Matos descobriu que, uma vez que os jogadores acreditem no estilo e vejam que com ele ganham jogos, passam a se empenhar cada vez mais em aperfeiçoá-lo, alimentando, assim, um ciclo vencedor. "Outra estratégia é que, em cada sessão de treinamento, todo exercício seja competitivo. Isso passa a ter ressonância entre os jogadores: eles saberão que, se ganharem num treino de cinco contra cinco, podem ser escalados no jogo de domingo. Cria uma cultura vencedora." No clube, essa é uma cultura rica, com história, para a qual contribuíram treinadores como Robson, Mourinho e Villas-Boas. Com o tempo, vencer se torna parte da própria matéria da qual o clube é feito. Sob Alex Ferguson, o Manchester United passou a ser um clube imbuído de um desejo contagiante de vencer. É a mesma coisa no Porto. "Nós ganhamos jogos, sim, mas temos que jogar bem também. Porque, sem vencer e jogar bem, não há nada em que se apoiar. Aqui essa cultura vencedora está em toda parte."

---

[9] TORRES, D. *The Special One: The Dark Side of José Mourinho*. London: HarperCollins, 2014. Citado por J. Wilson em: "The devil and José Mourinho", *The Guardian*, 2015.

5.
A INVENÇÃO DE CRISTIANO: O *SUPERSTAR* DO SPORTING

Na viagem de três horas de trem entre o Porto e Lisboa, um sol dourado de final de tarde iluminava os campos recém-cultivados. Do vagão dava para ver as silhuetas de homens caminhando entre as plantações para inspecionar a evolução delas. O trabalho no cultivo acontece no início da manhã e, mais tarde, no final do dia, quando a temperatura fica mais amena. O processo tem significado histórico como representação do início da estação. Uma boa colheita é motivo de celebração, e assim tem sido desde a época pagã, com a realização de festivais em reconhecimento às dádivas da existência. Produzir safras a cada ano para manter sustentável uma comunidade pode ter uma analogia com o futebol, especialmente com a renovação do elenco pelas categorias de base. Foi Matt Busby quem disse: "Quem quiser ter os melhores frutos no futebol deve cultivar os seus próprios". O trabalho de um treinador tem de ser o de injetar sangue novo no time de cima a cada temporada. Poucos centros de formação deram mais ênfase a essa ideia do que o do Sporting de Lisboa. O clube é o único a ter produzido dois jogadores laureados com o prêmio de melhor do ano da Fifa, Luís Figo e Cristiano Ronaldo. Por conta do tipo de desenvolvimento individual preconizado nas categorias de base do Sporting, ao lado da mensagem sempre reiterada de que os jovens devem ser criativos com a bola, o clube continua a produzir alguns dos melhores atacantes em atividade.

DANIEL FIELDSEND

Além de Figo e Ronaldo, o rol da fama do Sporting inclui: Paulo Futre, ganhador da Bola de Prata no Ballon d'Or de 1987; Simão e Ricardo Quaresma, os prodígios adolescentes contratados pelo Barcelona; e Nani, que chegou à cena de forma semelhante, como um furacão, e em 2006 foi comprado pelo Manchester United. Todos esses pontas têm em comum um estilo extravagante de jogo: ambidestro, rápido, direto, absurdamente técnico e cheio de truques. As crianças naturalmente desejam brincar assim, mas, à medida que crescem, aprendem a se conter taticamente. No Sporting, uma liberdade criativa que beira o egoísmo é incentivada até a idade adulta.

Apesar de estarmos em meados de fevereiro, Lisboa cozinhava sob temperaturas de verão indiano. Naquela tarde, encontrei um refúgio do calor no carro esporte preto de Ricardo Damas a caminho de Alcochete, o complexo de treinamento do Sporting. Damas é treinador das categorias de base do clube. Na guarita de segurança e dentro do clube, todos o chamam de *Mister*, uma tradição que remonta aos missionários britânicos que introduziram o futebol em Portugal, na Espanha e na América do Sul, no século xix.

Como na maioria dos outros clubes do continente, o centro de Alcochete também aloja, junto com os times jovens do Sporting, a equipe de cima.[1] Ao contrário de outros lugares, as instalações não ficam dentro da cidade, e sim a trinta minutos de carro, em Setúbal, com descampados secos pelo caminho e para além da maior ponte da Europa: a Vasco da Gama. Alcochete não é nem um pouco moderno. Sua decoração se inspira na década de 1960. Fotos emolduradas de jogadores lendários parecem ter sido penduradas ali nos anos 1970. O ginásio exibe equipamentos aparentemente instalados na década seguinte, e o campo coberto de futebol suíço, do lado de fora, no qual Cristiano Ronaldo se criou, provavelmente era o que havia de melhor nos anos 1990. Os Porsches no estacionamento parecem fora de lugar contra o fundo dos muros em cor creme e reboco. Os

---

[1] Muitos clubes na Europa alojam as equipes de base e o time de cima juntos num único complexo. É uma estratégia inclusiva que torna viável a transição entre categorias etárias. Na Grã-Bretanha, a palavra *academy* é usada genericamente para designar a base. Mas a "academia" tem suas origens na Grécia de Platão, com o significado de "lugar de aprendizado". Os europeus do continente acreditam que o aprendizado prossegue na idade adulta.

A ESCOLA EUROPEIA

funcionários admitem que as instalações são datadas se comparadas ao centro de treinamento do Benfica, mas isso não importa. Por que deveria? Instalações são menos importantes do que a formação que se oferece nelas. Os velocistas jamaicanos mundialmente famosos não contam com equipamentos de ponta e treinam num ginásio sem ar-condicionado. A modéstia de Alcochete é enganadora; ali funciona uma das maiores fábricas de talentos do mundo.

"Ainda muito jovens, nossos jogadores são treinados para perceber as transições no jogo. Sabem que, no momento em que perdemos a bola, eles têm que pressionar o adversário para retomar a posse. Na transição ao ataque, são capazes de manter a proximidade necessária às linhas de passe e à construção das jogadas. Na categoria sub-9, os meninos já desenvolvem o senso de posicionamento; entendem como abrir para receber quando recuperamos a bola, de modo a evitar a pressão do adversário e sair jogando." Competindo com o ruído de seu ar-condicionado, Damas explicou os segredos do sucesso de toda uma geração do Sporting. "Não permitimos que nossos meninos deem chutões; a jogada tem que começar lá atrás, ser construída recebendo a bola de frente para o próprio gol." O jeito de fazer as coisas no Sporting se parece com a metodologia do Porto: "Na base, procuramos sempre nos concentrar no nosso modelo de jogo, e não no do adversário, como com os mais velhos. Não se faz tudo num dia; são várias sessões de treinamento. Digamos que nosso foco no começo da semana seja o passe. Começamos com o básico, em seguida, amanhã [terça-feira], eu e meu grupo passamos à escala intermediária, com a ligação entre o meio-campo e o ataque. Na quarta-feira, fazemos o trabalho em escala real num jogo de sete contra sete. Temos noventa minutos para treinar. Faço partidas de vinte minutos de aquecimento, sempre baseadas no fundamento que estamos focando, então divido os 21 jogadores por grupos e trabalho as diferentes escalas. Terminamos com um jogo em campo reduzido, por exemplo um três contra três, no qual os jogadores fazem muitos gols e praticam finalização".

No Porto, Vítor Matos explicou o conceito de periodização tática. Tendo ele próprio sido aluno de Frade, comentou que só os que estudaram com o professor entendiam como implementar a metodologia.

DANIEL FIELDSEND

No entanto, a PT se espalhou por toda a Europa e é usada pela maioria dos treinadores de elite — inclusive por Damas. "No ataque, quem tem a bola vai em direção ao gol; outro jogador deve ficar atrás como suporte e um terceiro precisa abrir para ajudar [refere-se ao posicionamento do terceiro homem]. Na defesa, os princípios são opostos. O homem mais próximo vai na bola para retardar o avanço do adversário; um companheiro de equipe fica atrás, no apoio, de modo a termos equilíbrio defensivo. Porto, Benfica e Sporting — todos promovemos essa dinâmica dentro de uma filosofia de periodização tática."

Embora a implementação seja diferente do que se faz no Porto, os princípios subjacentes à PT seguem sendo os mesmos: "Na periodização, temos muita posse de bola — é nosso modelo de jogo —, de modo que o principal a se trabalhar são as linhas de passe. Por exemplo, movimentação e posicionamento. A partir disso, trabalhamos nas diferentes escalas. Há a principal, que é a da partida. A intermediária foca em grupos — por exemplo, na ligação entre meio-campo e ataque — e, por fim, tem a microescala que desenvolvemos jogando." Ricardo nos conduziu por um longo corredor. "Se na microescala queremos passes constantes, treinamos passes antes de ir para a escala intermediária de conectar meios-campistas e atacantes. E, finalmente, para a escala principal, que é a do jogo com posse de bola."

Um lar para os talentos

Numa sala escondida que dá para o corredor principal, ficam os olheiros nacionais do Sporting. Ocupam escrivaninhas em que compilam relatórios sobre os jovens talentos em suas respectivas jurisdições, parando apenas para dar telefonemas organizando quem cobre quais jogos e sobre o progresso individual dos jogadores. É essencial para todos os clubes do mundo manter um banco de dados de jovens talentos. Semelhante ao que acontece na Inglaterra, todos os principais clubes em determinada região costumam reparar num menino talentoso ao mesmo tempo. Descobri, quando trabalhei numa das nossas categorias de base, que os melhores olheiros não eram os que tinham instinto para reparar num talento (essa é a parte fácil), mas os que conseguiam convencer os pais do jovem a assinar um contrato. "É verdade", concordou Damas. "Esses

A ESCOLA EUROPEIA

olheiros fazem o melhor trabalho em Portugal." Durante décadas, o Benfica negligenciou sua obrigação de atrair os jovens mais destacados de Lisboa, do que o Sporting se aproveitou.

Dali a alguns meses, Portugal ganharia a Eurocopa com uma espinha dorsal de jogadores prospectados e formados pelo Sporting. Entres eles, Rui Patricio no gol; Cédric Soares na lateral direita; o zagueiro central Rui Fonte; um trio de meio-campo com William Carvalho, Adrien Silva e João Mário; e a dupla de ataque, Nani e Cristiano Ronaldo (substituído no início do jogo final por Ricardo Quaresma), todos da base do Sporting. João Moutinho sempre vinha do banco de reservas no segundo tempo, o que garantiu que dez dos catorze jogadores que entraram em campo representando Portugal durante a competição fossem prata da mesma casa. Jamais um centro de formação foi tão sinônimo de uma nação triunfante.

Na Inglaterra, os meninos assinam com um clube aos oito anos de idade e passam a treinar com o time sub-9. Em Portugal, a idade para contratação é catorze anos. Por isso, o Benfica e o Sporting têm um acordo de cavalheiros pelo qual se comprometem a não cortejar jogadores que já deram sua palavra ao rival. Se um jogador for liberado (como foi o caso de Miguel Veloso, dispensado pelo Benfica por conta de seu peso), fica livre para assinar com o outro clube. "É algo que os clubes decidiram entre eles para não criar uma guerra. O Porto não entrou porque domina o norte todo, prospecta sozinho a região."

Fora da sala, o chefe dos olheiros e recrutadores, Aurélio Pereira, recebia um jovem talento e seus pais em seu escritório. Pereira é famoso por ser o homem que trouxe Cristiano Ronaldo para o Sporting. Os olheiros nacionais são os que descobrem o jogador e o convidam para um teste, mas é Pereira quem decide se vai contratá-lo ou não. Foi o que aconteceu em 1997, quando ele trouxe Ronaldo do Nacional por 25 mil libras. "Um valor bem alto por um menino daquela idade", contou ele numa conferência da European Football Academy em Londres. "Mas percebemos na hora que ele tinha uma intimidade incrível com a bola. E qualidades físicas e mentais extraordinárias. Chegou a Lisboa sem família e, no segundo dia ali, já mandava no vestiário — os outros meninos olhavam para ele como se fosse um óvni, estavam maravilhados."[XXIX]

DANIEL FIELDSEND

Batalhando de sol a sol

Em 1997, o menino de doze anos viajou de sua ilha natal, a Madeira, na costa noroeste da África, para um teste no continente. Embora geralmente essas "peneiras" se estendam por algumas semanas, foi contratado uma hora depois de ter colocado as chuteiras. No começo, os garotos de Lisboa pegavam no seu pé por causa do sotaque, mas a dedicação do novato ao clube em pouco tempo conquistou a todos. A cada final de tarde, depois do treino, o jovem Cristiano não voltava para o quarto, preferia ficar praticando seus truques, giros, fintas e chutes a gol até a hora de dormir. Hoje, no centro de formação, os jovens jogadores ouvem histórias da época de Ronaldo ali. Os mais determinados o imitam, dedicando à bola a maior parte das horas que passam acordados. Em seu filme (uma boa medida do sucesso de uma pessoa é ela ser imortalizada em filme), Ronaldo falou do tempo em que tinha acabado de sair de casa: "Eu chorava todo dia, sentindo falta da minha família. Meu pai falou: 'Se é isso que você quer, então vá atrás'. A gente sofreu para eu conseguir o que tenho hoje". Foi uma dedicação nascida da adversidade que o inspirou a trabalhar duro.

Na Madeira, a prefeitura inaugurou uma estátua em sua homenagem e deu o nome do craque ao aeroporto local. O pessoal das categorias de base jamais chamaria isso abertamente de estratégia (jovens desfavorecidos não são um alvo em particular), mas o Sporting se beneficiou enormemente ao atrair meninos pobres. Como escreveu o jornalista Tom Kundert, William Carvalho nasceu e cresceu num bairro angolano em ruínas, onde a sobrevivência era seu principal objetivo na vida. Chegou a Lisboa ainda menino e costumava jogar bola na rua contra garotos mais velhos. Desesperado para contratá-lo antes do Benfica, o Sporting pediu a Nani que ligasse para Carvalho e o convencesse. O próprio Nani passou por adversidades. Filho de cabo-verdianos, foi abandonado pelo pai na infância e depois ficou sem a mãe, emigrada para a Holanda, o que o obrigou a buscar refúgio com uma tia. O futebol se tornou sua paixão, embora só tenha assinado com o Sporting aos dezessete anos. Àquela altura, estava determinado a ter sucesso como jogador.[XXX]

Mensagens

Quando um jovem jogador assina com o clube, passa a ter acesso a tudo do bom e do melhor. Um nutricionista passa a acompanhá-lo, mantendo contato com sua família para que, juntos, estabeleçam uma dieta programada. Ele também terá um psicólogo com quem conversar e um fisioterapeuta disponível para massagens antes dos treinos. Além de tudo isso, receberá treinamento de alto nível. "As principais noções são manter muita posse de bola, fazendo-a rodar bastante e criando chances", explicou Damas, "porque não adianta passar a bola por passar; só se for para criar situações de finalização. São esses também os principais pontos da filosofia do Sporting." Perguntei sobre os jogadores exuberantes que são típicos do clube — Ronaldo e Figo — para grande deleite do técnico ao responder: "Jogamos sempre contra caras mais velhos, por isso temos que girar a bola mais depressa, uma vez que eles são maiores e ocupam os espaços com mais rapidez. Não temos o dinheiro que têm o Benfica e o Porto, então a gente se obriga a ser diferente. A noção de jogo mais importante no clube é trabalhar o mano a mano. Se um dos garotos fica em situação de um contra um, vai precisar driblar — é um dos nossos princípios mais importantes". A parte tática vem depois (quando passar e quando driblar); de início, os jovens são encorajados a mostrar habilidade. Os técnicos às vezes oferecem "pontos" aos alunos que façam as melhores demonstrações ou realizam minicompetições para ver quem consegue criar os melhores truques. Todas as jogadas são batizadas em homenagem aos melhores jogadores de Portugal, por sorte crias do Sporting. É um sonho para os treinadores ter figuras como Cristiano para citar como modelos: "Você pode dar um giro à Ronaldo?", perguntam. Ou sugerem: "Tente fazer a chaleira do Quaresma". Os treinamentos não são pensados sob medida para produzir jogadores afeitos ao jogo moderno, e sim de acordo com o que o Sporting espera que venha a ser o esporte no futuro: com mais jogadores avançando sobre o bloqueio adversário por todo o campo.

"A gente tem duas equipes jogando num mesmo final de semana. Uma que joga num nível mais alto, outra num nível normal." Quando chegamos aos campos de treino, saindo do prédio, temos a vista ofuscada pelo sol. "O primeiro time geralmente ganha por quatro gols de diferença, o outro pode chegar a marcar até vinte. Temos que disputar esse campeonato local, porque isso é bom para o nome do Sporting. O único jogo de igual para igual é contra o Benfica." A imprensa nacional reclamara, naquela manhã mesmo, que Renato Sanches seria muito inexperiente para enfrentar o Sporting no Derby de Lisboa. No entanto, o jogo mais emblemático para ele, e na verdade para todos os jovens do Benfica, ao longo da formação como jogadores, é contra o Sporting. E era a partida que decidiria o campeonato. Os mesmos jornais, no dia seguinte, elogiariam Sanches por seu papel na vitória do Benfica — não entendiam o quanto um jogador da base pode estar ciente das exigências do clássico.

Paramos à beira do gramado. Um grupo de garotos disputava uma partida de três contra três com dois pequenos gols. "Praticamos muito jogando", explicou Damas — algo que vale para todas as categorias etárias. "Fazemos alguns exercícios de um contra um, mas a parte principal do treinamento é deixar os garotos jogarem. Eles sabem que podem sempre driblar. Em Portugal, tem muito treinador que acha que ajuda os jovens a evoluírem dizendo que só podem dar um ou dois toques, mas não tem coisa pior, porque eles acabam saindo todos iguais. Gostamos de proporcionar aos nossos jovens o máximo de contato com a bola." É só tirar a prova, como se diz. A lista de laterais e pontas saídos dali é imbatível. Treinadores que impõem limitações em suas sessões de treinamento muitas vezes prejudicam os jogadores. Embora se possa aceitar que obstáculos às vezes melhoram o ritmo de um exercício, uma partida de futebol de verdade não tem esses entraves. Com sua abordagem *laissez-faire*, o Sporting mostra o caminho a seguir para as categorias de base que pretendam formar um Cristiano.

Quando nossa visita ao complexo inevitavelmente chegou ao fim, a equipe do Sporting B treinava sob o sol. O jovem escocês Ryan Gauld participava da sessão, os problemas de adaptação linguística já superados desde sua transferência. Os colegas de time portugueses chamavam seu nome com sotaque de Aberdeen, não para caçoar dele com uma imitação, mas porque tinha sido daquele jeito que o ouviram se apresentar. A sessão era voltada a uma prática direcional, com

A ESCOLA EUROPEIA

dois homens de ligação recebendo o passe no círculo central e fazendo a abertura para as pontas. O Sporting B é um degrau na ascensão do jogador para a primeira divisão, liga a base ao futebol profissional. A competitividade da liga ajudou a seleção nacional portuguesa. O time sub-21 estava havia três anos sem perder, informou Ricardo. Na verdade, todos os países que ganharam os mais importantes troféus internacionais na década (Espanha, Alemanha e Portugal) mantinham times B. A segunda divisão portuguesa, curiosamente, é patrocinada por uma empresa de iluminação chinesa chamada Ledman. Como contrapartida, a Ledman exige que todos os clubes tenham jogadores chineses e formem treinadores do país. Esse investimento e a presença de Porto B, Sporting B e Benfica B estimularam o interesse na divisão de baixo em nível nacional.

O fator Lyon: estágio na rua

O dinheiro da China é bem-vindo. A sociedade portuguesa luta para se manter financeiramente de pé, o que, apesar de soar catastrófico, pode ter suas vantagens de uma perspectiva esportiva. Geralmente há correlação positiva entre uma economia que vai mal e a frequência com que os jovens fazem atividades ao ar livre.[2] Muitos dos melhores jogadores de basquete dos Estados Unidos saem dos guetos da Califórnia. A maioria dos velocistas vitoriosos no atletismo é de jovens carentes da Jamaica e as autobiografias de jogadores de futebol geralmente começam com: "Fui criado numa família pobre". Richard Williams tinha consciência dos benefícios que a privação econômica é capaz de trazer e, antes mesmo do nascimento das duas filhas, elaborou um plano de 75 páginas para transformá-las em estrelas internacionais do tênis. O projeto envolveu realocar a família das cercanias confortáveis de Long Beach para a carente Compton. Lá, negociou com gângsteres locais para que as quadras do bairro passassem a ser usadas para sua verdadeira finalidade, em vez de servir de pontos de venda de drogas. Serena e Venus testemunhariam os espancamentos sofridos regularmente pelo pai nas mãos de membros

[2] GENTIN, S. "Outdoor Recreation and Ethnicity in Europe: A Review". *Urban Forestry & Urban Greening*. 10 ed., n. 3, p. 153-61, 2011.

DANIEL FIELDSEND

de gangues por um período de dois anos, até que, por fim, ele vencesse as resistências.[XXXI] "O que me levou a Compton foi minha crença de que os maiores campeões vieram de guetos", explicou ele.

Talvez esse seja um exemplo extremo de condições socioeconômicas modestas, mas os fatores intangíveis fomentados no caráter de uma pessoa criada num ambiente menos privilegiado são comprovados. Muhammad Ali, Diego Maradona e LeBron James, astros do esporte de elite, se tornaram resilientes na adversidade. O futebol, cuja prática exige apenas uma bola, é o esporte dos economicamente desfavorecidos.

Portugal, no entanto, contradiz essa regra. Durante muitos anos, o país foi visto como um desastre econômico iminente, com uma relação dívida–PIB instável e sempre necessitando ajuda da União Europeia. Mas, apesar do cenário econômico desfavorável, os jovens não tomavam o rumo das ruas. Em situações típicas como essa, os garotos são pobres demais para se dar ao luxo de coisas como consoles de videogame, então sua alternativa é recorrer à diversão imaginativa e ao ar livre. Damas comentou a questão hoje global do futebol de rua. "Há uma mudança cultural; e as crianças não estão mais brincando nas praias e nas ruas como antes. Os pais trabalham mais horas, de modo que os filhos acabam ficando na escola até mais tarde. Quando eu era criança, podia ir à praia encontrar meus vizinhos e jogar bola. Agora não tem mais garotos nas ruas, por causa da quantidade de carros e porque as cidades não param de crescer." A geração mais jovem fica trancada em casa. "Nasci perto de uma praia, então à tarde pegava a bicicleta para ir até lá brincar e depois, à noite, jogava bola na rua. Hoje as crianças não fazem mais isso. Eu chegava ao treino depois de já ter jogado por três ou quatro horas. Agora ninguém mais faz hora nenhuma de estágio na rua, é tudo aqui no centro de formação."

O Sporting de Lisboa é um dos muitos clubes que tentam recriar o futebol de rua. "Nosso objetivo agora é simplesmente dar oportunidade para a criança jogar. Acreditamos que elas aprendem jogando, por isso deixamos que tenham muito tempo não estruturado. Cristiano e Figo cresceram jogando nas ruas, assim como Futre e Simão. Como os jovens de hoje não têm rua para jogar, fica a cargo do clube recriar

A ESCOLA EUROPEIA

esse tipo de futebol; menos regras, menos estrutura, simplesmente jogar bola. Começo a dar a eles alguma noção de posicionamento, mas não muito a sério, só quero que joguem."

No final da temporada, o Benfica conquistou o título e o Sporting terminou em segundo. No Estádio José Alvalade (o grande estádio verde do Sporting, localizado a um quilômetro do Estádio da Luz, grande e vermelho, do Benfica), o Sporting fez uma cerimônia de encerramento chamando ao campo vários jogadores da base com boas notas na escola. A torcida da casa os aplaudiu com entusiasmo, como se fossem eles os verdadeiros campeões. "Isso não tem no Benfica", afirma Damas. Os torcedores do Sporting sabem que um dia aqueles jovens serão as cepas da colheita para uma nova temporada e uma era mais próspera.

6.
PORTA DE ENTRADA PARA A EUROPA: A ÁGUIA ALTANEIRA DO BENFICA

Ruth Malosso, conforme o pseudônimo que lhe havia sido dado dias antes, se sentiu como um prisioneiro nas duas semanas que passou escondido no Algarve. O Benfica o mandara para lá, longe das garras do Sporting, pela preocupação de que os rivais o reivindicassem como propriedade sua. O jogador, cujo verdadeiro nome era Eusébio da Silva Ferreira (ou apenas Eusébio), tinha sido trazido de Moçambique para Portugal pelo Benfica, embora o clube da ex-colônia pelo qual jogava, o Sporting Marques, fosse afiliado aos rivais de Lisboa. O Benfica levou cinco meses para assegurar a contratação. Anos depois, o jogador refletiria um sentido de propriedade sobre a capital do país, lar que nunca mais o deixou ir embora. "Para mim, Eusébio será sempre o maior jogador de todos os tempos", comentou Alfredo di Stéfano alguns anos mais tarde, talvez para reforçar a influência de sua época. Na leitura das próximas páginas, é interessante levar em conta que as façanhas tingidas pelo vermelho do Benfica — a Copa dos Campeões da Europa e a subsequente fama mundial —, poderiam facilmente levar a cor verde do Sporting. A história tende mesmo a ser moldada pelas condições mais sensíveis, afinal.

DANIEL FIELDSEND

Houve um tempo em que a barca que cruza as águas azuis cristalinas do rio Tejo transportava trabalhadores de Lisboa ao Seixal para a colheita da uva e a produção do vinho. Foi dali que o explorador Vasco da Gama planejou suas viagens pelos oceanos Atlântico e Índico. Hoje em dia, a balsa leva ao Seixal os lisboetas que vão ao centro de treinamento de última geração do Benfica: Caixa. Parece um lugar sonhado por um arquiteto. Cada árvore e pedaço de grama fica exatamente onde o projeto mostrava que ficaria. Os seis campos aumentam de tamanho conforme as faixas etárias de cada categoria e se projetam sobre o Tejo. "Você deve sonhar com a beira d'água", dizem os treinadores aos jovens. O campo do time de cima fica às margens do rio, com vista para Lisboa, o que foi intencional. Os arquitetos queriam que os jogadores vissem a cidade que representam brilhando à distância.

Um poeta poderia escrever um livro inteiro em homenagem ao Seixal sem ter de recorrer demais à imaginação. O sol nunca deixa de brilhar e as pessoas estão sempre felizes. E são genuinamente assim. Até os seguranças, geralmente carrancudos em outros lugares, sorriem e gesticulam num inglês arrevesado. "Quem?", perguntam. "Sandro Carriço", respondo. Então me convidam a passar pela portaria e sinalizam para que aguarde na recepção, uma ampla sala envidraçada com piso de mármore polido e mobília luxuosa. Numa das paredes, há um quadro com uma águia emergindo das chamas, tal uma fênix, acompanhada dos dizeres *E Pluribus Unum* (Um de muitos), que se refere aos sócios do Benfica, centenas de milhares. Em 2006, o clube entrou para o *Guinness* como o de maior torcida associada no mundo, até o Bayern de Munique lhe roubar o título. O Benfica é de longe o clube mais popular de Portugal (50,3% da população do país torce por ele) e em todas as ex-colônias africanas do país: Moçambique, Cabo Verde e Guiné Equatorial. Durante a Guerra da Independência de Angola, os tiros paravam de ambos os lados do campo de batalha quando o Benfica estava jogando, uma trégua entre nativos e colonizadores, ligados no placar do rádio.

A ESCOLA EUROPEIA

Por dentro

Sandro chegou sorrindo. Ele é membro do Benfica LAB, o coração do clube, e desde 2013 trabalha ali como cientista do esporte. Ele e seu colega Francisco, ambos com vinte e poucos anos, seriam meus guias ao longo do dia. Fazem parte de uma geração de jovens e inteligentes estudiosos do futebol trabalhando nos bastidores. Pelas paredes do corredor espalham-se imagens em preto e branco dos dias em que o Benfica dominava a Europa. Eusébio, Águas e Coluna iniciam a galeria, com Rui Costa, Pablo Aimar e Óscar Cardozo, já em fotografias coloridas, encerrando a sequência. "Os jogadores que passam por aqui precisam encontrar inspiração na nossa história", comentou Sandro. Tudo é de última geração, financiado pelo atual presidente, Luís Filipe Vieira (em seu quarto mandato), como parte de uma agenda para colocar o Benfica novamente no topo do futebol mundial. O clube deixa de ser um balcão de compra e venda de jogadores — ao contrário, o programa do presidente falava em voltar a investir na base. A mudança na filosofia proporcionou ao Benfica segurar seus jovens talentos, deixar de incorporar tantos estrangeiros e ainda evitar contratos de propriedade compartilhada com terceiros. Tal é o compromisso com essa essência local do clube que já está em construção uma casa de repouso, próxima ao Seixal, onde ex-jogadores poderão viver, com liberdade de usufruir das instalações, transmitir sua sabedoria e ter um propósito de vida na velhice.

Os vizinhos do Sporting estão preocupados com os rivais. Durante muitos anos, o Benfica negligenciou sua obrigação como representante da cidade, deixando passar muitos jovens locais talentosos. O Sporting sabia que era o segundo clube de Lisboa, mas foi capaz de construir uma reputação como grande formador de jogadores. Na verdade, podia pescar livremente naquelas águas. Se o Benfica estivesse interessado, teria exercido seu domínio também nessa área. Tom Kundert, da *World Soccer*, explicou: "Os torcedores acham que Jorge Jesus [o treinador que trocou o Benfica pelo Sporting] não confiava nos jovens jogadores portugueses, particularmente naqueles talentos especiais como André Gomes e Bernardo Silva, que foram para o Monaco. Sempre preferia jogadores mais velhos e os sul-americanos.

DANIEL FIELDSEND

O presidente disse que quer mudar a ênfase no Benfica, priorizar a formação, e reverteu a saída de Jorge Jesus a seu favor. Agora vimos o surgimento de Renato Sanches". Em 2015, a cidade assistiu também a uma significativa mudança geral de mentalidade. O Sporting decidiu que queria ser campeão, cansado de sempre ficar à sombra do Benfica, o qual, por sua vez, se voltou às categorias de base.

Análise de desempenho

Passamos pelos vestiários e pelo escritório do treinador em direção a uma pequena sala sem janelas, cuja porta de entrada era protegida por um código de segurança. "Normalmente só quem tem acesso é o treinador do time de cima e o presidente do clube", contou Sandro sobre o departamento de análise. A sala consistia num caixote confinado, com pouco espaço entre as quatro escrivaninhas, nas quais sujeitos de óculos se sentavam assistindo futebol, seus rostos iluminados por telas. Cinco televisores colocados na parede ao fundo exibiam, cada um, uma partida diferente. Nuno Maurício ficou de pé para apertar minha mão. Alto e magro, ele chegou ao Benfica como técnico em 1995 e se tornou chefe dos analistas. Durante seu tempo no clube, testemunhou a transformação dramática do futebol. A noção de análise de desempenho era primitiva nos primeiros tempos, basicamente limitada a um bloco de anotações e a filmagens caseiras.

Pode-se dizer que o uso de estatísticas e a análise de desempenho no esporte começaram com Charles Reep, nos anos 1950. Ex-comandante da Força Aérea na guerra, Reep colheu dados de cerca de três mil partidas e descobriu que 80% dos gols tinham origem em sequências de três passes ou menos. Sua interpretação disso foi que os clubes deveriam simplesmente fazer a bola avançar o mais rápido possível — dando munição aos treinadores que argumentavam em prol da bola longa como estratégia.

Essa noção tornava fúteis a técnica e a habilidade, favorecendo jogadores altos, fisicamente mais fortes. Uma das estatísticas calculadas por Reep que se aplica ao Benfica (e à maioria dos demais clubes de elite) é a de que 60% dos gols saem de jogadas iniciadas dentro de um raio de 32 metros da meta adversária. Muitos clubes nos dias de

A ESCOLA EUROPEIA

hoje, especialmente em Portugal, assim que perdem a bola, passam rapidamente a pressionar, de modo a recuperá-la o mais perto possível do gol adversário, no que ficou conhecido como pressão sobre o contra-ataque.

Alguns meses antes de sair em viagem, eu tinha assistido a uma palestra de Paul Power, cientista de dados da Prozone, sobre os avanços na análise de desempenho. A apresentação, intitulada "Quantificando comportamento e relações dinâmicas entre jogadores", mostrava um potencial de pioneirismo, assim como o tamanho do avanço que tem ocorrido nessa área. Power explicou que as estatísticas podem ser bidimensionais no que diz respeito à observação das ações em campo, o que ele exemplificava com o jogador que faz o movimento de criação de espaços para um gol acontecer e não recebe nenhum crédito por isso. Sua empresa havia concebido uma tecnologia capaz de identificar a melhor decisão a ser tomada por um jogador a cada momento. Dennis Bergkamp, ao longo de sua carreira, proporcionou gols a seus companheiros em número comparável ao dos que ele mesmo marcou. Era capaz de escapar dos zagueiros para um espaço que os confundia na marcação, permitindo a Thierry Henry se aproveitar. E no entanto, nas estatísticas, se o passe para gol tivesse sido de Patrick Vieira, a participação de Bergkamp não contava. Em sua autobiografia, ele comenta: "Eu refletia muito sobre opções táticas e sobre o posicionamento dos zagueiros, sobre como encontrar seus pontos fracos... Tinha verdadeira adoração por olhar para o futebol desse jeito", mas sua movimentação em campo não era quantificável. A tecnologia Prozone computa os desfechos mais prováveis numa dada situação, usando estatísticas para mostrar ao jogador qual é sua melhor opção. É com esse tipo de dados que os clubes agora trabalham — uma evolução que deixa no passado distante o bloco de anotações de Reep.

Os membros do Benfica LAB são jovens gênios egressos de vários cursos de ciência do esporte nas universidades de Lisboa. O clube mantém vínculos com professores; e os alunos mais engajados e dedicados são chamados para estágios. Aqueles que mostram vontade, conhecem futebol, torcem para o Benfica e tiram boas notas podem vir a ser contratados em tempo integral. Para gente como Sandro e Francisco, trabalhar ali é um sonho que se tornou realidade (é por isso, provavelmente, que estão sempre sorrindo). Essa geração de jovens estudiosos vai sendo lentamente incorporada pelo futebol, o que traz melhorias ao esporte como um todo.

O Benfica LAB é dividido em quatro departamentos: Fisiologia, Nutrição, Observação e Análise de Desempenho e Psicofísica — este último um novo ramo da ciência do esporte que investiga a relação entre estímulos mentais e desempenho físico. O futebol ainda não explora plenamente o potencial da ciência, mas pelo menos tem tentado.

O departamento

O papel do Departamento de Observação e Análise de Desempenho é compilar relatórios sobre os adversários e as performances do próprio Benfica. São documentos escritos, mas também em formato de vídeo. Num relatório pré-jogo, o departamento analisará entre três e doze partidas do adversário, dependendo de sua qualidade e das expectativas sobre a partida, assim como da facilidade de acesso ao material. "Enfrentamos uma equipe do Cazaquistão e não havia nada em vídeo, por isso tivemos que viajar até lá para vê-los jogar", recordou Nuno. É uma das etapas do processo de periodização tática: os dados são colhidos ao longo de um mês, reunidos e entregues ao assistente técnico na reunião da equipe. Os treinadores do time de cima discutem um método de treinamento para a semana com os membros do departamento. Um relatório em vídeo é passado ao assistente e ele, junto com o treinador principal, decidirá qual a melhor estratégia para ganhar a partida. Mensagens pré-jogo são então compartilhadas; o assistente mostrará os prós e contras de jogadas de bola parada, ao passo que o técnico discutirá um tema geral com seu elenco.

Na noite de domingo, depois da partida, o pessoal do departamento volta a assistir ao jogo três ou quatro vezes, fazendo anotações sobre o que deu certo e o que não deu. O relatório em vídeo entregue ao assistente técnico ajuda a estruturar o treinamento, alimentando um ciclo baseado no que aconteceu e no que está por vir. O departamento de análise traz as ideias que a equipe técnica vai então

A ESCOLA EUROPEIA

considerar e aplicar. "Nosso trabalho é fazer a melhor limonada desses limões", comparou Nuno, referindo-se aos dados sobre cada partida. Os rapazes contratados para trabalhar ali não têm formação específica — cursos para esse tipo de analista continuam sendo uma lacuna na profissionalização de quem trabalha com futebol —, mas são técnicos com consciência tática que, em seus estágios no clube, deixaram boa impressão, contratados por conta de conhecimento futebolístico preexistente. Para começar, um bom analista de desempenho é alguém versado em tecnologia: câmeras, tablets, aplicativos, codificação e gravação. O que observam não é o movimento da bola, mas as pessoas ao redor dela; como reagem e se movem feito organismos em seu ambiente natural, um cardume coeso. O trabalho consiste em analisar os movimentos funcionais dos jogadores nas diversas situações, examinando os lapsos de concentração e os pontos fracos a serem explorados.

Base de dados

Atualmente, os jogadores recebem minirrelatórios em vídeo para assistir em seus iPads no quarto de hotel antes das partidas — tipo lição de casa: "É esse o cara que você vai enfrentar, nisto aqui ele não vai bem e, para derrotá-lo, você precisa fazer o seguinte". Nuno e seu pessoal trabalham dez horas por dia, sete dias por semana. Ele delega tarefas e informa a equipe sobre os objetivos. Entre uma tarefa e outra, todos ajudam a manter a base de dados do Benfica constantemente atualizada. Trata-se, como o nome sugere, da sistematização de uma massa de dados sobre jogadores e times do mundo inteiro. Ali se registram partidas completas, bem como momentos-chave de jogos, mostrando os pontos fortes e fracos dos adversários. São dois mil jogadores na base de dados, mas Nuno insiste que ela não é uma ferramenta de prospecção — existe um departamento à parte para isso. Para cada equipe, há cerca de trinta a 35 *slides* com as informações coletadas, detalhando transições, padrões em situações de bola parada, velocidade e trajetória das reposições de bola nos arremessos manuais, além das estruturas ofensiva e defensiva. Ganham registro até traços humanos como a personalidade do técnico e de

DANIEL FIELDSEND

seus jogadores e a potencial volatilidade dos adversários (com a consequente probabilidade de cartões amarelos). Vantagens marginais fazem diferença para a vitória.

O Benfica, como a maioria dos outros clubes, tem acesso ao WyScout — catálogo global de jogos e jogadores —, mas prefere manter a própria base de dados como forma de internalizar conhecimento. Os analistas levam câmeras panorâmicas de alta definição para os jogos, de modo a poder registrar o que acontece no campo todo, não apenas onde está a bola. Conforme disse Cruyff: "Está estatisticamente provado que, em média, cada jogador tem a posse de bola de fato por apenas três minutos numa partida. Ou seja, o mais importante é o que ele faz nos 87 minutos em que não está com ela". As câmeras do Benfica, ao contrário das filmagens do WyScout, registram o que os jogadores estão fazendo a cada transição de jogo, com ou sem a bola, e não somente o espetáculo em torno de quem tem a posse.

Existem dois tipos de dados, e o Benfica coleta ambos. Há o material de vídeo, sobre pontos fortes e fracos, e as estatísticas, que destacam tendências. O Benfica usa estatísticas acompanhadas de vídeo. Por exemplo, Nuno mostrou um dado sobre o número de avanços bem-sucedidos à área adversária (cinco). "Agora observe." Quando ele clicou nas estatísticas, pontos 2D apareceram na tela refazendo a sequência de passes como um liga-pontos, literalmente. Se o pessoal de Observação e Análise de Desempenho quiser olhar mais detalhadamente a movimentação, pode assistir a vídeos das sequências e determinar por que foram bem-sucedidas — seja por um passe em profundidade, seja por um drible que permitiu avançar por entre as linhas defensivas. "Repassamos essas informações ao assistente técnico em nosso relatório."

A máquina

"Antes de você ir embora, Daniel", falou Nuno quando saíamos novamente, "precisamos lhe mostrar uma coisa." Ele, Francisco e Sandro me conduziram por uma alameda de cascalho que, passando por um canteiro de cerejeiras recém-plantadas, dava para um espaço aberto. Ali, isolado do resto do complexo, ficava um pequeno prédio

A ESCOLA EUROPEIA

moderno. Eles trocaram sorrisos entre si quando entramos e riram ao ver meu queixo cair. "Isto aqui nos custou 1 milhão de euros. Nenhum outro time tem um espaço como este." Era a Sala de Futebol, um ambiente 360 graus, todo revestido de luzes de LED. Um jogador do Benfica B já estava posicionado bem no centro, aparando os passes que recebia de uma máquina. Ele dominava as bolas e as passava adiante, mirando o centro de um grande quadrado com mais luzes que piscavam. Na penumbra, ao lado da máquina, seus treinadores registravam informações em pranchetas, como cientistas. O jovem era um recém-contratado jogador da Sérvia chamado Luka Jović, acerca do qual o Benfica tinha grandes expectativas.

Depois que Jović e seus treinadores foram embora, Nuno acendeu as luzes, iluminando todos os cantos da sala. No meio havia um pequeno trecho de grama artificial e um círculo branco, cercados por uma rede preta, grossa. "O Borussia Dortmund tem um equipamento desses, mas o nosso é melhor. Aqui a gente consegue simular mais de cem cenários diferentes", afirmou Sandro. Trincheiras cercavam o quadrado, posicionadas para recolher as bolas perdidas e com elas reabastecer as máquinas — eram quatro, uma em cada canto da sala, disparando passes em várias velocidades e trajetórias. Se, por exemplo, o "nível" (ou cenário) treinado implicasse tentar acertar um voleio no canto do gol, a bola viria na altura da coxa. Os treinadores fornecem detalhes como posição, altura e idade de cada jogador, e o computador então compila cenários para ajudar a aperfeiçoar sua técnica. Em seguida, registra todas as informações de desempenho para que os treinadores possam acompanhar o progresso do atleta. Assim que ele chega a uma pontuação alta, digamos 80% de acertos, o nível de dificuldade aumenta. É questão de tempo para que todo bilionário amante do futebol tenha uma Sala de Futebol 360 graus no próprio quintal.

"O.k.", Nuno sorriu, conectando seu laptop. "Agora você." "Eu?", protestei, apontando para os meus sapatos e para o resto da minha roupa. "Não estou vestido para jogar futebol!" Minha rebelião, alimentada pela ansiedade de ter de substituir Jović, não convenceu. Poucos segundos depois lá estava eu, no centro do quadrado, esperando as

DANIEL FIELDSEND

luzes se apagarem. O suor frio desceu ao mesmo tempo que baixava um silêncio na sala escura e eu aguardava vir a primeira bola. No nível inicial, eu devia ouvir o apito de uma das máquinas, sinalizando de onde a bola viria. Tinha então de dominá-la e passá-la na direção do corpo feito de LED de um companheiro de equipe em movimento.

De início, com a intenção de me mostrar a capacidade máxima da máquina, Nuno programou a velocidade do passe para cerca de cem quilômetros por hora. A bola rebateu no meu pé e foi parar na trincheira, melancolicamente. "Essa é mais para pegar de primeira", desculpou-se o treinador com um sorriso e uma piscadela. Ele então programou outro nível, no qual dez bolas seriam passadas para mim da esquerda e da direita. A ideia era que eu dominasse, levantasse a cabeça e acertasse um dos dois quadrados no canto da meta iluminada em vermelho. Enquanto esperava para começar, o som de uma multidão emergiu em torno. "Queremos que a experiência seja a mais realista possível para os nossos jogadores", explicou Nuno, mais tarde. Toda vez que eu marcava, a multidão da máquina vibrava, o que me trazia mais confiança, mas a torcida vaiava quando eu perdia o gol, e isso me deixava tenso. "É como o Ali Dia[1] deve ter se sentido", murmurei para mim mesmo debaixo daquela barulheira.

"Os jovens que moram aqui podem usar a máquina na hora que quiserem", Sandro propagandeou quando saímos para o sol de Lisboa. Soava como algo pioneiro, um claro vislumbre do futuro, o que, afinal, tem tudo a ver com o Benfica. A equipe técnica é formada por jovens gênios, as instalações são extraordinárias e os idosos têm ali um lar para a aposentadoria. As árvores sob o sol, iluminadas às margens do rio Tejo, são um símbolo. Estão lá para representar a posição de elite do Benfica, uma imagem do clube como o melhor de Portugal e alhures. Dá para sentir, depois de uma visita como essa, que, se a hierarquia financeira do futebol permitisse, o Benfica talvez fosse o melhor clube do mundo.

---

[1] Senegalês que se tornou célebre em 1996, quando estudava na Inglaterra e, com a ajuda de um colega de faculdade, conseguiu enganar o técnico Graeme Souness, então no Southampton. O amigo ligou para o treinador se fazendo passar pelo craque liberiano George Weah e indicando Dia, supostamente uma revelação de 22 anos (o estudante senegalês tinha, na verdade, 31), como reforço para o clube. Souness chegou a escalar Dia numa partida oficial da primeira divisão inglesa, durante 43 minutos em que o atacante amador viveu a experiência aterrorizante de encarar um estádio cheio numa partida de futebol profissional. (N. T.)

7.
LUZ À SOMBRA DE UM GIGANTE: PACO, O RAYO E UMA FILOSOFIA DA RESISTÊNCIA

Nicola de Morimondo: "Não temos mais a sabedoria dos antigos; a era dos gigantes ficou no passado!".

Guilherme de Baskerville: "Somos anões, mas anões sobre os ombros daqueles gigantes e, ainda que pequenos, conseguimos, às vezes, ver mais longe no horizonte do que eles".

O nome da rosa
Umberto Eco[1]

Paco Jémez é um treinador especial que, no momento da minha visita ao Rayo Vallecano, estava no comando de um clube especial. A atmosfera em Vallecas era positiva. Sim, o Rayo lutava contra o rebaixamento, mas estava acostumado a isso. Todo mundo acreditava que o clube se salvaria. No último dia da temporada, porém, uma combinação de resultados terminou por rebaixar o time de Paco. Parado no gramado, ele chorou. Sabia que aquela era sua despedida, depois de quatro anos puxados. A cada temporada, o Rayo era uma das equipes mais pobres no campeonato espanhol, com um orçamento anual de cerca de 5,5 milhões de libras. Nas previsões dos consultores de casas de apostas, era sempre candidato

[1] ECO, U. *Il nome della rosa*. Milão: Bompiani; Nova York: Harvest Books, 1980.

ao rebaixamento. Mas, como tributo a seus torcedores, que resistem ao jogo bruto do capitalismo no futebol, seguia desafiando as probabilidades. Tinham conseguido um oitavo, um 12º e um 11º lugares e até se classificado para a Copa da Uefa na primeira temporada de Paco, mas sem dinheiro suficiente para participar. O período durante o qual o Rayo teve seu lugar ao sol, embora curto no geral, foi estimulante por dois motivos: os torcedores e o treinador. Uma combinação rara e perfeita de dois personagens únicos que em nenhum momento deixaram de mostrar o dedo médio aos céticos.

A ESCOLA EUROPEIA

Quando menino, Paco Jémez via seu pai dançar no palco ao som de castanholas, palmas e um violão suave, sob a luz âmbar das casas noturnas na encosta de Las Palmas. Ficava maravilhado com a resposta do público à performance do pai dançarino de flamenco e prometeu a si mesmo que ele também subiria ao palco quando tivesse idade suficiente. Tudo que Paco queria era criar algo belo. A vida tinha outros planos para ele.

Tornou-se um futebolista talentoso e, na adolescência, o Córdoba foi buscá-lo na Grã-Canária, trazendo-o para a Andaluzia, no continente. Teve uma bem-sucedida carreira como jogador — vestiu a camisa da Espanha em 21 partidas e foi três vezes campeão da Copa do Rei, uma com o La Coruña e outras duas vezes com o Zaragoza (assistiu da arquibancada do Estádio Olímpico de Barcelona quando, em 2004, um jovem David Villa destruiu o Real Madrid de Figo e Zidane). Jémez ganhou reputação de zagueiro duro que não brincava em serviço; típico de sua época. Foi só depois de sua aposentadoria que Lionel Messi estreou no Barcelona e Andrés Iniesta se tornou a peça-chave do tiquitaca — o que, para muitos, marcou o início de uma era tecnicamente brilhante na Espanha.[2] Na época de Paco, o futebol espanhol era robusto. Mas, como jogador, ele ainda procurava criar beleza. No La Coruña, nos anos 1990, ouviu de seu treinador, John Toshack, que devia fazer o simples — só sair jogando de vez em quando, mandar a bola para frente. Um dia, no treino, Jémez foi falar com o técnico galês sobre uma lesão: "*Mister*", disse, "dói quando eu toco na bola". Toshack o olhou de cima a baixo e respondeu: "Paco, dói em todo mundo quando você toca na bola".[XXXII]

Sem se deixar perturbar, Jémez continuou a dar seus passes para o meio-campo e o ataque na direção de Fran e Bebeto, em 1996, e, mais tarde, para um jovem Rivaldo, contratado junto ao Palmeiras em 1997. "No Zaragoza, eu dava a bola para o Kily González e ficava só o assistindo fazer mágica", me contou Paco na sala da assessoria de imprensa, no complexo de treinamento do Rayo Vallecano. No momento da minha visita, ele era o treinador do time de cima. Meu

---

[2] Para muitos, o tiquitaca foi mal interpretado como sendo uma filosofia de jogo. Era, antes, a forma visual do jogo de posição.

DANIEL FIELDSEND

interesse pelo Rayo se devia ao estilo de futebol que Paco desenvolvera no clube. Em setembro de 2013, ele se tornara o primeiro técnico a comandar uma equipe com mais posse de bola que o Barcelona numa amostra de 316 partidas (cinco anos; 51% contra 49%), feito que obteve com um elenco de jogadores avulsos, alguns veteranos, todos obtidos por transferência gratuita ou empréstimo. Seu estilo, conhecido como *Juego de Posición*, se assemelha ao praticado pelo Barça sob o comando de Pep Guardiola e chamou a atenção de entusiastas da tática no mundo todo para um dos clubes mais pobres do campeonato espanhol.

"Quanto à posse de bola, envolve duas coisas", explicou Paco, quando perguntado sobre como obtivera aquele resultado. "Em primeiro lugar, quanto tempo se consegue manter a posse. E, segundo, quanto tempo se permite que o adversário a mantenha. A maioria das pessoas acha que posse é apenas ter a bola, mas também tem a ver com a rapidez com que se consegue recuperá-la. Então, o que fizemos muito bem contra o Barça foi que não só fomos capazes de ficar com a bola por um longo tempo, como também a tomamos de volta rapidamente. Nós os obrigamos a usar setores do campo onde defensivamente éramos mais fortes." Paco lançou mão, contra o Barcelona, do próprio estilo de jogo do adversário. Embora o futebol de posse nem sempre seja sinônimo de sucesso e, às vezes, possa ser frustrante, ao tirar do Barça sua principal arma — o controle das ações —, Paco criou um contexto desconhecido para seu oponente. Apesar de ter perdido o jogo, saiu vencedor. Na saída, voltando para suas casas, os torcedores comentavam que ele talvez fosse um pretendente em potencial para a vaga [no Barcelona], em vez do argentino Gerardo Martino.

A visita

Vallecas, o bairro de Madri ao qual o Rayo chama de lar, é a área politicamente mais à esquerda da cidade. Parece o Brooklyn nos anos 1970, com vastos espaços recentemente abertos no lugar de blocos de apartamentos demolidos. O vento assobia trazendo poeira aos olhos e à boca, conforme as pequenas tempestades de areia vêm e vão. As crianças do bairro brincam nos escombros, enquanto cães

A ESCOLA EUROPEIA

vadios espiam, sentados. Ciudad Deportiva, o centro de treinamento do Rayo, é um complexo moderno bem no coração desse cenário. Em nenhum dos clubes que visitei as instalações eram tão paradoxais. Os portões do complexo, sem seguranças, ficam sempre abertos à comunidade local. O treino do time de cima estava para começar quando Bebé chegou e estacionou sua Ferrari vermelha. As crianças que jogavam bola no estacionamento, indiferentes, ignoraram o ex--jogador do Manchester United, que já se encaminhava à entrada do complexo. Segundos depois, um passe errado fez a bola ir parar debaixo da traseira do caro carro esportivo vermelho e, em vez de saírem correndo assustados (como seria de se esperar), os meninos mandaram que o menor do grupo fosse resgatá-la usando as pernas. Muitos podem ter vivido essa situação na infância, mas nunca envolvendo uma Ferrari.

Todas as faixas etárias começam a treinar ao mesmo tempo, dos sub-9 ao profissional. Os pais, de pé, assistem à prática posicionados numa passarela comprida acima dos campos, os quais aumentam de tamanho, da esquerda para a direita, em escala simbólica que culmina no time de cima. Infelizmente para o Rayo, quando os jovens jogadores chegam aos dezoito anos, os melhores entre eles já foram fisgados pelo Real Madrid ou pelo Atlético. Num gesto de boa vontade, os dois clubes emprestam de volta os jovens para que possam, no Rayo, adquirir experiência como profissionais. Por conta do treinamento tático dado a eles por Paco Jémez, as condições de empréstimo melhoraram ao longo dos anos (o Atlético negociou uma troca mútua, cedendo Saúl Ñíguez para o Rayo em 2014 como parte da formação do jogador). A meio caminho, na passarela dos espectadores, há uma cafeteria com vista para o campo de treinamento dos profissionais. Ali fui apresentado a meu intérprete, Neil Moran. Bebé estava presente, junto com outro ex-jogador do Manchester United, Manucho. Atenciosos, tiravam *selfies* com as famílias dos jogadores da base, mostrando compreensão de que o Rayo dependia daquela atmosfera amistosa para sobreviver. Quando treinavam escondidos atrás de hectares e mais hectares de árvores, no vilarejo de Carrington, os dois eram intocáveis. Agora eram gente do povo.

DANIEL FIELDSEND

Do que Paco é feito

Enquanto os jogadores relaxavam ali em cima, no café, Paco montava sua sessão de treinamento. Tinha à disposição um campo de tamanho oficial para trabalhar e, apesar da equipe de treinadores a postos para ajudar, insistiu em arrumar tudo sozinho. Organizava na cabeça a transição entre os exercícios, o espaço entre os cones e o resultado que obteria dali. Jémez é um perfeccionista. Todo treinador de elite conta com técnicos, aos quais delega algumas sessões de treinamento do time de cima. "Mão na massa", para eles, é conduzir um ou outro treino na semana e dar dicas aos jogadores. Dali a algumas semanas, eu assistiria, no dia a dia do trabalho em Munique, ao compatriota de Jémez, Pep Guardiola, um espírito com afinidades filosóficas (considerado o exemplo arquetípico de um "treinador moderno", oposto ao técnico tradicional), e mesmo Pep permite que seu braço direito, Lorenzo Buenaventura, planeje e comande treinamentos.

Jémez se recusa a ceder qualquer controle sobre as práticas no clube, o que é incomum. Sua abordagem é, além de rara, fora do normal. Neil e eu passamos dez minutos a observá-lo carregar manequins e cones. Levando pesadas traves de metal nos ombros para posicioná-las; ele então se agachava, dava voltas em torno delas e estudava sua posição como se fossem peças de arte contemporânea. Os jovens técnicos reparam no quanto o treinador se dedica ao ofício. Quando o treino começou, muitas das famílias na passarela lá no alto tiraram os olhos dos filhos para prestar atenção ao trabalho de Jémez.

O treino em si teve início com um aquecimento e evoluiu para uma sessão dupla do chamado rondo (opondo dois times e na qual os jogadores, dentro de uma pequena área demarcada, tentam manter a posse da bola).[3] Os jogos funcionavam em espelho, com três grupos de quatro jogadores. Um desafio de quatro contra quatro acontecia dentro do retângulo, enquanto o quarteto restante de jogadores aguardava o passe (o que tornava a prática um oito contra quatro em favor do time com a posse da bola). Paco ficou parado de frente para a área de um dos exercícios, mas com o ouvido atento ao que se passava na outra área, às suas costas. Depois de alguns minutos, ele se

---

[3] No Brasil, os rondos são conhecidos como rodas de "bobinho". (N. E.)

A ESCOLA EUROPEIA

voltou e apitou — um apito tão alto que até as crianças do outro lado do complexo pararam de jogar. Estava furioso com o que ouvia do exercício atrás dele, pois não escutava o barulho da bola circulando com rapidez suficiente — o tap-tap-tap dos passes acontecendo com menos frequência do que seria do seu gosto. Os jogadores, todos profissionais de futebol, baixaram as cabeças feito meninos malcriados enquanto ele ralhava. Após a intervenção, o ritmo da sessão melhorou instantaneamente. De 95% sempre se pode chegar a 100%, conforme a famosa máxima Rinus Michels.

A sessão seguiu adiante com um coletivo de onze contra onze. O foco de Jémez era melhorar o jogo ofensivo, criando opções para o homem da bola. De cima, parecia xadrez. Cada jogador era um peão a ser manobrado e objeto de apostas. Àquela altura, os sub-8 já haviam terminado seu treinamento e estavam parados à beira do gramado assistindo — minitorcedores do Rayo em formação. Um dos desenhos táticos usava quatro homens de defesa, então Paco posicionou os três atacantes adversários nos corredores entre esses quatro, o que os fez recuar e os impediu de pressionar a bola (sabiam que precisavam defender a frente e as costas). A equipe de Paco saía jogando desde o próprio gol. Os zagueiros recuavam tanto que ocupavam a linha lateral, na mesma profundidade da posição do goleiro. Os três eram os que mais trocavam passes no time, esperando por uma oportunidade para avançar. Quanto mais recuada a saída com a posse de bola, mais espaço sobra no meio para que os meios-campistas explorem. No entanto, como seria de esperar, o jogo ficou travado.

Como solução, Paco gritou um número no momento em que mais uma bola era recuada para o goleiro. Num exemplo de americanização, a ordem desencadeou uma sequência. O meia mais recuado se afastou da linha de zaga e subiu até o círculo central, levando o marcador com ele. Já o meia mais centralizado, em vez de aprofundar sua posição para receber do goleiro, como normalmente faria um segundo volante, caiu para a esquerda, congestionando aquele lado. Enquanto o goleiro armava o passe mirando aquele ponto, Bebé, o ponta-esquerda, com muita gente no seu setor, correu para perto do bico da grande área; e foi para ele que o goleiro passou. Seu marcador,

DANIEL FIELDSEND

o lateral direito adversário, preocupado em defender o espaço atrás de si, preferiu ser cauteloso a entrar em território estrangeiro, daí ter optado por não acompanhar Bebé. O português recebeu livre, portanto, com espaço para se virar e conduzir a bola ao ataque. Essa rotação triangular enganara todo mundo. Se a leitura da movimentação era confusa, defender-se dela seria ainda mais.

A filosofia

Mais tarde, Neil, um sujeito que respira futebol, estava empolgado. Ele havia se mudado para Madri anos antes para descobrir como se trabalhava com futebol na Espanha. Rapidamente se familiarizou com a aura de Paco; o homem é tão conhecido nesta cidade quanto Cristiano Ronaldo. No entanto, apesar de ser um profissional do futebol, ou provavelmente por ser um (Neil viera a Madri como olheiro do Middlesbrough de Karanka), ficou ansioso para conhecer um pioneiro como Jémez. "Não deixe de mandar meus cumprimentos ao Aitor", disse Paco enquanto éramos apresentados: ele conhece bem Karanka. Os círculos do futebol são pequenos. Nosso encontro acontecia na sala de imprensa, o lugar onde Paco intimida jornalistas. Sujeito encorpado, careca, de olhar firme, eles o chamam de "Pitbull". O treinador não fala inglês, mas Neil e eu tínhamos discutido com antecedência qual seria o tema da entrevista: desvendar as engrenagens da filosofia do treinador.

Filosofia, conforme definida pelo dicionário *Oxford*, é "uma teoria ou atitude que funciona como um princípio orientador do comportamento". O termo foi popularizado no futebol pelos grandes pensadores Johan Cruyff e Louis van Gaal, nos anos 1990. Para eles, suas filosofias eram tanto uma maneira de se diferenciar quanto uma abordagem que delineava suas crenças. Como forma de creditar seu sucesso a uma terceira pessoa, preferiam, em vez da aclamação pessoal, o elogio à filosofia. Tornou-se um chavão no jogo moderno, que perdeu credibilidade pelo excesso de uso.

Todo técnico tem uma filosofia acerca de como o futebol deve ser jogado. O que também se aplica a como se comunicar com o elenco; à política de aproveitamento de jogadores jovens, aos métodos táticos,

A ESCOLA EUROPEIA

às relações com a mídia e a uma visão geral quanto ao futuro do clube. Um treinador apresentará sua filosofia durante o processo de seleção para a vaga, geralmente na entrevista e em PowerPoint; se a diretoria achar que ela está alinhada à do clube, o candidato é contratado. Atualmente, os torcedores são capazes de reconhecer as diferenças entre as filosofias dos vários técnicos, de Mourinho a Jürgen.

Acima de tudo, diz Paco sobre a sua, está o controle da bola. Ele não quer, porém, a posse pela posse — isso seria fútil — mas, ao contrário, quer usá-la de forma a manipular e controlar o adversário. Suas equipes atuam num estilo complexo chamado *Juego de Posición*, ou jogo de posição (JdP), em português. Em *Guardiola Confidencial*, de Martí Perarnau, Pep explica ao autor que somente Barcelona, Bayern de Munique e o Rayo de Paco Jémez foram suficientemente corajosos para adotar essa estratégia.[4]

É difícil cravar as origens do JdP. O passe para os companheiros como alternativa ao chutão é uma invenção escocesa do século XIX, e foi Rinus Michels quem começou a levar em consideração o espaço e como criá-lo, já na década de 1960. Aspectos do estilo passador foram adotados por muitas equipes ao longo da história, desde seus primórdios, no Queen's Park de Glasgow. Cada uma dessas equipes (Huddersfield, Honvéd, Ajax, Barcelona e assim por diante) adicionou ingredientes ao JdP, fazendo o estilo evoluir gradualmente. Esses times e seus treinadores almejavam o mesmo resultado — superioridade quantitativa entre as linhas da formação tática (ter dois ou mais jogadores a postos em cada setor, de modo a, combinando suas posições, manter a posse) —, mas usaram métodos diferentes.[5]

A versão moderna do *Juego de Posición* foi aplicada pela primeira vez no Barcelona, na década de 1990, por Johan Cruyff, e tomada como base por Louis van Gaal, embora fossem variedades distintas. Louis van Gaal disse o seguinte sobre sua versão: "Cada jogador precisa saber onde tem que estar, daí a necessidade de entendimento mútuo, de disciplina absoluta. Esse é um esporte jogado por 22 homens e do outro lado há onze adversários trabalhando em equipe.

[4] PERARNAU, M. *Guardiola Confidencial*. Campinas: Grande Área, 2015.
[5] Pesquisa de Gareth Flitcroft.

DANIEL FIELDSEND

Todo jogador no time tem que saber qual é o adversário a combater e estar lá para apoiar seus companheiros".[XXXIII]

Pep Guardiola foi um jogador de destaque em ambos os times do Barcelona — o de 1992, sob o comando de Cruyff, e o de 1997, cujo treinador era van Gaal. Sujeito meticuloso, Guardiola aparentemente encarou seus anos jogando como uma espécie de oficina de formação. Foi só por volta de 2005, no entanto, já no Dorados de Sinaloa, do México, onde encerrou a carreira, que ele viu chegar definitivamente a era do JdP. Lá, Guardiola trabalhou com o teórico Juan Manuel Lillo — seu conterrâneo espanhol — e, após os treinamentos, os dois passavam horas conversando sobre a importância de manter a posse e como fazer isso. "Pep e eu trabalhamos com uma só intenção — usar o posicionamento para ter superioridade. De que adianta dominar bem o espaço entre as linhas se não for para bater o adversário?", dizia Lillo.[XXXIV]

Historicamente, a maior parte dos avanços na parte tática do futebol envolveu mudanças na formação, como a que resultou no 3-2-2-3 de Herbert Chapman, nos anos 1920, ou no advento do 2-3-2-3, por Márton Bukovi, nos anos 1950. O *Juego de Posición* é diferente. Nele, não interessam as formações, nada mais que números de telefone para Pep Guardiola. No JdP, é a posição da bola que determina a movimentação dos jogadores, em vez de a bola ser movimentada pelos jogadores de acordo com uma formação. Se a bola estiver no bico da área, por exemplo, os jogadores se posicionam em zonas definidas. Se é jogada para o setor direito do campo, eles adotam novas posições predeterminadas.

Sua adaptação mais moderna ganhou projeção na temporada 2009-10, com o Barcelona de Pep Guardiola, no qual Sergio Busquets se tornou um jogador essencial, constantemente posicionado atrás do ponto de chegada da bola, o que permitia a manutenção da posse nessa fase do jogo. Busquets, apesar de jovem, seguia a linha de pensamento do brasileiro Sócrates, acreditando que jogadores inteligentes não precisam dar piques — devem se antecipar e estar no lugar certo. Nos anos seguintes, elementos do *Juego de Posición* foram adotados por Thomas Tuchel, no Borussia Dortmund, e por Jorge

124

A ESCOLA EUROPEIA

Sampaoli, no Sevilla, bem como por Guardiola, Lillo e Paco Jémez. "O jogo de posição é uma partitura musical que cada equipe toca no próprio ritmo, mas é essencial obter superioridade atrás das linhas de pressão do adversário", disse Martí Perarnau a Adin Osmanbasic.

No JdP, o campo é dividido em zonas. Os jogadores têm deveres a cumprir enquanto ocupam essas zonas e sabem para onde dar o passe seguinte quando recebem a bola. No começo daquele ano, tive uma aula sobre JdP com o técnico escocês Kieran Smith num evento da série Inspire, em Londres. Smith viveu por vários anos em Madri, onde treinou um clube local, o Alcorcón. Também estudou o Atlético de Simeone e viu jogar o Rayo de Paco.

Ele reforçou para a plateia que, no jogo de posição, é a movimentação da bola que direciona o time. Pediu desculpas por não dispor do tempo necessário para uma explicação completa da filosofia de jogo: "Levaria dias para explicar e meses para implementar". O que é uma das razões pelas quais os times de Paco Jémez demoravam a pegar embalo no campeonato: todos os anos, no Rayo, ele recebia um novo elenco para treinar, atletas que chegavam por empréstimo e transferências gratuitas.

De acordo com a apresentação de Smith, são sete os pilares de sabedoria que sustentam a compreensão do JdP:

1. Obter superioridade atrás das linhas de pressão do adversário.
"Temos como chamar a marcação por pressão para que os espaços apareçam e possamos sair jogando?" Smith mostrou um clipe no qual Xabi Alonso recebia de frente para o próprio gol — gatilho óbvio para a chegada da marcação — e em seguida recuava a bola para Jérôme Boateng. O zagueiro passava a ser o jogador pressionado, então Alonso abria para a direita e recebia a bola na diagonal com metros de espaço, em condições de sair para o jogo.

2. Começar as jogadas no próprio campo e manter a superioridade na fase inicial.
Rodando (passando a bola), a equipe percorre o campo todo. Isso permite mais eficácia na pressão sobre o contra-ataque, uma vez que o espaço é condensado na etapa de construção da jogada. "Se o passe é de menos de dez metros, fica fácil manter a pressão nessa distância."

DANIEL FIELDSEND

3. Usar a posse para desestabilizar o adversário.
Conforme reforçam Pep e Paco, a intenção não é movimentar a bola, mas fazer o adversário se mexer. Cada passe deve ser pensado.

4. Criar amplitude e profundidade, de modo a abrir corredores por onde jogar.
Na década de 1980, Johan Cruyff encarregou Gary Lineker de criar amplitude. Thierry Henry, David Villa e depois Neymar, anos mais tarde, viriam a se posicionar na lateral para abrir a linha de defesa do adversário. "É um princípio do JdP."

5. Posicionar jogadores em diferentes alturas do campo.
Se pensarmos no campo no sentido vertical, o atacante seria o jogador na posição mais alta a maior parte do tempo. Ter jogadores na linha de passe em diferentes diagonais e em várias alturas do campo oferece mais opções, mas também confunde o adversário acerca de quem deve pressionar o homem da bola. Essas linhas de passe inusitadas criam triangulação, permitindo ao time que tem a posse rodar melhor a bola.

6. Dribles e arrancadas.
Muitos dos dribles de Messi são horizontais, paralelos à linha de defesa do adversário, o que atrai os zagueiros e os tira de posição. Foi novamente Cruyff quem, nos anos 1980, incutiu a noção de pontas invertidos, com Gheorghe Hagi e Robert Prosinečki driblando por dentro com o pé bom de modo a confundir a defesa.

7. Terceiro homem e deslocamento.
O terceiro homem é quase sempre o jogador livre, com espaço. Saber encontrá-lo dá tempo à equipe para tomar decisões corretas.

Jémez
"Já são, incluindo esta temporada, acho que nove anos na função de treinador; e desde o começo minha ideia foi essa [aplicar o jogo de posição]", Paco explicou, com seu jeito acelerado de falar. "É verdade que, com o tempo, a gente vai fazendo mudanças, altera algumas

A ESCOLA EUROPEIA

coisas, percebe outras que pode fazer melhor, coisas que pode tirar ou colocar, porque a evolução é constante. Mas é certo que, desde que comecei a treinar o Alcalá [time de Madri na *Tercera División* — quarta divisão da Espanha, na verdade], a ideia era que meu time jogasse futebol de um certo jeito."

Enquanto Guardiola atribui a Cruyff a inspiração para seu estilo de jogo, Jémez acredita ter desenvolvido o seu por conta própria. "Acho que é a experiência de muitos anos como jogador, vendo as coisas, as formas de jogar, outros estilos e, por fim, quando o cara vira treinador, tem que escolher o caminho que deseja seguir. Optei por aquele com o qual mais consegui me identificar. Era o que me fazia sentir mais confortável." Numa de suas frases mais célebres, Paco, ao explicar por que o Rayo continuava a jogar tão aberto contra equipes maiores, apesar de sofrer derrotas copiosas (alguns meses antes da minha visita, tinha perdido por 10 × 2 do Real Madrid), disse: "Eles vêm para nos matar de qualquer jeito, então para que abandonar nossos princípios na hora da morte?".

"É uma maneira de jogar para a qual provavelmente se precisa de mais tempo. É verdade que, ao sair jogando de trás, a gente corre mais riscos, mas acho que é um tipo de jogo muito agradável. É um estilo em que todos os jogadores se envolvem; e eles gostam dessa forma de jogar. No nosso entendimento, a posse em si não é importante; na verdade, muita gente só presta atenção nisso. Se não houver progressão em direção à outra metade do campo, ter a bola acaba sendo um problema. Com a posse por muito tempo no próprio campo, a chance de perdê-la é maior, então a ideia é ter a bola, mas sempre buscando avançar, entrar no campo adversário e ser capaz de atacar, e isso é algo que deixamos bem claro para os jogadores."

Os palestrantes do evento Inspire, todos trabalhando em categorias de base, lamentaram o fato de faltar aos jogadores britânicos a confiança necessária para manter a posse por um período razoável. "Tecnicamente competentes, mas taticamente inconscientes" se tornou o mote do evento. "Trabalhamos muito [com nossos jogadores]", disse Paco sobre o assunto. "Eles sabem que ter a bola é bom, mas posse por si só não ganha jogo. O que contribui para isso é tomar a bola em situações que possam resultar numa jogada perto da área e na marcação de um gol. Por mais que haja outras maneiras de jogar, você vai perceber, nas nossas sessões de treinamento, que tentamos trabalhar todos os dias naquilo que mais tarde nos será mais necessário na competição, e uma dessas coisas é, obviamente, a posse de bola."

Rodando a bola

No modelo de jogo de Paco, são muitas as jogadas de passe que parecem fluir, mas, quando perguntado se trabalha as combinações no terço mais alto do campo, ele diz que as etapas ali não são estruturadas. Que surgem do instinto de seus atacantes. "Somos um time muito espontâneo. É verdade que precisamos de organização, mas somos capazes de abandoná-la muito rapidamente e depois nos reorganizar. Nesse sentido, acho que somos uma equipe muito moderna, que joga com muita naturalidade. Muitas das situações que aparecem ficam a cargo do talento dos jogadores. Eu sempre disse que a parte mais importante do trabalho de um treinador tem a ver, sobretudo, com os momentos em que o time joga sem bola. De posse dela, a gente depende mais do talento individual."

O mais importante, para ele, é a mensagem que passa aos jogadores. No treino, eles trabalham o avanço de um setor ao outro, rodando a bola de formas diferentes para levá-la adiante, mas, no terço de ataque, Paco permite a liberdade e a imaginação. Bons jogadores, ele acredita, tomam boas decisões. "É verdade que se pode treinar coisas diferentes, mas o que se deve treinar, acima de tudo, são hábitos. Se vai sair ou não alguma coisa dali, depende da imaginação e do talento dos próprios jogadores. Do lado defensivo, porém, é preciso fazer um trabalho mais aprofundado. Todo mundo tem que saber onde pressionar, quando defender. Todo mundo tem que saber a hora de voltar, e é aí que acho necessário trabalhar mais. Além disso, para a nossa maneira de jogar, é importante fazer circular a bola, sair jogando de trás. Do ponto de vista do ataque, penso que, especialmente com times como o nosso, mais soltos, mais espontâneos, basta orientar os jogadores sobre para onde se movimentar, de modo que se coloquem em situações nas quais sejam capazes de causar danos ao adversário."

Em outras palavras, estar no posicionamento correto.

Grande parte do treinamento de Jémez é do tipo sacchiano, ou seja, seus jogadores são conduzidos ao sabor da rotação da bola, de um passe ao passe seguinte, como se o treinador tivesse um dom profético. Ao contrário de Sacchi, ele faz isso com bola e em contextos reais. Trata-se, mais uma vez, de um princípio da PT — treinar tanto quanto possível as situações de jogo, garantindo que fiquem enraizadas na memória muscular dos jogadores. É vital para Jémez fazer isso, pois os reforços vão chegando ao longo da temporada, com diferentes níveis de compreensão do trabalho. Para o treinador, pode acabar parecendo o *Dia da Marmota*. "É verdade, somos uma equipe com uma rotatividade muito grande de jogadores a cada temporada. São cerca de dezoito mudanças todo ano. O que dificulta para nós porque, além disso, os jogadores chegam em momentos diferentes; três jogadores num dia, mais um no dia seguinte, então é um problema, porque não temos muito tempo. Preferia que fosse possível manter a maior parte do grupo, trazendo só uns quatro novos, mas estamos sempre recomeçando do zero."

Os jogadores do Rayo treinam por mais tempo que os de qualquer outro time espanhol. Do outro lado da cidade, Carlo Ancelotti perdeu o emprego, entre outras razões, porque o presidente do Real, Florentino Pérez, achava que o time treinava muito pouco. No Rayo, há uma sessão pela manhã, outra na sala de vídeo, à tarde, e várias noites por semana de treinamento aberto ao público. Como esse tempo de prática é muito valioso, segurar os jogadores que já estão encaixados no sistema é de máxima importância. Essenciais para o processo de formação são Raúl Baena e seu companheiro de meio-campo, o capitão Roberto Trashorras. Em 2015, Trashorras deu mais passes certos que qualquer outro meia na Espanha — 2.338 de 2.699 (86,7%), à frente de Toni Kroos e Sergio Busquets. "Eles aceleram o aprendizado. São uma extensão do treinador em campo. Instruem os novos jogadores sobre muitas coisas — o posicionamento de cada um — porque já sabem como elas funcionam, o que nos poupa bastante tempo."

Nas sessões do conhecido rondo, Trashorras mal se movia, mas dava mais passes certos que qualquer outro dos participantes. Nos

DANIEL FIELDSEND

momentos em que Jémez assistia ao treino em silêncio, era o capitão quem mais falava. Sendo um país naval com uma estrutura ancestral de funções e títulos, a Grã-Bretanha concede importância extra ao posto de capitão. Ele deve ser a personificação dos valores do clube, alguém determinado que atua com paixão. Na Espanha, porém, o capitão é escolhido democraticamente, pelo voto secreto dos companheiros de equipe. No Rayo, foi uma escolha óbvia, por conta da devoção de Trashorras ao clube.

Aritmética

Neil e Kieran Smith são amigos. Ambos expatriados, eram colegas treinadores buscando uma formação mais intensiva em Madri e com frequência vinham assistir aos treinos do Rayo, dissecando os pontos mais refinados do *Juego de Posición*. Diante da oportunidade de fazer a pergunta pessoalmente, Neil quis saber de Jémez acerca do primeiro pilar de sua filosofia: o desenho tático. Paco, como seu companheiro Guardiola, relega esse aspecto à aritmética. "É uma maneira de dispor os jogadores em campo. Para mim, não é a coisa mais importante. O importante é como a equipe se movimenta, como ataca, como se defende, como pressiona, além de sua capacidade de abandonar a organização para então se reorganizar rapidamente, de modo a evitar que o adversário nos cause danos."

Mais importante é a mensagem passada aos jogadores dentro do sistema. "No fim das contas, um time é um organismo vivo, certo? Então não dá para enquadrá-lo num sistema ou formação tática e dizer que tem que ser sempre daquele jeito. As equipes se desorganizam quando jogam e, em grande medida, é importante abandonar a organização para desorganizar o adversário. Formações são um ponto de partida, mas os times nunca terminam o jogo como começaram. Somos capazes de mudar o desenho muitas vezes, sabe? É importante [a tática], mas para mim não é a coisa que mais importa. O que é importante para mim é como essa formação se transforma em relação ao que pede a partida."

A ESCOLA EUROPEIA

Capital Europeia do Futebol

Houve um tempo em que só um gigante reinava na capital espanhola, ao passo que um romantizado Vicente Calderón era visto como farol de luz a penetrar as sombras do déspota Bernabéu. Sob o comando de Diego Simeone, a partir de 2011, o farol foi ficando mais brilhante até que, por mérito próprio, o Atlético se tornou gigante também. Como demonstração dessa ascensão, os acionistas do clube votaram pela compra de 34% do Lens, em julho de 2016, dando partida a um processo monopolista de internacionalização (também se estabeleceram como franquia com um clube na Premier League da Índia, o Atlético de Calcutá). Esquecidos no rastro dos gigantes de Madri, porém, outros 25 clubes locais sobrevivem da contratação de refugos. Os mais conhecidos são Getafe, Alcorcón, Leganés e Rayo. Quando José Mourinho chegou ao Manchester United, em maio de 2016, para rivalizar com sua nêmesis, Pep Guardiola, treinador do Manchester City, Patrick Vieira batizou Manchester como a "Capital Mundial do Futebol". Muita gente na mídia britânica assinou embaixo, mas, na verdade, o título caberia melhor a Madri. No momento da nomeação de Mourinho, o Euro Club Index, ranking montado a partir dos desempenhos doméstico e continental dos clubes ao longo de três temporadas, classificava o Real (4.413 pontos) em primeiro lugar e o Atlético (3.967) em quarto. O City (3.522) ficava em sétimo e o United (3.106), no vigésimo lugar.[6] Resultado da liderança inspiradora de Diego Simeone, o Atlético, num intervalo de três temporadas, enfrentou o Real duas vezes na final da Champions League (2014 e 2016). Nunca dois clubes da mesma cidade haviam disputado uma final europeia. Tal domínio de Madri era o pano de fundo sobre o qual Jémez tinha de operar.

A cidade é a capital europeia com maior altitude, cercada por cadeias de montanhas. É o coração político de um país sob tensão. Surpreendentemente para uma capital, há forte presença da esquerda. O Podemos, partido socialista da moda, com seu jovem líder de

---

[6] Metodologia: "O Euro Club Index (ECI) é um ranking que reúne os times de primeira divisão de todos os países europeus, mostrando seu poder relativo no jogo num determinado momento e sua evolução no tempo. O ECI torna possível calcular, para cada partida num futuro próximo, a probabilidade dos diferentes resultados (vitória, empate, derrota)". Disponível em: <https://www.euroclubindex.com>.

DANIEL FIELDSEND

rabo de cavalo, Pablo Iglesias, conta com enorme apoio na região metropolitana de Madri. Vallecas é o bairro da capital que melhor representa essa devoção à esquerda — 250 mil pessoas de classe trabalhadora vivem ali, todas imbuídas de um forte senso de comunidade. Têm o Rayo como veículo de expressão política. Sociólogos que circulassem pelo entorno do estádio de Campo de Vallecas descobririam muita coisa. Há grafites antirracismo nos muros — *"ama al rayo dia de el racismo"* — e anticapitalistas nas paredes das casas de apostas — *"Madrid es castilla pese al capitalismo"*.

Durante a semana, o estádio fica aberto à comunidade e fervilha de atividades. Ali dentro funciona uma academia de boxe, um salão de bilhar e outro, para eventos, mas alugado principalmente por sócios mais velhos, fanáticos por *badminton*. Os adesivos do [clube alemão e amigo] St. Pauli vão desaparecendo no metal rústico, vermelho, que sustenta o estádio. "Os sem-teto se abrigam debaixo de uma das arquibancadas e, nos dias de jogo, ganham comida", me contou Rubén, que alegou ser o único torcedor do Real Madrid em Vallecas, quando eu circulava nos arredores do estádio. "Os jogadores recém-contratados pelo clube são levados para um passeio na comunidade pela torcida organizada dos Bukaneros." O Rayo sabe que não pode competir com os clubes ricos, então precisa fazer as coisas de forma diferente. Apegar-se à comunidade garante sustentabilidade.

Paco Jémez e seus jogadores cozinham para os sem-teto de um centro comunitário local várias vezes por mês. Um dia, enquanto fazia compras, Trashorras foi abordado por um torcedor que lhe contou sobre a situação de uma senhora idosa chamada Carmen. Com 85 anos, estava para ser despejada pela polícia porque seu filho não tinha mais como pagar o aluguel, o que levou Trashorras a reunir o elenco depois do treino e convencer os colegas a fazerem doações. Por fim, o clube arrecadou dinheiro suficiente para sustentar a senhora pelo resto da vida.

No mesmo mês em que Carmen foi salva do despejo, e enquanto o Rayo estreitava os laços com seu torcedor, o Real Madrid fazia o contrário, ao remover o crucifixo de seu escudo para acomodar consumidores do Oriente Médio. "A gente deveria fazer mais pelas nossas comunidades, como fazem aqui", comentou o torcedor do Real, Rubén. *Los Blancos* têm um orçamento anual estimado em 469 milhões de libras, ao passo que, na média, o Rayo conta com cerca de 5,5 milhões por temporada. "Se tivéssemos a mesma consciência deles, a cidade seria melhor."

"*Cinco minutos más*", interveio Fernando, o assessor de imprensa corpulento do Rayo. Jémez tinha outros compromissos e estava ficando tarde. Chegara ao clube às nove da manhã, já fazia umas onze horas. Neil olhou para mim. "O que devemos perguntar?" Negociamos mais duas perguntas com Fernando. Ele conferiu o relógio, ressabiado, mas Paco sinalizou disposição para continuar. "Perguntem", falou. *Quais características são necessárias para um jogador atuar no* Juego de Posición; *e os jovens das categorias de base são escolhidos levando em conta essas características?* "Sim, sim, mas não no começo. Nos primeiros anos, o que tentamos fazer é ajudá-los a se aperfeiçoar tecnicamente, porque são muito jovens e não conhecemos todo o potencial deles. Mas é verdade que, quando avançam às categorias de juvenis e juniores (sub-17 a sub-19), passam a ser aproveitados no time B, e é aí que começamos a ver quais desses jogadores se encaixam. Você me pergunta o que é preciso para atuar dentro do sistema? Aptidões mental e física; capacidade de tomar decisões; técnica para passar a bola de primeira; e consciência tática. Perguntamos aos nossos jogadores: 'Para onde deve ser o próximo passe? Qual é o companheiro livre?'. Na nossa maneira de jogar, precisamos de jogadores corajosos e dispostos a correr riscos. E, de fato, de gente com bom nível técnico, porque nossa principal virtude é manter a posse de bola por bastante tempo." Os jogadores também têm de ser capazes de recuperar a posse rapidamente, de modo que devem estar preparados a se sacrificar. "São homens que entendem que, quando não estamos com a bola, ninguém pode descansar. Todo mundo tem que pressionar para recuperá-la e tê-la de volta. Em cada situação, para cada posição, é óbvio que precisamos de jogadores com qualidades particulares, mas é assim em qualquer equipe. Acho que seria um erro grave tentar trazer jogadores que não fossem os mais adequados a essa forma de jogar. Com nosso orçamento modesto, tentamos buscar jogadores que consideramos talhados para cada posição."

Neil e eu demos uma olhada nas nossas anotações. Havia sete perguntas ainda por fazer — sempre aconselhável manter algumas de reserva —, mas só tínhamos permissão para mais uma. "Pergunte a ele sobre as transições", pedi a Neil. "Bom, tentamos chegar a um estágio no qual as transições não existem", respondeu Paco. Neil sorriu; fiquei boiando na conversa. "O que quero dizer é que, quando perdemos a bola, passamos a pressionar imediatamente, pois as transições longas e rápidas são as que fazem a gente acabar se cansando, por ter de cobrir grandes distâncias. Há momentos em que não dá para evitar isso, quando o adversário sai no contra-ataque com jogadores muito velozes que, ao recuperar a bola, rapidamente a lançam nas nossas costas, e aí o time inteiro precisa voltar. O que tentamos fazer é evitar o máximo possível esses piques de volta para a defesa, porque são muito longos e somos uma equipe que, de fato, joga sem se espalhar em campo. A gente tenta, sobretudo, pressionar na zona em que perdeu a bola. Ali, as corridas são em distâncias muito mais curtas, e a ideia é forçar o adversário a perder a bola, dando um chutão ou recuando para o goleiro, o que nos dá tempo de avançar a marcação para o campo deles. Contra times que gostam de jogar no contra-ataque, como o Real Madrid com Gareth Bale e Cristiano Ronaldo, tentamos impedir que esses piques bastante longos aconteçam. Eles têm jogadores muito rápidos. Se formos obrigados a ficar correndo distâncias de cinquenta metros o jogo todo, na metade do segundo tempo nossos jogadores vão estar exaustos, vão estar mortos. Quanto mais curtas e mais concentradas as corridas, mais elas serão eficazes." A mensagem passada por Paco é: correr juntos para correr menos.

Na noite em que o Rayo teve mais posse de bola que o Barça, o time trabalhou duro para recuperar a bola na transição. Suas estatísticas de posse foram reflexo mais da pressão sobre o Barça do que dos minutos nos quais o Rayo manteve a bola nos pés. Ao recuperá-la, Paco contava com variações na transição para o ataque. Alguns treinadores, como Claudio Ranieri quando comandou o Leicester, têm como base do sistema o contra-ataque imediato. Outros, como costumava fazer Louis van Gaal, muitas vezes retardam a transição, buscando ter superioridade numérica. Paco prefere que seus jogadores percebam a

A ESCOLA EUROPEIA

jogada, de modo que possam identificar a decisão correta: "Quase sempre vai depender de onde recuperamos a bola. Quando é no nosso campo, primeiro precisamos manter alguma posse (rodar) para, com isso, encontrar um bom posicionamento. Vai depender também dos nossos jogadores, mas normalmente, se a recuperação acontece no campo adversário, a ideia é sempre dar prioridade a atacar e levar perigo. É preciso ver, principalmente, quais jogadores temos em campo. Há momentos em que são homens capazes de um jogo mais direto ou mais rápido, então a gente tenta aproveitar ao máximo essa velocidade. E há outros momentos em que são jogadores que gostam mais de trocar passes, que preferem se infiltrar — aí, uma vez recuperada a bola, só depois de algum tempo de posse é que dá para atacar". Isso é parte da preparação para o jogo. Os treinadores analisam os pontos fortes e fracos do adversário e discutem com a equipe técnica qual é a melhor estratégia para levar vantagem nas transições. O time então treina de acordo com essa estratégia durante a semana.

Luz na escuridão

Quase no final da entrevista, conseguimos encaixar mais uma pergunta e questionamos Paco sobre as pressões num trabalho como o dele. "Eu digo isso para todas as pessoas que nos visitam, porque são muitos os treinadores que vêm estudar nosso modelo: se querem trabalhar na elite do futebol, eles devem pensar bem a respeito. É uma profissão que tem momentos ruins, porque o treinador é obrigado a assumir quase toda a responsabilidade pelo que acontece. Há muitas situações nas quais a gente acaba se vendo sozinho. Mas é um trabalho que também traz muita satisfação. Quando se consegue chegar aonde chegamos, disputando um lugar entre os melhores times do mundo, penso que é hora de desfrutar."

Dali a alguns meses, os torcedores esperariam do lado de fora do estádio do Rayo por mais de uma hora, depois da partida final da temporada, gritando palavras de ordem para Paco ficar. Talvez o clube devesse ter jogado num estilo mais reativo. Com pragmatismo, é possível que tivesse uma sobrevida, como fez o eficaz Stoke City durante tanto tempo antes de se reinventar. O Rayo era vulnerável em

DANIEL FIELDSEND

todos os jogos, constantemente abastecido de novos jogadores que precisavam se adaptar ao sistema. Ficou cansativo para o treinador. Uma política insustentável. Mas, sem as belas ideias de Paco Jémez e outros como ele, dos quais se diz sempre que são loucos, que não vão conseguir — o pragmatismo sendo considerado uma abordagem melhor —, o futebol sairia diminuído. É pelas ideias dos visionários que a sociedade evolui. Michels era um louco, assim como Sacchi. Quando se recorda a história, raramente os nomes dos pragmáticos são mencionados. Talvez tenha sido melhor terminar assim. Se o Rayo tivesse sobrevivido, seria obrigado a se tornar um clube mais comercial, preocupado com lucro. É o dilema do St. Pauli: ganhar e perder identidade ou sair derrotado e mantê-la? Para o Rayo, vencer é um objetivo óbvio, previsível demais. Mais poético é insistir, persistir, resistir à mudança diante dos gigantes. Ser uma luz que nunca se apaga.

8.
BARÇA: A PALETA DE UM IMPÉRIO

"Cruzamos ruas largas, com edifícios que pareciam palácios. No passeio de La Rambla, o comércio era bem iluminado e havia movimento e animação... Não me decidia a ir dormir, muito embora o desejasse, de modo a poder me levantar cedo e contemplar, à luz do dia, essa cidade desconhecida para mim: Barcelona, capital da Catalunha."

Hans Christian Andersen, 1862

DANIEL FIELDSEND

Argumentos em favor da arte

Antoni Gaudí, o artista catalão cuja obra continua a atrair turistas a Barcelona, acreditava que o motivo de a cidade ser tão receptiva à arte e à arquitetura, da mais grandiosa à mais singela, era sua localização privilegiada. "Os habitantes de lugares banhados pelo Mediterrâneo têm um senso de beleza mais intenso", escreveu Gaudí na virada do século xx. É, conforme descobriu Andersen, uma cidade das mais animadas. Pelo menos desde os tempos de Johan Cruyff, o time de futebol local, o FC Barcelona, procura satisfazer a expectativa de seus torcedores com exibições artísticas de suas brilhantes linhas de ataque, em sintonia com a cidade vibrante em torno.

Em 22 de agosto de 1973, às onze horas da manhã, o voo 254 da KLM, de Amsterdã para Barcelona, pousou trazendo Cruyff a bordo. Na época, os torcedores do Barcelona ficaram preocupados. Ali estava aquele cara magrelo, fumando feito uma chaminé, que custara ao clube 6 milhões de florins holandeses — um recorde mundial — e vinha para, supostamente, rechear o empoeirado armário de troféus do Barça. O clube não ganhava a liga desde 1959, e a região ainda estava de luto pela perda de Pablo Picasso, morto quatro meses antes, num período que representou uma lacuna entre gerações de artistas que ficou conhecida como *el vacío*. O que Cruyff podia fazer? O Barcelona tinha sido condenado ao fracasso enquanto Franco estivesse no poder. Mas o holandês carregava o espírito da contracultura, acreditava ser possível mudar o mundo ao seu redor. "Cheguei aqui sob a ditadura de Franco: entendo o jeito de pensar dos catalães", declarou mais tarde. Com suas performances, suas atitudes e resoluções na vida pessoal (como dar ao filho um nome catalão), Cruyff revolucionou o futebol da mesma forma que Picasso tinha feito com a arte.[1]

Ambos viveram em função de uma criatividade compartilhada. O Barcelona venceu o campeonato nacional na primeira temporada

---

[1] É importante compreender que, antes de Cruyff chegar como treinador, o Barcelona era um clube de baixo desempenho e pouco vencedor, sem um estilo que fosse fluido ou qualquer compreensão do lado comercial do jogo. É verdade que, quando o meia-atacante José Mari Bakero voltava a bola ou virava o jogo, mantendo a posse em vez de girar e bater para o gol, no final dos anos 1980 e início dos anos 1990, os torcedores no estádio o vaiavam. Foi somente com os troféus ganhos em consequência do estilo de jogo pós-milênio que os fãs passaram a apreciá-lo, dando origem ao moderno e elegante Barcelona, considerado contemporaneamente uma referência de sucesso tanto do ponto de vista da beleza do jogo quanto esportiva e comercialmente.

A ESCOLA EUROPEIA

de Cruyff, que apresentou aos torcedores o jogo de "quatro pés", nunca visto, no qual usava as partes interna e externa de ambos, o esquerdo e o direito, para passar e chutar a gol. Numa partida contra o Atlético de Madrid, em dezembro do ano de sua chegada, anotou *el gol fantasma*, girando sobre o próprio eixo, o corpo dois metros acima do chão, para marcar com o calcanhar direito. Os torcedores do Mediterrâneo (com o senso de beleza de que falava Gaudí) estudariam a jogada pelos anos seguintes, tratando Cruyff como uma espécie de escultura desconhecida.

O holandês levou sua maneira artística de jogar para a carreira de treinador. Voltou em 1988 para criar o *Dream Team*, com o qual ganhou a primeira Champions League da história do Barcelona. Em 1568, Giorgio Vasari escreveu, sobre o cientista, artista, inventor e arquiteto Leonardo da Vinci, estas palavras que se aplicam perfeitamente ao talento de Johan Cruyff para o futebol:

> Os céus muitas vezes fazem chover os mais ricos dons sobre os seres humanos, naturalmente, mas às vezes, com flagrante abundância, conferem a um único deles beleza, graça e habilidade, de modo que qualquer coisa que faça e toda ação sua sejam divinas a ponto de distanciá-lo de todos os outros homens, o que aponta claramente para seu gênio como um dom de Deus, em vez de produto do engenho humano.

Enquanto Da Vinci escolheu Florença, Cruyff tomou Barcelona e seu cenário montanhoso como tela sobre a qual criar. "Ele pegou um quadro negro e desenhou uma formação com três zagueiros, quatro meios-campistas, dois pontas e um centroavante", lembrou o meia Eusébio. "Nós olhamos uns para os outros e falamos: 'Que diabos é isso?'. Aquela era a época do 4-4-2 ou do 3-5-2. Não dava para acreditar na quantidade de atacantes que ele punha no time." Era uma ideia ousada e revolucionária, e se provaria duradoura.

DANIEL FIELDSEND

Fontes

Quando Albert Capellas era um treinador iniciante, passava o tempo todo assistindo aos treinos do time de Cruyff, em vez de ir às aulas na universidade. "Eu era um sonhador", ele me confessou quando nos conhecemos. Capellas se tornaria, mais tarde, o coordenador das categorias de base em La Masia, o centro de formação instalado ao lado do Camp Nou; seria o encarregado de levar adiante o estilo ofensivo do Barcelona implementado por Laureano Ruiz e cultivado por Johan Cruyff.[2][XXXVI] Capellas supervisionou La Masia num período de enorme sucesso da base. Na final da Champions League de 2009, o Barça venceu com sete jogadores pratas da casa no time titular. Seu trabalho e o de seus colegas foi ainda mais reconhecido em 2010, quando os três indicados ao Ballon d'Or, Lionel Messi, Xavi e Iniesta, eram todos crias de La Masia.

"O Barça quer que 50% do time venha das categorias de base; isso porque são jogadores que conhecem a cultura do clube e já chegam como produto do tempo investido neles", explicou. Uma coisa que um treinador nunca consegue ter é tempo. Ele trabalha diariamente para se justificar no cargo — criar uma filosofia de clube nem sempre é viável, portanto, esse tempo precisa vir da formação. "E 15% do elenco deve ser de jogadores topo de linha internacionais, como Michael Laudrup, Hristo Stoichkov, Ronald Koeman e os brasileiros: Romário, Ronaldo, Rivaldo e Ronaldinho. Depois vêm os 35% restantes, contratados na Espanha para preencher as lacunas de nossa produção própria."

Capellas sorria. "Nossa mensagem foi sempre a mesma: correr juntos para correr menos." Ele se referia à pressão para recuperar a bola imediatamente depois de perdê-la, evitando os piques de volta ao próprio campo, como explicou Paco no Rayo. A metodologia em

---

[2] Laureano Ruiz foi alçado ao posto de coordenador de La Masia em 1974. Foi ele quem alinhou o estilo de jogo da base em cada uma das faixas etárias e iniciou o plano sucessório com o recrutamento de jogadores tecnicamente talentosos — mesmo quando eram baixinhos —, em vez de privilegiar garotos que se destacavam fisicamente, como era feito até então. Ele se atribui o crédito pela introdução dos exercícios de "bobinho" no clube, dizendo que os inventou em 1957. De acordo com o falecido Tito Vilanova, o Barça vinha formando continuamente jovens tecnicamente dotados ao longo dos anos 1970 e 1980, mas o estilo do time de cima era outro. Foi só quando Johan Cruyff substituiu Terry Venables que o caminho se abriu. Em outras palavras, Ruiz plantou o estilo do Barça, Cruyff o cultivou e Guardiola colheu seus frutos.

A ESCOLA EUROPEIA

La Masia, *El Joc de Posició*, se baseava no que Capellas descreve como "os três Ps": Posicionamento, Posse e Pressão. Posicionamento em campo, posse da bola e pressão (tanto no homem da bola quanto no espaço ao redor dele) para recuperá-la o mais rápido possível.

Capellas parece um político, ou um homem de negócios, ou talvez um advogado, mas definitivamente alguém de estatura. "Em julho de 2007, quando conheci Pep Guardiola e antes de ele se tornar treinador do Barcelona B, perguntei como gostaria que seu time jogasse. Ele me falou: 'Disso, só sei duas coisas: que todos os jogadores do meu time vão correr e que vamos tentar rodar a bola mais rápido que o adversário'. Obviamente que o Pep sabe muito mais do que apenas essas duas coisas, mas nosso trabalho é tornar simples aquilo que é complexo no futebol." A função de Capellas em La Masia era fazer que o complicado fosse compreensível para as crianças. "A gente precisa ter lágrimas nos olhos quando fala de futebol, é uma coisa orgânica, não há duas situações iguais." Assim, o trabalho dos treinadores das categorias de base era familiarizar os jogadores com várias situações, de modo a ajudá-los a tomar decisões corretas com frequência; como acontece com Andrés Iniesta, que Capellas treinou. "Ele está sempre pensando no que é melhor para o time, e não para si mesmo. Suas habilidades técnica e tática são excepcionais. Tivemos muita sorte de estar no lugar certo para encontrá-lo. Só se acha um jogador como ele a cada quarenta anos."

Argumentos em favor da ciência

A boa arte inspira maravilhas. Os elementos que se combinam para criar uma obra-prima, sejam os tons da paleta ou o uso de luz e sombra, exigem um processo de criação — uma ciência. Picasso absorvia o ambiente ao seu redor. Vivendo em Barcelona, tomou contato com anarquistas e radicais e, como consequência, começou a se afastar dos procedimentos técnicos clássicos para erigir seu estilo cubista. Trabalhava das duas da tarde às onze da noite sem comer, alimentando-se da memória, até que parava para apreciar o que fizera por mais ou menos uma hora antes de retomar o trabalho. Era seu processo: a ciência por trás da arte. Uma abordagem semelhante se aplica a todas

DANIEL FIELDSEND

as grandes obras. Seja Vermeer ou Matisse, todos tinham um jeito de trabalhar, uma ciência que fica oculta sob a tela.

Sobre Johan Cruyff, Pep Guardiola disse: "Cruyff pintou a capela e os treinadores do Barcelona depois dele apenas a restauram ou melhoram".[XXXVII] Foi para descobrir essa ciência — a ciência do Barcelona, com seus padrões e movimento, ângulos e distâncias, a partir da qual se criou um templo artístico adorado por torcedores no mundo todo — que me encontrei com Albert Rudé.

Eu tinha encontrado Albert pela primeira vez em 2012. Com minha turma da universidade numa viagem de pesquisa, visitava Barcelona para descobrir a cultura da cidade e de seu clube. Albert foi um dos palestrantes que ouvimos, um entendido nos métodos de La Masia, e abriu nossas mentes para o mecanismo tático interno do Barça. Ingenuamente havíamos assistido ao espetáculo do time jogando e admirado a habilidade dos jogadores; mas Albert dissecou cada movimento e, numa apresentação matinal que se estendeu até a tarde, nos mostrou como e por que cada jogador se movimentava individualmente num plano coletivo. Ficamos boquiabertos. O encontro aconteceu na Universidade Central da Catalunha, onde ele era professor. Na ocasião do meu retorno a Barcelona, Albert trabalhava como assistente técnico no time mexicano do Pachuca, ao lado do uruguaio Diego Alonso. Lá, em 2016, foram campeões do Clausura, terminando o campeonato à frente do Monterrey.

Mas, naquele mês de março, Albert viera a Barcelona visitar a família e aceitou um encontro para, mais uma vez, fazer sua dissecação. À sombra do estádio, explicou a ciência do clube. De acordo com ele, não importa quem seja o treinador — se Frank Rijkaard ou Luis Enrique —, o time funciona como um sistema que se auto-organiza. "O Barça tem uma perspectiva holística e cada componente [em cada uma das posições na estrutura] tem que dar sua contribuição. Os treinadores podem apenas orientar o aprendizado de seus jogadores e administrar a formação da equipe. É, portanto, com o ambiente e com o próprio time que os jogadores aprendem." Com isso, Albert quer dizer que cada jogador deve basear suas tomadas de decisão no entorno, em termos de futebol — no posicionamento de seus companheiros de equipe em relação aos setores do campo. "É o negativo da entropia, entende? O grau de ordem e previsibilidade do sistema."

Pode-se argumentar que, se o estilo de um clube depende mais dos jogadores do que de qualquer técnico individualmente, talvez esteja condenado, na medida em que o elenco vai envelhecer e, inevitavelmente, se aposentar. Albert acredita, no entanto, que muitos dos elementos essenciais se mantêm — seja porque haverá novos talentos surgindo em La Masia, seja porque o estilo acaba incorporado como tradição.

Mais do que brilhantismo técnico, é matemática o que as equipes do Barcelona têm em comum — desde o primeiro elenco formado por Rijkaard, com Deco, Ronaldinho e Giuly; passando pela equipe de Guardiola, que tinha Henry, Eto'o e Messi; até a mais recente escalação, com Suárez, Neymar e Messi — e seguirá sendo visível nos próximos anos. É um cálculo que envolve ângulos, distâncias, medidas, peso e sincronia de movimentos. "A principal diferença do Barcelona para outros times é que, no clube, há uma compreensão de que, se o sistema se adapta ao ambiente, o ambiente também se adapta ao sistema", resumiu Albert. Taticamente, o que se leva em consideração são a formação do adversário, os espaços, a posição da bola (*Juego de Posición*) e o tempo da partida em relação ao ritmo.

"Quando tem a posse, o Barça se arma no 1(goleiro)-2-3-2-3, com o máximo número de linhas. O homem da bola, seja ele um lateral ou o *delantero* [centroavante], tem sempre 100% de possibilidades de jogo", ou seja, três opções de passe. Pode recuar para o goleiro (ou geralmente para a linha imediatamente atrás), centralizar o jogo dando a bola a um meio-campista ou jogar para frente, na direção de um *extremo* (um atacante jogando aberto, como David Villa ou Neymar). Trata-se de buscar a superioridade numérica no entorno da bola, de modo a dar suporte ao homem com ela. O Barcelona domina o campo tanto horizontal quanto verticalmente, garantindo que haja jogadores infiltrados em cada uma das linhas. O tiquitaca, como veio a ser conhecido (expressão que, segundo Capellas me conta, é malvista em La Masia), não era um exercício para somar quantos passes Xavi e Iniesta eram capazes de trocar, conforme interpretação frequente, mas parte de um processo em que o adversário, atraído para a bola, abria espaços a serem explorados noutros pontos do campo.

DANIEL FIELDSEND

"São quatro fases, no Barcelona, quando a tática é ofensiva", disse Albert, consultando uma página de seus papéis. "A primeira fase é a do posicionamento do companheiro para se manter a posse de bola. Fase dois, movimentação (levando em conta o espaço no entorno) para dar suporte à posse. Terceiro, criar zonas congestionadas perto da bola, de modo que o homem com a posse dela possa lançá-la no espaço vazio; e a quarta fase, a cobertura ofensiva para a próxima transição, de modo que os jogadores se encontrem em zonas de alta densidade para pressionar." Em março, quando tivemos esse encontro, o Barça via como exclusividade sua o tipo de jogo de posição que adotava. Tinha sido aplicado nas categorias de base, depois de desenvolvido, anos antes, por Pep Guardiola quando treinador.

No entanto, jogadores recém-chegados, formados em outros lugares e com diferentes estilos de jogo, pouco a pouco diluíram a eficácia do jogo local. Os torcedores comentavam que, mesmo com todo o seu talento, Ivan Rakitić jamais conseguiria ter a influência de Xavi no *modelo de juego* do Barça.[3] "Obviamente que, com as transferências tendo mais importância do que a base, estamos adotando um modelo esportivo diferente. O estilo de jogo corre risco? É sustentável?", ponderou Victor Font, candidato à presidência do clube. O número de pratas da casa no time de cima, na época da campanha a presidente, era o menor em muitos anos (oito jogadores). Toni Freixa, o candidato adversário, igualmente se queixava da indulgência com as transferências: "Essa é uma tendência inexorável que nos torna um clube como outro qualquer". A imprensa passou a fazer referência a um antigo ditado espanhol: "*pan para hoy, hambre para mañana*", que significa "o pão de hoje, a fome de amanhã". Em outras palavras, ao negligenciar La Masia como foco principal do clube, o Barça pode acabar faminto de talentos no longo prazo.[XXXVIII]

Naquela tarde, um time do Barcelona emparedado entre duas eras nocauteou o Getafe. Para dar a Iniesta 100% das opções de passe se ele recebesse a bola em posição central, a maioria dos jogadores fazia algum

---

[3] O Barça termina por se afastar de sua maneira única de jogar, passando a confiar no brilhantismo individual, depois que outros times aprenderam como derrotá-lo (e quando jogadores influentes que foram os pilares daquele estilo durante muitos anos se aposentaram). O clube seguirá contratando talentos de destaque como antes, e certamente continuará a ser vencedor, mas fará isso de forma diferente.

tipo de movimento: Piqué avançava para oferecer uma saída segura; Alba dava um pique, subindo ao ataque, confiante na capacidade de Iniesta de manter a posse; Turan se movia na direção da linha adiante; Neymar abria mais; e Messi avançava por dentro, de frente para o brasileiro. Pelo posicionamento mantinham a posse. Outros jogadores permaneciam estáticos numa determinada zona, sabendo que a bola chegaria a eles em algum momento, na fase seguinte. Sergi Roberto e Munir, posicionados a intervalos em linhas diferentes no corredor esquerdo, com Neymar adiante deles, esperavam a virada de jogo. "A posição do corpo e a direção para a qual estão voltados é uma forma de comunicação motora implícita", observou Albert. Quando a bola chegou a Messi, aberto do lado direito, Neymar se posicionou na linha lateral esquerda. Somente quando o argentino começou a driblar por dentro é que o brasileiro se movimentou, num pique pelo ponto cego às costas dos zagueiros e em direção ao gol, exatamente como Thierry Henry e David Villa costumavam fazer com sucesso em anos anteriores.

Império moderno

O Coliseu, aquele gigantesco anfiteatro oval no qual os gladiadores destruíam seus adversários em sacrifício, costumava receber oitenta mil espectadores. Foi construído para projetar o poder e a riqueza de Roma e usado pelos imperadores para manter a multidão saciada de entretenimento. Os espetáculos ali — reencenações de batalhas célebres ou apresentações de animais exóticos capturados do outro lado do império — serviam para inspirar patriotismo. Escolas de gladiadores eram instaladas ao lado do Coliseu, tradicionalmente, para formar as futuras gerações de lendas romanas (muito parecido com o que acontece em La Masia). "Nunca, em seu auge mais sangrento, a visão do gigantesco Coliseu, lotado da vida mais luxuriosa, comoveu um só coração como deve comover todos os daqueles que o veem hoje, uma ruína", escreveu Charles Dickens ao visitar o monumento. Talvez daqui a mil anos, por ser tão parecido, culturalmente aparentado em sua vida luxuriosa, o Camp Nou seja visitado por escritores que, do lado de fora, ficarão comovidos com as histórias de Cruyff, Maradona, Rivaldo e Ronaldinho.

DANIEL FIELDSEND

Como o Coliseu, o Camp Nou é um reduto de expressão política. Nos arredores, bandeiras catalãs são penduradas nas varandas dos apartamentos — uma resposta ao que se percebe como uma ocupação — com quase todas elas exibindo o triângulo azul ou vermelho da independência: a *Estelada*. Quando o cronômetro marca dezessete minutos e catorze segundos nos jogos, a torcida entoa um canto pela liberdade catalã (*Independència!*), em referência ao ano de 1714, quando a região foi derrotada na Guerra da Sucessão. Os jornais costumavam ecoar ameaças de que, se a Catalunha voltasse a ser independente, o Barcelona não poderia mais disputar o campeonato espanhol. Muita gente acreditou, de modo que, antes de qualquer referendo futuro, fez-se um acordo entre o clube e o país para manter o Barcelona na Espanha.

Embora afirme o contrário, o clube depende da prosperidade de seu rival, Real Madrid — esse grande símbolo espanhol —, e a recíproca também é verdadeira. É uma questão de sintaxe e identidade semântica: a gente se define pelo que não é. Barcelona e Real mantêm a rivalidade por razões de prosperidade tanto comercial quanto competitiva. *Yin* precisa de *yang*. A Espanha é peculiar porque os torcedores têm suas preferências primeiras, seja o Zaragoza ou o Betis, mas todos escolhem o Real ou o Barça como segundo time. São instituições de enorme significado cultural.

"O Real Madrid é o time com a segunda maior torcida na Catalunha, à frente do Espanyol", contou-me Albert Juncà, doutor pela Universidade Central da Catalunha. "Muitos espanhóis que torciam pelo Real vinham do sul em busca de melhores condições na economia daqui." Eu havia conhecido Juncà também em 2012 e voltei a encontrá-lo na partida contra o Getafe. Dentro do estádio, os rostos dos jogadores surgiram num telão quando a escalação foi anunciada; não seus rostos de verdade, e sim a versão do videogame *Fifa*. A atmosfera era a de um espetáculo, com direito até mesmo a ola quando o Barcelona marcou. Os escandinavos e americanos sentados à nossa volta deleitavam-se com tudo aquilo. A Qatar Airways patrocina uma camisa que por mais de cem anos o clube se recusou a ceder para comercialização. Com todos aqueles fatores, perguntei a Juncà se ainda se justificaria o Barcelona se apresentar como "*Més que un club*":

A ESCOLA EUROPEIA

seria mesmo mais que um clube? "Meu irmão é sócio, assim como alguns dos meus amigos. Eles definitivamente se preocupam com essas questões. Mas também queremos um orçamento que nos permita contratar grandes jogadores. Em alguns jogos, quando se espera que o Barça ganhe de 10 × 0, os sócios podem não comparecer. Mas aos grandes jogos eles vêm. Há uma lista de espera de dez a doze anos para os ingressos de temporada inteira, e a capacidade do estádio está sendo ampliada para 105 mil lugares. Tivemos eleições e alguns candidatos propuseram tirar o patrocínio, aí perguntaram a todos os sócios, que disseram não ver problema em continuar com a Qatar — não é uma preocupação. Sabem que precisamos do patrocinador para ter Neymar ou Suárez."

Messi é o gladiador moderno. Naquele dia, o Getafe era sua vítima sacrificial. O argentino marcou um, deu passe para outros três e perdeu um pênalti, performance que deu ao Barça onze pontos de vantagem na liderança do campeonato — posição na qual permaneceria pelo resto da temporada. Simon Kuper descreveu Messi como um *pibe*: "Uma figura que habita as mentes dos torcedores argentinos desde a década de 1920".[4] *Pibes* são moleques criativos de cara suja, capazes de driblar um time inteiro. São gente do povo. Meus amigos catalães me contaram a respeito de um garoto com características semelhantes, um *nen prodigi*, mas que, em lugar da versão dribladora dos argentinos, entre outras coisas se destacava por ser um talentoso passador, capaz de fazer de bobinhos os homens do Real Madrid de Franco. Lendas como essas encarnam em jogadores reais talvez uma vez na vida, com sorte. O Barcelona vai além. Teve um *pibe* (Messi) e um *nen prodigi* (Iniesta) no mesmo time por mais de uma década. Trinta troféus foram conquistados nesse período: quatro vezes a Champions League e oito vezes o campeonato espanhol.

"Artistas não precisam que monumentos sejam erigidos para eles, porque suas obras são seus monumentos", escreveu Antoni Gaudí, quem sabe na expectativa de Messi e Iniesta. Quer se trate de ciência ou de arte, todos os superlativos já foram usados para descrever o

---

[4] KUPER, S. *The Football Men: Up Close with the Giants of the Modern Game*. Great Britain: Simon & Schuster, 2011.

DANIEL FIELDSEND

Barcelona e a estética de seu jogo. É um time majestoso; uma dança poética. O dicionário define arte como "a expressão da capacidade criativa humana, apreciada por sua beleza ou por seu poder de emocionar". É um conceito que se aplica também ao Barça. Quanto isso ainda vai durar, não se sabe. A seu tempo, na medida em que os adversários descobrirem um jeito de neutralizá-lo, o clube se afastará do *Juego de Posición*, estilo que o tornou único. Evoluções assim são naturais no futebol; do declínio do Santos de Pelé ao desaparecimento do Milan de Sacchi. Treinadores vão embora, jogadores envelhecem. Somente é possível medir e comparar grandezas quando se analisa por quanto tempo um time foi capaz de se manter bem-sucedido. O fim do reinado do Barça será uma celebração, motivada não por desdém, mas por admiração. O clube sustentou seu sucesso por mais tempo do que qualquer outro na história moderna do jogo. Se o Barça permanecesse no topo indefinidamente, a complacência tomaria o lugar do afeto — um processo que levaria ao hábito e, por fim, ao desgaste. Porque Roma caiu é que a história lhe reconhece a influência. Quando cair o Barça, os torcedores poderão olhar para trás e vê-lo como o melhor time de todos os tempos. Como futebol transformado em arte.

9.
PREGOEIROS, MERCADORES E SONHOS MEDITERRÂNEOS: O AGENTE DE MARSELHA

"A lo loco se vive mejor! A lo loco se vive mejor!" O canto reverberava no estádio. "Sendo louco se vive melhor", era o que cantavam em uníssono bascos e marselheses, ao se encontrarem num confronto em fevereiro de 2016, em homenagem a Marcelo Bielsa — Bielsa foi treinador tanto do Athletic Bilbao quanto do Olympique de Marselha. Adorado em ambas as cidades, tornou-se um símbolo de rebeldia. No estádio Vélodrome, seu rosto surgia pintado em faixas no estilo dos retratos de seu compatriota argentino Che Guevara. A fusão de culturas em Marselha tem funcionado como uma plataforma para o florescimento de movimentos de esquerda. Essa posição foi cimentada pelas reações racistas de outros lugares. Clubes como Lille, Nantes e Strasbourg costumavam despejar sua bile xenofóbica em jogos como visitantes contra o OM nos anos 1990. Na ocasião em que eclodiram ataques antissemitas na França, as organizadas de Marselha passaram a usar quipás durante as partidas, num gesto de solidariedade. Hoje, quando se chega à cidade, as portas do trem se abrem lentamente e os passageiros são despejados no que só pode ser descrito como um ninho caótico de vida efervescente. De alguma forma, nessa atmosfera de desordem, um clube de futebol sobrevive.

DANIEL FIELDSEND

Olhando um mapa, alguém poderia pensar que uma viagem da Espanha para a França é simples. Não é. É um itinerário complexo entre o Estado não reconhecido da Catalunha e a cidade conscientemente separatista de Marselha. Alexandre Dumas descreveu os catalães como aves marinhas enraizadas com língua própria, desembarcadas em Marselha séculos atrás. As muralhas da cidade hoje continuam abertas aos catalães, aos italianos e aos norte-africanos; afinal, Marselha é um caldeirão com gente de todos os lugares. Um filho da cidade, o misterioso Eric Cantona, de família catalã, é Marselha personificada. A natureza desafiadora, a paixão, a agressividade, o talento artístico e a meticulosidade filosófica de Cantona são traços profundamente enraizados no caráter do povo local. Ele não tinha como ser de outro lugar. "Às vezes, a emoção submerge a gente. Acho muito importante expressar isso", disse, certa vez, ao descrever seu estilo de jogo. "Meus ancestrais eram guerreiros, algo que eu herdei."[XXXIX]

Cidades e vilas portuárias industriais na Europa costumam ser cenário de tensões culturais ou políticas em relação às respectivas nações: Barcelona, Marselha, Bastia, Palermo, Bilbao, Nápoles, Roterdã, Hamburgo e (metade de) Glasgow, lugares que colocam o orgulho cívico acima da consciência nacional. Uma autoconfiança, produto de uma história de proezas marítimas — nos negócios e no comércio —, torna quase inevitável que muitas das principais regiões portuárias se considerem exploradas. Ricas culturas emergiram, historicamente, de histórias e inspiração vindas de longe, o que promove um forte senso individual de propósito. Aqui, os franceses não abraçam totalmente a cidade de Marselha, e os locais se veem como estrangeiros. A grande ironia é que, sempre que *La Marseillaise* (o hino nacional batizado em homenagem ao povo de Marselha, que marchou sobre Paris, movido a patriotismo, para lutar na Revolução Francesa) é tocada em público, o pessoal da cidade reage com zombaria. O marselhês é um povo orgulhoso. As referências à cidade como "África", uma ironia pelo número de tunisianos, argelinos e marroquinos que ali vivem, sem falar do fato de que são uma população vista como criminosa pelo resto da França, além da mídia reforçando essa visão negativa — tudo isso provocou um processo de isolamento.

A ESCOLA EUROPEIA

Na área da psicogeografia, os estudiosos investigam a relação entre um lugar e seu povo, notadamente o quanto a geografia pode influenciar a mentalidade de um grupo e vice-versa.[1] Marselha oferece um excelente exemplo para a matéria. Seus cidadãos são moldados pela insularidade geográfica: uma cidade encurralada, voltada para o sul da Europa e para o norte da África, e temendo uma facada pelas costas.

Além disso, os franceses não acreditam nos marselheses. Uma lenda do século XVIII satiriza os habitantes da cidade, que teriam contado a forasteiros a história de uma sardinha que bloqueara a entrada do porto. Foram ridicularizados e chamados de mentirosos — como pode uma sardinha fechar um porto? Na verdade, *Sartine* era o nome de uma das fragatas de Luís XVI afundadas pelos britânicos à entrada da cidade, o que provocou o bloqueio do tráfego marítimo. A paranoia contagiou a cidade toda. Napoleão construiu ali, no ponto mais alto, um palácio para manter vigiado o horizonte do Mediterrâneo contra possíveis inimigos.

Protegida por dois fortes, a comunidade é atormentada por uma praga: a desconfiança das pessoas de fora, mesmo daquelas que trabalham no clube de futebol local, o Olympique de Marselha. Um conhecido em comum tinha arranjado um encontro com o então presidente, Vincent Labrune, durante minha visita. Desde o início, o clube estava ressabiado, aí o desempenho nas partidas piorou ainda mais e nossa entrevista foi cancelada. Assim é o futebol, infelizmente. Se fosse um jogo sem contratempos, não seríamos tão apaixonados por ele. Porque é imperfeito, com vencedores e perdedores, é que continua nos empolgando eternamente.

Antes da chegada do dinheiro do Catar (ao PSG), o Olympique de Marselha era o maior clube da França. A devoção estridente de seus torcedores e a beleza da Côte d'Azur atraíam os melhores jogadores da França. Em 1993, ganhou a Champions League, derrotando o Milan, com Didier Deschamps, Marcel Desailly e Fabien Barthez no elenco — futuras peças nos triunfos franceses que estavam por vir. Desde a década de 2000, no entanto, o OM vem em permanente declínio, tendo vencido apenas um título da Ligue 1 desde sua conquista europeia.

[1] ERDI-LELANDAIS, G. *Understanding the City: Henri Lefebvre and Urban Studies.* Cambridge: Cambridge Scholars Publishing, p. 228-9, 2014.

DANIEL FIELDSEND

O dinheiro tem passado longe do sul da França, e o Olympique de Marselha ficou para trás. Porém, nesses anos de seca, o clube e a cidade continuaram firmes em seu orgulho. E com razão. Marselha é um lugar maravilhoso. Assim como Nova York e o Rio, suas histórias, seu clima, sua localização e a gente local fazem o visitante ter a sensação de que está numa cidade especial. Fiquei hospedado em Vieux-Port (o Porto Antigo). Nos meses seguintes, o lugar se tornaria cenário de hooliganismo, mas durante minha visita funcionou como inspiração para escrever. Os turistas passavam dia e noite olhando para além dos fortes e do porto, sonhando acordados. De fato, algum dia deve ter sido extraordinário testemunhar os enormes navios entrando e saindo dali; suas magníficas velas a transportar o empreendimento Mediterrâneo. Naquela época, havia uma ideia romântica associada ao mar. O mundo desconhecido se tornava emocionante nas histórias vindas de longe. Hoje em dia, o Vieux-Port abriga em suas águas reluzentes os iates brancos que levam seus donos, cavalheiros abastados, a Monte Carlo e os trazem de volta no mesmo dia.

As edificações nos arredores do porto mudaram, mas o ar marítimo permanece o mesmo, impregnado do cheiro da prosperidade. Os pregoeiros e comerciantes pechinchando com sotaques carregados têm sido uma marca da cidade há séculos. Gerações de marinheiros de Marselha, há muito esquecidos, incutiram em seus filhos uma natureza de caçadores de tesouros. Hoje as pessoas naturalmente almejam prosperidade. O momento decisivo na vida de um jovem é se correrá atrás dela numa carreira criminosa ou honesta. O herói local, Yazid, conhecido alhures como Zinedine Zidane, é motivo de orgulho por seu sucesso tanto financeiro quanto futebolístico.[2] A Operação França[3] nasceu aqui, mas nem todos os criminosos são locais. A maioria dos marselheses é honesta e correta — quanto mais hostil o entorno,

---

[2] Zidane também é amado porque continua a ser um torcedor do Olympique de Marselha (deu a seu filho o nome de Enzo em homenagem ao uruguaio Francescoli), e todos os seus feitos são, de acordo com os locais, um brinde à grandeza da cidade.

[3] Referência à rede de tráfico, baseada em Marselha, que abasteceu os Estados Unidos com toneladas de heroína no início dos anos 1970. Um longa de 1971, apropriando como título o próprio nome da organização, mostrava dois policiais combatendo o esquema em Nova York, e teve uma continuação, lançada em 1975. A história voltou à tela grande recentemente com *A conexão francesa*, do diretor marselhês Cédric Jimenez. (N. T.)

mais calorosa sua gente. Nos empoeirados conjuntos populares de Castellane, onde Zidane foi criado, era maior o número de garotos de boa índole jogando bola do que o dos que brincavam com armas.

Uma dessas pessoas honestas que conheci foi um agente de jogadores chamado Mehdi Joumaili. Surpreendentemente, uma vez que o futebol, associado ao desejo de escapar da pobreza, é onipresente entre os marselheses, a região tem poucos agentes. Os negócios de Mehdi vão bem na cidade porque ele é dali. Entende o que é ser marselhês: "Somos Marselha antes de sermos França. Marselha primeiro. Marselha sempre foi a malcriada da história, basicamente. Durante seu reinado, Luís XIII — acho que foi ele — manteve os canhões do Forte Saint-Jean virados para nós, e não para o mar! A gente não é como o resto da França, daí tanta paranoia".

Para ele, ser paranoico é normal. O futebol muitas vezes é uma indústria da desconfiança, especialmente nesta parte do mundo. Mehdi jogou na juventude — com Samir Nasri por um tempo —, mas resolveu estudar marketing quando ficou óbvio que não chegaria longe nos gramados. Durante o ensino médio, ele escapulia para o Vélodrome, onde ajudava na coreografia de mosaicos das organizadas do clube. O geralmente desconfiado Olympique de Marselha confia em Mehdi por causa de sua origem. Ele representa jogadores do OM, da América do Sul e do resto da Europa, oferecendo-lhes especialistas em psicologia e nutrição. São tempos modernos e o agente surfa uma onda de mudanças no futebol. "É preciso ficar de olho no Snapchat, no Instagram, no Facebook, no Twitter dos jogadores. Minha experiência de marketing me ajudou a manter a conexão com eles nessas plataformas, a entendê-los. O agente precisa tratar os caras com gentileza e defender os interesses deles."

Por causa da natureza opressora do esporte hoje em dia, os jogadores de futebol precisam de assistência. As demandas a que são submetidos por forças internas e externas os tornam vulneráveis. A maioria dos agentes mantém relacionamento cordial com os clubes, mas isso não vira notícia, por isso os torcedores ouvem apenas as histórias de ganância e cobiça. Mehdi está tentando melhorar essa imagem: "O agente precisa ser bom para seus jogadores e o tempo

DANIEL FIELDSEND

todo pensar nos interesses deles. Falo com meus jogadores uma vez por semana, nem que seja apenas por uma mensagem de texto: 'Tenha um bom jogo e dê tudo de si'. Aí, depois, fico de olho no desempenho dos caras. Tenho um que está jogando com o time de cima e com o sub-19, então ele tem entrado muito em campo. Quando soube que tinha marcado numa vitória por 6 × 0, entrei em contato imediatamente para elogiar". Em 1967, os Beatles colocaram *La Marseillaise* na introdução de uma de suas canções, aquela que Mehdi cita como um guia para seus métodos com jogadores jovens: só o que eles precisam é de amor.

Mas ser um agente é mais do que manter contato e dar apoio regularmente. Muitas vezes passa despercebida a importância das mulheres na vida de um jogador de futebol. Primeiro porque, conforme observou o chefe de uma equipe de olheiros, é a mãe (mais do que o pai) quem decide para qual centro de formação vai um menino. Depois, ele é incentivado pelo clube a casar jovem, uma tentativa de mantê-lo concentrado na carreira. Mais tarde, a esposa será importante nas decisões sobre transferências. Mehdi sabe disso. "O agente não quer se meter entre o jogador e a esposa, então tem que trabalhar com ela para saber como pensa. No caso de um jogador do Marselha, falei com a namorada e perguntei sobre ele ir para o exterior. Quis saber se tudo bem para ela. Ela disse que sim, tudo bem. 'Então é tranquilo para você se amanhã eu fechar um contrato de transferência para a Alemanha?' A gente precisa de dois sins, o do jogador e o da parceira." Ele riu e olhou para mim como quem sugeria que éramos membros de uma sociedade secreta de homens. "Sempre foi difícil administrar mulher, certo?"

Talvez as mulheres sejam mais difíceis em Marselha. As pessoas aqui ficam um pouco malucas, a cabeça cozinhando sob o sol do Mediterrâneo. Era nossa situação ali, quando a conversa chegava a um dos heróis do OM, o ex-treinador Marcelo Bielsa. "Ele tinha sangue quente como a gente, batia o pé naquilo que queria, e isso faz parte da nossa identidade; olho por olho. Conseguia fazer o time marcar gols, que é o que a torcida quer. Não levantamos nenhuma taça, mas a atmosfera era melhor." Bielsa, um técnico que,

154

acreditava-se, fazia o par perfeito com o Marselha, capaz de ser ao mesmo tempo romântico e errático, continuou a reforçar esse credo ao ficar apenas dois dias no emprego seguinte, como treinador da Lazio.

Encontrei Mehdi para um café num restaurante chique, o Dallayou. Lá fora, no calçadão, famílias de vida confortável iam e vinham. Um homem estava apoiado na balaustrada de frente para o mar; literal e metaforicamente virava as costas à terra atrás dele. Mehdi, de camisa e óculos escuros, exalava sucesso. "Tem duas maneiras de um agente ganhar dinheiro. A primeira é fazendo um contrato de representação com o jogador, pelo qual se negociam bônus, salários e outros contratos à parte para ele, como um carro e um patrocínio do qual a gente recebe uma porcentagem. A segunda maneira é a carta branca do clube para vender o jogador, com uma comissão que varia entre 6% e 10%."

Quando um jogador é liberado pelo clube para transferência, cabe ao agente encontrar para ele um novo destino. "Se um olheiro repara num jogador, ele faz uma oferta ao clube, que vai informar ao jogador, que então conversa com o agente. A negociação vai descendo na hierarquia. Se o clube A quer comprar um jogador meu do clube B, A contata B e pergunta se o jogador está à venda. 'Certo, nós o vendemos por 15 milhões de libras.' 'Ah, mas achamos que ele vale 8 milhões.' Aí entram em acordo. Então falam com meu jogador, que me repassa a situação. Em seguida, converso com o clube A sobre salário, direitos de imagem e acomodação." Quando a negociação envolve uma terceira parte, como a Doyen Sports, a transferência se torna mais complicada. A agência é dona de um percentual do valor de transferência do jogador, de modo que o clube só pode vendê-lo se a Doyen concordar. Acontece também, mas raramente, de o clube contatar Mehdi diretamente. "Eles me dizem: 'Seu jogador não será aproveitado na próxima temporada'. Portanto, se o agente tiver sido contatado por outros clubes, fica livre para negociar. É muito mais fácil hoje, para os clubes, porque conseguem saber quem agencia

DANIEL FIELDSEND

cada jogador graças ao Transfermarkt.com[4] — ali descobrem a cotação de mercado dos atletas."

Pergunto a ele como se dá uma transferência. Mais tarde, em Turim, o pessoal da Juventus vai me explicar como funciona o processo de recrutamento por olheiros. Em Marselha, Mehdi descreve o envolvimento do agente. "Acontece de três maneiras diferentes. A primeira é ganhar carta branca de um clube. Uma segunda possibilidade é ser contatado pelos interessados em assinar com um jogador meu. E a terceira, os dois clubes começarem a conversar entre si e depois o agente entrar na negociação sobre salário e direitos de imagem." A contratação de um jogador é um negócio complexo. Não apenas os dois clubes precisam entrar em acordo quanto ao preço, digamos 10 milhões de libras, mas há ainda uma taxa que é paga à liga (geralmente em torno de 4%, ou seja, 400 mil, para ficar no mesmo exemplo), além de compensação ao clube em cujas categorias de base o jogador foi formado. Então o agente entra no jogo para negociar o salário-base, mais os bônus pela assinatura do contrato e por desempenho. Por exemplo, um bônus de 10 mil por gol, ou de 5 mil a cada jogo sem tomar gols — dependendo da posição do contratado. Os jogadores também têm metas a cumprir como equipe, as quais podem se converter em bônus, seja por classificação entre os quatro primeiros do campeonato ou por vitórias nas copas nacionais. Uma tendência em alta no futebol é que os clubes ofereçam um salário-base menor, acrescido de muitos bônus como incentivo.

As empresas apoiadoras de ambos os clubes ganham sua parte, assim como os agentes envolvidos no negócio. Cada vez mais significativos são os valores pagos pelos direitos de imagem de um jogador. Conforme esclarece o site Thesetpieces.com, um clube soma todos os custos envolvidos (a taxa de transferência, os gastos com o agente, os direitos de imagem e outros pagamentos) e os divide pela duração do contrato. Por exemplo, um jogador pelo qual foram pagos 40 milhões de libras num contrato de quatro anos custará ao clube 10 milhões por ano. É assim que o clube encara a transação. Além do preço de

---

[4] Site especializado em dados financeiros do futebol usado ao longo deste livro para informações sobre valores de transferência.

A ESCOLA EUROPEIA

compra, há ainda o salário e os direitos de imagem. Digamos que somem 50 mil libras por semana. Multiplicando isso por 52 semanas no ano, são mais 2,6 milhões subtraídos ao orçamento. No total, um jogador contratado por 40 milhões de libras entra na contabilidade do clube como despesa de 12,6 milhões por ano — e não como desembolso adiantado de 40 milhões.[XL]

É comum que o clube vendedor aceite de bom grado receber o dinheiro parcelado assim, pois isso lhe proporciona um fluxo estável na entrada do caixa. O valor total da transferência de Wayne Rooney para o Manchester United demorou quase uma década para ser pago ao Everton. O ex-presidente do Real Madrid, Ramón Calderón, por outro lado, comentou sua surpresa ao vender Robinho para o novo-rico Manchester City. Disse o valor que queria, o City concordou imediatamente e depositou tudo adiantado, num único pagamento. Prática ingênua da parte do comprador, considerou Calderón.[5]

"São muitas coisas acontecendo nos bastidores. Especialmente aqui em Marselha, tem um monte de gente por aí levando porcentagens", contou Mehdi. As transferências na elite do futebol mudaram muito desde o tradicional sistema de fax usado por décadas. Antigamente, os clubes trocavam faxes e aguardavam confirmação. Então enviavam outro fax para a Fifa, que emitia um certificado endereçado às ligas das quais participavam os dois clubes. Depois disso, as ligas entregavam novos documentos de registro. Era trabalhoso, árduo, demorado — podia levar dias para que uma transferência acontecesse. Desde 2010, no entanto, quando dois clubes entram em acordo, ambos digitam o mesmo código no sistema TMS da Fifa. Em vez de dias, uma transferência agora leva alguns minutos. Como lamentável consequência da eficiência do TMS, os torcedores passaram a sofrer com o espetáculo comercial do "fechamento da janela". A má fama dos agentes é um efeito colateral do TMS. Pela facilidade do processo de transferências, os clubes vendedores deixam para bater o martelo no último momento. O agente já deu garantia ao clube comprador de

---

[5] "The Big Interview with Graham Hunter". Disponível em: <https://soundcloud.com/thebiginterview>. Ver *Ramon Calderon: Making the Deal* (parte 2).

DANIEL FIELDSEND

que seu cliente está disposto a assinar contrato, mas, quando a janela está para se fechar, bate o pânico, o que eleva as comissões pagas a todas as partes interessadas. Gary Neville, muitos anos antes de assumir o Valencia, tuitou que o fechamento da janela denuncia clubes mal administrados. Para os agentes, é comemorar o Natal em agosto.[6]

Fazendo um nome

Mehdi tem trânsito livre pela costa sul da França. Assiste a jogos de Olympique de Marselha, Monaco e Nice, bem como de clubes menores, como Cannes e Nîmes. A ideia é identificar e abordar os melhores jovens talentos enquanto ainda estão disponíveis. "É fácil administrar a carreira de um jogador da Ligue 1; patrocinadores vêm até nós, clubes vêm até nós. Mais difícil é pegar um jogador do sub-17 e ajudar a fazer dele um homem com responsabilidades. A gente tem sempre que estar protegendo um jogador jovem. Chamo os pais para um café e pergunto: 'O que vocês querem para o filho de vocês?'. É interessante ter um plano. Conversei com um jovem jogador que me disse: 'Quero ir para a Inglaterra'. Respondi que primeiro ele precisava aprender o básico na França. 'Não vou colocar sua carreira e minha reputação à prova. Fique perto da família e vamos ver como você se comporta a partir daí.'" O monopólio sobre jovens talentos é normal no futebol do continente. Na Grã-Bretanha, os jogadores só passam a ser agenciados quando se aproximam da idade de se tornar profissionais. É prática comum, na Europa continental, que os agentes tentem fechar acordo com os talentos mais destacados o mais cedo possível.

Em Portugal, conforme descobri, agentes super-ricos mantêm "espiões" de olho em jogadores da base ainda na faixa dos doze anos. Mehdi tem uma boa relação com os técnicos do Olympique de Marselha, sempre se certificando de não passar por cima de ninguém. "Tenho amigos [treinadores no OM] com quem eu joguei. Eles sabem que não sou uma cobra, conhecem minha boa reputação. Quando digo que vou fazer uma coisa, eu faço; se não posso fazer, não digo que posso. A

---

[6] Tuíte original, em 31 ago. 2012: "O que se vê no último dia da janela de transferências é uma indicação clara de quais clubes são mal administrados".

A ESCOLA EUROPEIA

gente precisa dar o melhor de si para manter a palavra. Quem não me conhece pode perguntar por aí e vai ver: fiz um bom nome." Ter uma boa reputação é ainda mais importante numa cidade onde todo mundo se conhece. "É o que a gente chama de aldeia. Estou a uma pessoa só de distância do Zidane, caso queira falar com ele."

Um bom nome também lhe permitiu crescer. Não é apenas no sul da França que ele anda de ponta a ponta vendo jogos, apertando mãos e contratando jogadores — também administra carreiras no Brasil e na Grã-Bretanha. A globalização permitiu comunicação instantânea. A rede de contatos do agente cresceu graças aos aplicativos de mídia social numa era globalizada: "Os jogadores me procuram no Instagram, enviam mensagens. Um jovem jogador do Milan entrou em contato comigo há duas semanas pedindo que eu procurasse um novo clube para ele, pois estava tendo problemas financeiros na Itália. O clube italiano tentou vendê-lo para a Ucrânia, mas o rapaz não queria ir. Eles [outros jogadores] às vezes têm um agente, mas não estão satisfeitos com o trabalho. Também falam comigo no Twitter. E conversam bastante entre si, conversas nas quais meu nome acaba surgindo". Clubes, igualmente, costumam contatá-lo. Na Europa, Mehdi recebe carta branca de alguns deles para vender seus jogadores, ao passo que na América do Sul querem saber se ele tem opções disponíveis para compra.

Fechamos a conta do restaurante e saímos para as ruas movimentadas da cidade. Lambretas buzinavam nos semáforos, uma feira sob uma tenda branca se espalhava pela rua e mulheres de xale paravam para bater papo enquanto seus filhos corriam, incontroláveis. Quaisquer que sejam as noções preconcebidas sobre Marselha, há poucas cidades na Europa tão animadas. Quaisquer que sejam as noções preconcebidas sobre agentes, sua existência é mais do que essencial.

10.
OS SEGREDOS DO RECRUTAMENTO: COMO A JUVENTUS DOMINA A ITÁLIA

"A Juventus é como uma flor do deserto. Pode parecer que está morta, mas só precisa de uma gota d'água para voltar à vida em todas as suas cores."

Fabio Capello

"O time é como um dragão de sete cabeças. Cortou uma, brota outra no lugar. Eles nunca desistem, e é bonito de ver como dão a volta por cima."

Giovanni Trapattoni

DANIEL FIELDSEND

Os *Bianconeri* são eternos. Antes de visitar Turim, eu conversava com meu amigo Luca Hodges-Ramon, editor de *The Gentleman Ultra*, sobre esse superclube moderno que é a Juventus. Parece praticamente esquecido, hoje, o fato de que o escândalo *Calciopoli*,[1] que levou ao rebaixamento do time, aconteceu há apenas pouco mais de dez anos, em 2006. O clube perdeu Fabio Capello, seu treinador, e ainda astros como Fabio Cannavaro, Lilian Thuram, Gianluca Zambrotta, Patrick Vieira e Zlatan Ibrahimović. Os únicos jogadores de primeira linha que permaneceram foram Alex Del Piero, David Trezeguet, Pavel Nedvěd e Gigi Buffon. Desde então, a Juventus investiu de forma inteligente nos jogadores e treinadores certos, sem nunca gastar além de suas possibilidades.

"Eles muito claramente construíram uma reputação de ser capazes de atrair jogadores com alto potencial por valores modestos, para mais tarde lucrar com isso", comentou Luca. "É uma filosofia que proporciona um respiro nesta era moderna de mercantilismo futebolístico e preços de transferência extravagantes. Em última análise, a coisa se resume à hierarquia do clube e a um modelo de negócios cauteloso. Como é controlada pela família Agnelli desde 1923, a Juve é basicamente uma empresa familiar." Impensável, por exemplo, uma situação em que os Agnelli gastariam dinheiro que não têm em busca de uma glória de curto prazo.

"O ritmo paciente da recuperação do clube pós-*Calciopoli* é o melhor exemplo. Muitos clubes italianos caíram na armadilha de pensar a curto prazo e fazer gastos extravagantes, o que acabou por lhes custar caro — o Parma sob o império da Parmalat, de Calisto Tanzi; a Lazio, controlada pela indústria de alimentos Cirio, de Sergio Cragnotti; e o Torino de Gian Mauro Borsano, no início dos anos 1990. A lista não para por aí — e veja como a história termina para cada um desses clubes. O Parma, arruinado financeiramente; o Torino, rebaixado para a Série B; e a Lazio à beira do abismo. Coisas que simplesmente não aconteceriam na

---

[1] Esquema de manipulação de resultados na temporada 2004-5 da Série A italiana, com o envolvimento de árbitros e dirigentes, cujo desfecho foram punições a quatro dos mais tradicionais clubes do país: Milan, Fiorentina, Lazio e Juventus — este o mais severamente punidos deles, com o rebaixamento à Série B. (N. T.)

Juve." Há uma sofisticação na perspectiva de longo prazo da família Agnelli.

A caminho do complexo de treinamento da Juventus, nosso carro passou pela fábrica da Fiat, propriedade dos Agnelli no endereço da Corsa Giovanni Agnelli. Não se pode subestimar a presença da Fiat na sociedade italiana, mais especificamente em Turim. O grupo é dono da Chrysler e da Jeep e, portanto, domina o mercado automotivo do país. Historicamente, com seus salários pagos pela Fiat, os trabalhadores da fábrica lealmente escolhiam torcer pela Juventus (coadjuvante do Torino durante a década de 1940) num gesto de amor reinvestido. A família Agnelli se tornaria, mais tarde, uma das *tre grandi*, as três grandes famílias que dominaram o futebol italiano nos anos 1980 e 1990, ao lado dos Berlusconi (Milan) e dos Moratti (Internazionale).

Tal é a paixão pelo futebol na Itália que famílias ricas e poderosas decidiram comprar os times pelos quais torciam. Roma, Lazio, Sampdoria, Palermo, Genoa, Udinese e Napoli, todos se tornaram de propriedade familiar nos anos 1990. O modelo começou a ruir por volta de 2010, no entanto. Antes, dava-se grande importância a uma estrutura corporativa familiar. Atualmente, só a família Agnelli se mantém como proprietária de renome. Um comunicado no site da Juve sintetiza a política adotada: "A Juventus se esforça por manter uma relação estável com seus acionistas, gerando lucro pelo desenvolvimento da marca do clube e pelo aprimoramento de sua organização esportiva". Essa abordagem distanciada e sensata do ponto de vista dos negócios é o que diferencia a família Agnelli dos proprietários passionais noutras partes do Mediterrâneo e a razão pela qual o time de Turim é eterno.

Como contratar

Ele posa com a nova camisa nas mãos, sob o espocar dos flashes, sorrindo entorpecido pela décima vez naquele dia. Mil tuítes fazem alarde de sua imagem ao redor do mundo. Os torcedores reagem entre a adulação e a indignação, sem entender exatamente o contexto e os motivos da chegada do jogador. Para a maioria, o caminho que leva um deles a assinar com o clube permanece envolto em mistério. É um processo longo, complicado, que depende de fatores como

DANIEL FIELDSEND

idade, valor, contrato, direitos de imagem, cultura e o modelo de jogo, relações com agentes e ofertas da concorrência, os quais determinam se um time fará ou não um lance por determinado jogador. Ou ao menos tais fatores deveriam ser levados em conta.

Bons clubes, como o Porto e o Sevilla, analisam potenciais contratações por um longo tempo, além de manter outros nomes de contingência, caso as negociações ultrapassem o valor limite predeterminado. "Todos os meses a gente escala o time titular ideal para cada liga. Aí, a partir de dezembro, começamos a assistir aos jogadores atuando regularmente em diferentes contextos — em casa, fora, quando convocados para suas seleções —, de modo a montar o perfil de equipe mais abrangente possível", explicou o diretor do Sevilla, Monchi. Da mesma forma, o Porto trabalha com mais de trezentos olheiros no mundo todo, em vários níveis hierárquicos, que ajudam a compilar um "duplo" do time, com jogadores disponíveis para contratação imediata, caso um dos atuais titulares seja vendido.[XLII]

Mas Sevilla e Porto podem se aventurar mais quando vão às compras. Podem se dar ao luxo de que certas contratações não funcionem, já que sua receita não depende de títulos. A Juventus, um clube que constantemente recruta jogadores perfeitos em suas funções, tem menos margem de erro para compras caras, uma vez que sua posição como superclube só se sustenta pela qualidade das peças do elenco. Em 2014, a Juve foi indubitavelmente a melhor equipe da Itália e terminou o campeonato dezessete pontos à frente da Roma. No ano seguinte, ficou à mesma distância, outra vez da Roma, mas, em 2016, o Napoli ameaçou mais ao chegar em segundo lugar apenas nove pontos atrás do time de Turim. Com muita astúcia e o intuito de se fortalecer ao mesmo tempo que enfraquecia seus rivais, a Juventus então contratou os melhores jogadores de ambos os clubes: Higuaín, do Napoli, e Pjanić, da Roma. "Uma forma significativa de marcar posição tomando ativos das duas únicas ameaças verdadeiras a seu domínio", escreveu o *International Business Times* sobre as transferências. Ambas foram pagas pela venda de Paul Pogba, um francês recrutado a baixo custo entre os reservas do Manchester United anos antes.

A responsabilidade pelas compras da Juventus é de Fabio Paratici, o diretor esportivo. É Paratici quem fala com Andrea Agnelli sobre as transferências e é ele também, indiscutivelmente, o maior responsável pela reconstrução dessa eficiente e moderna máquina que é a Juventus. Chegou ao clube em 2010, vindo da Sampdoria, com a tarefa de renovar um elenco que tinha Momo Sissoko, Miloš Krasić, Vincenzo Iaquinta e Amauri. Junto com Agnelli, Paratici identificou quais jogadores podiam ser mantidos. O clube procurava recuperar o status de força europeia, após o caso *Calciopoli*, e decidiu que Gigi Buffon, Gio Chiellini e Claudio Marchisio deveriam ficar. Todos os demais eram descartáveis. "Trato o dinheiro da Juventus como se fosse meu", afirmou o diretor. "É parte da minha ética pessoal e profissional."[XLIII]

Os principais catalisadores do ressurgimento da Juve, sétimo time da Itália em 2010, foram duas contratações baratas: Arturo Vidal e Andrea Pirlo. Vidal, entediado com a vida na cidade industrial de Leverkusen, encurtou o contrato a conselho de seu então treinador, Jupp Heynckes, que planejava levar o chileno com ele para o Bayern de Munique na temporada seguinte. "Entramos no páreo e a Itália se tornou o destino preferencial para o jogador. Seu agente foi muito inteligente e entendeu a situação", contou Paratici. Andrea Pirlo, 31 anos, já era conhecido. No caso de Vidal, foi necessária uma análise da equipe de recrutamento. As estatísticas mostravam que ele tinha sido o jogador com maior distância percorrida em campo nas cinco principais ligas da Europa. "Um cara que passa horas treinando e depois vai para casa andar a cavalo porque precisa liberar o excesso de energia é feito sob medida para a nossa Juventus. Precisamos dessa energia, desse vigor exemplar. É perfeito para o clube movido a trabalho duro que estamos tentando construir", declarou o diretor à ESPN. Como o Leverkusen não concordava com a ida de Vidal para o Bayern, ele acabou desembarcando em Turim. Daquele sétimo lugar na temporada anterior (e agora com Antonio Conte como seu treinador), a Juventus foi campeã italiana.

Vinhos finos

Pirlo tinha 31 anos, mas, no contexto italiano, ainda era jovem. Ao contrário da França, onde, como explicou o dr. Orhant, todo jogador deve se doar igualmente e dar sua contribuição, independentemente da idade, os clubes italianos consideram seus veteranos um luxo a se

DANIEL FIELDSEND

desfrutar. Sua experiência é vista como um bem intangível, essencial para a construção de uma equipe. A Juventus terminaria a temporada 2016-7 tendo Gianluigi Buffon, 39 anos, Andrea Barzagli, 36, e Dani Alves, 35, como companheiros de time do noviço de 22 anos Paulo Dybala. Luca Hodges-Ramon me explicara que esse privilégio para a maior idade era tanto um fenômeno cultural quanto tático.

"Em primeiro lugar, penso que é importante salientar uma relação mais geral da Itália com o envelhecimento. O que quero dizer com isso é que, culturalmente, os italianos têm um estilo de vida saudável e uma dieta muito boa. A Itália está entre os dez países do mundo com maior expectativa de vida média [82,94 anos]. Na minha experiência pessoal, lembro dos meus *nonni* [avós] como pessoas extremamente ativas, apesar da idade. Meu *nonno* Bruno, por exemplo, continuou a trabalhar na destilaria Poli Grappa, em Schiavon, já na casa dos setenta, talvez até os oitenta anos. Há uma pequena aldeia chamada Acciaroli, no sudoeste da Itália, onde um em cada dez habitantes vive mais de cem anos, o que se explica pela dieta saudável, que privilegia o alecrim, e pelo estilo de vida ativo." Estudos descobriram que mais de trezentos dos 2 mil moradores de Acciaroli chegaram a um século de vida, com 20% desse número tendo atingido os 110 anos. Bom vinho, pequenos afazeres e pouco estresse, bem como a presença próxima da família, seriam determinantes para prolongar a expectativa de vida. "Acho que essa tradição cultural tem que ser levada em conta. De fato, isso tem uma correlação direta com o que se vê entre os atletas do país, pois eles são obviamente socializados e criados nessa cultura. Tenho certeza de que os italianos tendem a comer de forma mais saudável que o jogador britânico médio, por exemplo."

Além disso, Luca aponta para uma tradição tática da Itália que permitiu a Francesco Totti, Paolo Maldini, Luca Toni e Roberto Baggio jogarem até os quarenta anos. "Vou usar o exemplo de Andrea Pirlo na posição de *regista*. Os primeiros indicativos de um jogador nessa função [de meia-armador recuado] vêm do sistema de Vittorio Pozzo, no início do século xx, seu *metodo*. Depois de passar algum tempo na Inglaterra, Pozzo se tornou um admirador da forma como Charlie Roberts, cabeça de área do Manchester United, jogava. Roberts era

A ESCOLA EUROPEIA

capaz de iniciar as jogadas de ataque, algo que Pozzo quis replicar em seu tempo de treinador. Àquela altura, o jogador da função não fazia mais do que compor uma linha defensiva de três homens no meio-campo, inicialmente na posição central da formação 2-3-5. Pozzo adaptou esse desenho tático a seu modo, recusando-se a incorporar um terceiro zagueiro. Em vez disso, queria que seu cabeça de área pudesse distribuir a bola; queria um maestro ou, em italiano, um *regista*."

Luis Monti se tornou esse homem para Pozzo, apesar de ter jogado pela Argentina na Copa do Mundo de 1930. Em 1931 estava na Itália, vindo do San Lorenzo para a Juventus. "De ascendência italiana", explicou Luca entre goles de água, "Monti foi chamado por Pozzo para ser seu *regista*, o meia-armador recuado do *metodo*, já no sistema 2-3-2-3. Ele estava na faixa dos trinta anos, acima do peso, e não era um jogador ágil e dinâmico. Mas tinha exatamente o que Pozzo queria. Recuava quando a Itália perdia a posse e assumia a função de criação quando o time tinha a bola."

Pozzo ganharia a Copa do Mundo de 1934. "O advento dessa posição especializada, na qual um jogador mais velho, com menos mobilidade, podia funcionar bem, foi o gesto precursor para Pirlo se apropriar do papel. Claramente ele é um jogador que resistiu de maneira magistral à passagem do tempo, usando seu inteligente senso de posicionamento e seu estilo flutuante para se manter bem com a idade." A Juventus conseguiu prolongar a carreira de Pirlo como *regista* porque o ambiente cultural da Série A, com seu ritmo mais lento e sua ênfase na tática, assim o permitiu. Tampouco Pirlo precisava correr — tinha Vidal para fazer isso por ele.

Passione e la Velocità

"O clube que trabalha duro" viria a dominar o futebol italiano. Vidal se tornou um modelo para compras futuras, na medida em que o departamento responsável reformulava sua visão de recrutamento. A história começa com Roberto Brovarone, olheiro da Juve desde 2004. Fui ao encontro dele em março de 2016, nas instalações da Juventus em Vinovo, num período em que seu pessoal chegava à lista final de possíveis objetivos para as transferências de verão; o nome de Dani Alves ocupava o topo da lista na maior parte dos relatórios. Chega-se a Vinovo, a pequena

DANIEL FIELDSEND

cidade onde a Juventus treina, por uma estrada em linha reta do centro de Turim, que começa como Corsa Abruzzi, vira Corsa Giovanni Agnelli (endereço da fábrica da Fiat) e termina como Viale Torino. Seguindo para o sul, na direção do Palazzina di Stupinigi, palácio que era uma hospedaria de caça no século XVIII e é tombado pela Unesco, a cerca de dez quilômetros de Turim, os Alpes Graios e seus picos nevados apareciam e sumiam de vista entre os prédios de apartamentos e as ruas largas à minha direita. Fácil entender por que Vidal escolheu trocar a fumaça das fábricas de Leverkusen pelo ar limpo de Turim.

Roberto testemunhou os *Bianconeri* ressurgirem das cinzas e se tornarem um superclube. Seu papel nos bastidores, caçando tanto talentos jovens quanto jogadores veteranos, juntamente com o trabalho tático de Antonio Conte e as contratações de Fabio Paratici, foi um fator importante no renascimento da Juve. Todos os olheiros devem compilar relatórios sobre os jogadores para alimentar a base de dados da *Vecchia Signora*. São poucos os jogadores no mundo sobre os quais a Juve não tem conhecimento, especialmente abaixo dos vinte anos de idade. O relatório de um olheiro da Juve é dividido em três perfis — físico, técnico e tático — e mais uma conclusão: "Gostamos de dar liberdade aos nossos olheiros para escrever esses relatórios", disse Roberto quando perguntado sobre as áreas cobertas por ele. "Normalmente não há um modelo 'Juventus' para os perfis. O olheiro é capaz de criar seus próprios gráficos para nos dar uma ideia dos jogadores. Temos olheiros com qualificação de analistas e outros com sensibilidade, com *feeling* para jogadores. É importante ter um equilíbrio entre os dois tipos."

Enquanto conversávamos, a tela do telefone dele se iluminou. Roberto é tão educado que, em vez de atender o que provavelmente era uma ligação importante, virou o telefone na mesa. Retomando o raciocínio, explicou a estratégia de recrutamento da Juve, de crianças locais a superestrelas internacionais. "Temos três departamentos. O primeiro é o de olheiros internacionais para o time de cima. O segundo, o de jovens talentos nacionais e internacionais; e o terceiro, o regional do Piemonte. Abaixo de catorze anos, só podemos contratar jogadores da região. Nesse departamento, temos nove olheiros. Eles

A ESCOLA EUROPEIA

são como chefes regionais, com 38 voluntários trabalhando abaixo deles que assistem a jogos no Piemonte. Somos o clube mais forte aqui [os demais são Torino, Novara e Pro Vercelli], então precisamos superar nossos rivais nesse trabalho para atrair os melhores jogadores locais."

O telefone de Roberto voltou a chamar, indicando que o assunto devia ser mesmo importante. Ele olhou para o aparelho que vibrava, apanhou-o na mesa, recusou a ligação e, depois de silenciar o toque, colocou-o na gaveta da escrivaninha. Elegante. "O segundo departamento é o nacional", continuou. "É chefiado por Claudio Sclosa [companheiro de time de Paul Gascoigne na Lazio]. Ele trabalha conosco há quatro anos. Temos dezessete olheiros atuando em todas as regiões para monitorar os melhores jogadores com idades entre quinze e dezenove anos. Também assistimos a cerca de oitenta partidas por semana e focamos nos nossos alvos. Do ponto de vista das categorias de base, sabemos quais são as necessidades de cada equipe. Por exemplo, se falta um zagueiro central no time dos nascidos em 1999, vamos nos concentrar nos melhores da posição na Itália. Também podemos contratar jogadores de fora do país [desde que sejam da União Europeia] quando completam dezesseis anos."

São duas as áreas de recrutamento internacional: há os olheiros do time de cima (três profissionais) e aqueles que se concentram, mundo afora, nos sub-20 (quatro profissionais). Jogadores sul-americanos só podem ser contratados se forem maiores de dezoito anos, e a Juventus obedece ainda à limitação legal que estabelece que os clubes italianos podem contratar apenas um não europeu por temporada.[2] Seja ele o argentino Dybala ou o brasileiro Alex Sandro, deve estar entre os melhores jogadores do mundo. "Esses quatro olheiros do sub-20 acompanham as mais prestigiadas competições da Europa, os torneios de formação da Uefa e a Eurocopa, além de assistirem aos melhores amistosos internacionais. Monitoramos as ligas sub-18 da Suíça, França, Alemanha, Espanha, de tudo quanto é lugar", explicou Roberto. "Buscamos os melhores jogadores nessas categorias.

---

[2] A legislação italiana sobre o número de jogadores de fora da União Europeia com os quais um clube pode assinar é complexa e varia.

DANIEL FIELDSEND

Precisamos melhorar o nível técnico de todas as nossas equipes. Um trabalho diferente é feito para o time de cima: os três olheiros dessa categoria acompanham os cinco principais campeonatos da Europa e da América do Sul, concentrando-se nos melhores jogadores, nos mais adequados ao nosso elenco. Aqui na Europa, toda semana vamos a três ou quatro partidas na Inglaterra, na Alemanha, na França, na Espanha etc. e uma vez por mês um dos nossos olheiros viaja à América do Sul. O chefe do departamento é Javier Ribalta, um jovem espanhol que está conosco desde 2012. Atualmente ele tem trabalhado muito na América do Sul. É assim que nos organizamos, marcando os alvos para a próxima janela de contratações."

O espanhol

"Falando nisso", Roberto ficou de pé e olhou para a porta. Pablo Longoria entrou na hora certa, recém-chegado do aeroporto. Tinha estado na Argentina observando um jogador e passaria o final da tarde atualizando o banco de dados da Juventus. Pablo é uma espécie de prodígio. Aos 21 anos, já era o olheiro europeu do Newcastle, depois de passagens bem-sucedidas pela mesma função no Recreativo de Huelva e no Racing Santander. Do Newcastle, Longoria foi para a Atalanta (principal rival da Juve na base) e para o Sassuolo, onde garimpou jogadores para o rico e ambicioso dono do clube, Giorgio Squinzi. Ainda na casa dos vinte anos, Pablo gerencia o trabalho de olheiros da Juventus em toda a Europa.

Assim que fomos apresentados, ele passou a explicar o uso da tecnologia no recrutamento contemporâneo: "O processo é como uma pirâmide. Na base, temos o recurso dos vídeos. Antes de viajar para a Romênia, assistimos a um jogo no WyScout. Depois disso, compilamos a atuação do jogador em dois ou três jogos; só então vamos ao país para ter aquele *feeling*, e dois ou três olheiros repetem a viagem para ver se sentem o mesmo potencial".

Os tradicionalistas vão ficar aliviados ao saber que os clubes ainda observam os jogadores em carne e osso. Fatores como rendimento, determinação e jogo coletivo são mais visíveis ao vivo do que na tela. "Aí conversamos com o chefe dos olheiros e fazemos a sugestão ao diretor esportivo, no topo da pirâmide. Também pode acontecer o inverso. Se o

A ESCOLA EUROPEIA

diretor gostar de um jogador, ele nos diz e fazemos todo o procedimento para aquele alvo. Nos campeonatos menores, nosso sistema é começar a observar os jogadores quando têm de quinze a dezesseis anos, jogando pela Romênia, por exemplo. É um risco gastar dinheiro viajando para assistir a um jogo antes de ter visto o jogador várias vezes."

Nos seis anos seguintes, as contratações de Fabio Paratici renderam à Juventus cinco campeonatos nacionais, duas Copas da Itália e duas finais da Champions League. Nos anos anteriores, como comparação, o clube terminou duas temporadas consecutivas em sétimo lugar na liga. Agnelli apenas assistia à supremacia dos dois clubes de Milão. Desde então, a Juve subiu para o quinto posto no ranking da Uefa para a temporada de 2016, depois de ter ocupado a 43ª posição (atrás do København e logo à frente do Espanyol) no ano em que Paratici chegou ao clube. Nove dos titulares (à exceção de Buffon e Marchisio) que jogaram a final da Champions League de 2015, em Berlim, assinaram com o clube sob a administração de Paratici, tendo custado ao clube:

Nome	Origem	Temporada	Preço (em libras)
Andrea Barzagli	Wolfsburg	2010-1	255 mil
Leonardo Bonucci	Bari	2010-1	13,18 mi
Stephan Lichtsteiner	Lazio	2011-2	8,5 mi
Andrea Pirlo	Milan	2011-2	0
Arturo Vidal	Leverkusen	2011-2	10,63 mi
Paul Pogba	Manchester United	2012-3	800 mil
Carlos Tévez	Manchester City	2013-4	7,6 mi
Patrice Evra	Manchester United	2014-5	1,62 mi
Álvaro Morata	Real Madrid	2014-5	17 mi

Sobre Carlos Tévez, o indesejado do Manchester, Paratici disse à imprensa: "Acredite em mim: em algum lugar dentro daquele cara existe uma necessidade de provar que seus críticos estão errados, uma necessidade de deixar uma imagem melhor para a história; e ele tem muita ambição, só precisa de um time e de um treinador que acreditem nele. É um verdadeiro astro, um jogador espetacular". Os olheiros do clube de Turim tiveram *feelings* quanto a Tévez, Pirlo e Evra e sondaram pessoas próximas aos jogadores para saber se desejariam fazer parte da nova máquina da Juventus.

É uma abordagem de recrutamento "centrada nas pessoas" que há muito tempo tem sido uma marca ali. "Pense em Gigi Buffon, uma lenda do clube que fez seu preço, de 32 milhões de libras, parecer uma barganha", lembrou Luca. "Pavel Nedvěd é outro que vem à mente. A Juve pagou à Lazio 35 milhões por ele, mas é mais um que se tornou uma lenda, hoje vice-presidente da Juve. O que reforça a ideia de que as compras não se pautam apenas pelo potencial de sucesso em campo desses jogadores, mas pelo objetivo de obter rentabilidade ou sustentabilidade futuras. São jogadores que se encaixam no modelo da Juve e incorporam o *ethos* familiar do clube."

Avanço

Em contrapartida, em *The Secret Diary of a Liverpool Scout* [*O diário secreto de um olheiro do Liverpool*] — um dos poucos livros publicados sobre a atividade do olheiro tradicional — o autor, Simon Hughes, descreve o processo que levava um dos principais entre eles, Geoff Twentyman, a recomendar um jogador nos anos 1960, 1970 e 1980. Seu método não era nada complicado: "Se percebo o menor sinal de habilidade, faço um relatório sobre o jogador. Volto para conferi-lo jogar novamente. E me certifico de que não vai escapar da minha rede". O Liverpool contratou jogadores do norte da Grã-Bretanha ao longo de toda sua era mais bem-sucedida, com Twentyman encarregado de viajar de carro por horas a fio para assistir a partidas (em divisões inferiores, entre reservas, nas ligas de domingo) várias vezes por semana. Ele mantinha um caderno repleto de nomes de jogadores, com as datas em que os vira jogar e comentários para referência futura. De Phil Neal, a quem assistiu quatro vezes, ele comentou: "foi bem, boas perspectivas". Neal tinha 23 anos e jogava pelo Northampton Town, da Terceira Divisão, mas Twentyman ficou impressionado com o fato de ele ser ambidestro, além de ter

A ESCOLA EUROPEIA

ouvido comentários favoráveis dos torcedores sobre a personalidade do jogador. Em outubro de 1974, Twentyman disse a Bob Paisley que voltaria a ver Neal. Paisley acreditava na palavra de Twentyman quando dizia que o jogador era bom, assim como Shankly antes dele, e conseguiu que o presidente Peter Robinson entrasse em contato com o Northampton Town. O secretário do clube trouxe Neal de carro para Melwood e o contrato foi fechado por 66 mil libras. Quatro títulos da Copa dos Campões da Europa e oito do campeonato inglês provaram que Twentyman descobrira uma joia.[3]

Hoje em dia, o processo de recrutamento de um jogador é muito diferente, mas a ideia subjacente continua a mesma. É a de obter vantagem sobre o inimigo. Historicamente, era uma prática militar por meio da qual os generais, ao enviar soldados montados para fazer o reconhecimento do terreno inimigo, reuniam informações sobre os pontos fortes e fracos de quem lutava do outro lado. No futebol, olheiros que trabalham para clubes rivais sabem bem da existência uns dos outros e continuam a travar uma espécie de guerra. Esses profissionais trabalham para encontrar os melhores jovens talentos antes dos rivais, o que significa possivelmente contratar o jogador por menos dinheiro. Três coisas não mudaram da estratégia de Twentyman para a da Juventus, hoje: parte do processo ainda é a comunicação constante (Twentyman mandava cartas, ao passo que os olheiros agora usam celulares); é preciso ter contatos de confiança (muitas pessoas querem forçar negociações); e a rotina é de viagens ao longo do ano todo. A diferença, atualmente, é que a Juventus e outros grandes clubes pagam desenvolvedores de software (como WyScout e Scout7) para compilar vídeos de jogadores do mundo todo. Isso quer dizer que, antes de pegar um avião, os olheiros assistem ao jogador na tela. Já Twentyman, em suas idas e vindas pela rodovia M6 nas manhãs de inverno, não tinha ideia de quem ou o que encontraria.

"O sr. Paratici conversa com os olheiros e treinadores para analisar quais jogadores eles devem acompanhar e a possibilidade de a gente mandar outros olheiros para observá-los", Roberto me contou. "Fazemos um breve relatório mensal no qual definimos em quais jogadores

---

[3] HUGHES, S. *The Secret Diary of a Liverpool Scout*. London: Trinity Mirror Sport Media, 2011.

DANIEL FIELDSEND

focar naquele mês e analisamos os melhores jogos para vê-los atuar. É um esquema simples. No início da temporada, também trabalhamos com vídeos: antes de viajar para observar um jogador, assistimos a atuações dele no WyScout. Cada olheiro vê uma porção de jogos de todas as ligas — Hungria, Grécia, Bélgica — porque precisamos enxergar os jovens jogadores interessantes antes dos nossos rivais. Na Inglaterra, particularmente, os clubes os atraem muito rapidamente e muito jovens." A Juventus tem que se mexer sem demora na América do Sul para descobrir jogadores de ascendência italiana. Se um argentino tem um avô italiano, por exemplo, a Juventus pode contratá-lo.

Pablo Longoria abriu seu laptop. Um relatório típico compila os perfis técnico, tático e físico de um jogador, bem como traz comentários de outros olheiros que o viram jogar. No entanto, apesar de a Juventus ter um modelo de jogo específico e uma formação tática, não busca apenas jogadores que caibam nesse modelo (3-2-3-2): prospecta todo tipo de talentos, incluindo alas. "Normalmente conversamos com eles [os olheiros] sobre diferentes habilidades a analisar. Por exemplo, para que o perfil seja de um lateral direito topo de linha, é preciso que ele tenha jogado como ala em algum momento e mais tarde se adaptado a jogar recuado, de modo que tenha antes qualidades no apoio. Todos os jogadores que fizeram a função de alas no passado têm um conjunto de habilidades que nossos olheiros devem analisar. Então nos perguntamos, no caso de uma vaga nessa posição, se o candidato sabe jogar como lateral." Dani Alves, no Bahia, e Patrice Evra, no Nice, começaram suas carreiras como alas. O departamento observa o jogador para ver se é adaptável em outra posição, antes de contratá-lo. O clube sabia bem que Leonardo Bonucci se formara como meio-campista nas categorias de base da Inter de Milão, o que lhe dera a qualidade de passe da qual mais tarde viria a se beneficiar.

Quando estava interessado num jogador, Geoff Twentyman ia vê-lo jogar fora de casa para conferir como lidava com a pressão. Era um pequeno truque que ajudava a neutralizar um dos únicos perigos na atividade de olheiro. Pode-se fazer considerações sobre a técnica, a condição física e o posicionamento tático de um jogador, mas não sobre seus atributos mentais. Pablo, apesar de reconhecer

A ESCOLA EUROPEIA

que de fato é muito difícil medir a resistência mental, explica que, na Juventus, o pessoal do recrutamento tenta avaliar um jogador em várias situações, como fazia Twentyman, de modo a testar como se sai fora de sua zona de conforto. A Juve também pede para assistir ao jogador treinando, se possível, e ver como trabalha no dia a dia. Twentyman não tinha tal acesso, por isso conversava com torcedores no meio da multidão para ouvir o que diziam do jogador.

Ao cortejar Carlos Tévez, a Juventus ouviu que se tratava de uma personalidade difícil (um fator que contribuía para sua desvalorização). O clube investigou cuidadosamente e descobriu que Tévez era alguém que jogava com incrível determinação e vontade. O argentino foi um dos pilares do sucesso dos *Bianconeri*, ajudando-os a ganhar mais dois títulos da Série A, em 2014 e 2015, e acabou eleito como melhor jogador do campeonato em 2015.

A ambição dos treinadores

No dia seguinte, voltei a Vinovo para um encontro com o pessoal das categorias de base. Ao longo da Corsa IV Novembre, torcedores da Juventus se aglomeravam às centenas diante do recém-construído Estádio Olímpico, do Torino, entoando cantos e acendendo fogos de artifício, numa atmosfera bastante animada em preparação para o dérbi daquela tarde. Eram dez da manhã. O pontapé inicial só seria dado às três da tarde. As torcidas organizadas da Itália protestavam em massa, de modo a criar um movimento unido de resistência à antecipação do horário de início dos jogos (em benefício dos telespectadores asiáticos). O que, na versão das organizadas da Juventus, se tornou uma demonstração de fanatismo na hora da missa para provar à liga que seus rituais em dia de clássico não se deixariam diluir.

Se na Grã-Bretanha trabalhar na base é frequentemente visto como rito de passagem para se tornar treinador do time de cima — Brendan Rodgers no Chelsea, Mark Warburton e Sean Dyche no Watford, Eddie Howe no Bournemouth —, na cultura italiana jovens técnicos e jogadores aposentados devem pular essa etapa para se concentrar no trabalho com os profissionais. Para isso, começam numa divisão inferior. Marcello Lippi treinou Pontedera, Siena, Pistoiese e Carrarese entre os amadores

175

DANIEL FIELDSEND

antes de chegar a Cesena, Lucchese e Atalanta, clubes de segundo escalão na Série A. Lippi ganharia a Copa do Mundo com a Itália. Antonio Conte foi técnico de Arezzo e Bari antes da Juventus. O vendedor de sapatos Arrigo Sacchi trabalhou no Rimini e no Parma antes do Milan. Sem nunca ter sido jogador, Alberto Zaccheroni comandou Cesenatico, Riccione e Boca Pietri, na oitava divisão do futebol italiano, e só então galgou os degraus até o Milan e a Inter. O campeão mundial Enzo Bearzot começou no Prato, da Série C, e o pai do Milan, Cesare Maldini, treinou Foggia e Ternana, depois o Parma.

Massimo Allegri, o treinador da Juventus, e anteriormente de SPAL, Grosseto e Sassuolo, declarou ao *Independent*: "Esse tempo nos times de província é inestimável. A gente ganha a experiência fundamental necessária para ser um treinador de sucesso porque, enquanto todos sonham com um grande clube, primeiro é preciso aprender o ofício".[XLIV] Carlo Ancelotti começou na Reggiana e contou, em sua autobiografia, que a primeira oportunidade no comando de um time foi uma época de incerteza: "Durante boa parte de minha primeira temporada na Reggiana eu não tinha nem a licença de treinador. (...) Para mim, foi muito complicado aceitar e entender que eu era o comandante. Sabia das minhas incapacidades, das minhas próprias vulnerabilidades e não conseguia acreditar que os demais não enxergavam isso."[4]

São sentimentos naturais para qualquer pessoa começando num novo emprego. Os treinadores italianos mencionados foram sábios ao decidirem trabalhar no aperfeiçoamento de seus pontos fracos longe dos holofotes da crítica. Em vez de aceitar de cara um posto num clube de sucesso, começar por baixo oferece, comparativamente, uma oportunidade de se concentrar nas próprias fraquezas.

Sir Alex Ferguson, um homem reverenciado pelos italianos, também numa de suas autobiografias (a primeira delas), fez observações parecidas sobre quando, ainda chamado de Alec, começou a se aventurar como treinador, no East Stirlingshire, em 1974: "Eu aprendia algo novo sobre a função todos os dias e, embora cometesse erros, não os repetia".[5] A jornada pelas trilhas da história precisa começar de algum lugar. Na

---

[4] ANCELOTTI, C.; BRADY, C.; FORDE, M. *Liderança tranquila*. Campinas: Grande Área, 2018.
[5] FERGUSON, A. *Managing My Life*. London: Hodder Paperbacks, 1999.

A ESCOLA EUROPEIA

Grã-Bretanha, começa nas categorias de base; na Itália, num posto de treinador nas divisões inferiores.

No entanto, porque os treinadores italianos seguem esse roteiro para dominar o ofício, o conhecimento fica concentrado no topo da cadeia e, como resultado, a qualidade é menor na base. Em Vinovo, discuti a questão com o diretor técnico do centro de formação da Juve, Stefano Baldini. "É uma questão de mentalidade. Na minha opinião, os melhores treinadores do mundo são italianos, sim, mas apenas no profissional. Não estou certo de que produzimos os melhores na base. São dois jogos diferentes. Concordo que os técnicos italianos são os mais destacados, mas sei que em outras culturas, como na Holanda e em Portugal, os jovens jogadores recebem treinamento melhor. Na Europa, há outro sentimento ou atitude em relação ao futebol de base. É só minha opinião." O conhecimento que se adquire em Coverciano, centro de formação ligado à seleção da Itália, nos arredores de Florença, instalado no que mais parece uma universidade medieval onde treinadores filosofam sobre questões táticas, não influencia as categorias de base do país tanto quanto poderia. Para Baldini, a falta de foco na formação dos jovens limita o potencial da Itália.

Técnica ou tática?

O Juventus Center é outra instalação que abriga tanto o time de cima quanto os da base. Vejo uma silhueta contra a luz de uma das janelas principais que dá para o campo, lá embaixo — Baldini assiste a um jogo da categoria sub-11 entre Juventus e Milan. A Juventus compete com a Atalanta pelo título de "melhor centro de formação da Itália", mas o desafio é maior que isso. A missão de Baldini é ajudar a Juventus a ter as melhores categorias de base da Europa, não apenas do país. Afinal de contas, a palavra "juventus" deriva da palavra em latim que significa "juventude". "Um dos problemas que enfrentamos é o de não ter muita concorrência no Piemonte. Jogamos contra o Torino e o Novara, mas somos obrigados a organizar torneios pela Itália e pela Europa para ter adversários à altura. Isso é algo que estamos tentando mudar. Dois ou três anos atrás, começamos a viajar pelo mundo. Neste momento, nossos titulares entre os nascidos em 2004

DANIEL FIELDSEND

estão no Brasil, e os reservas, em Portugal. Os meninos de 2005 viajaram para a Suíça." Em países menores, concorrência é o que não falta. A região de Londres abriga centros de formação famosos, como os de Chelsea, Arsenal, Tottenham, Crystal Palace, Charlton, QPR, Fulham e West Ham. Há jogos regulares entre os times, o que permite que cooperem e se desenvolvam com mais qualidade. Nações maiores, como a Itália, onde os clubes estão mais espalhados, enfrentam dificuldades para organizar competições. Um fator importante na história da evolução dos centros de formação na Holanda é a organização concisa de seus clubes.

Até hoje a Itália continua a produzir jogadores taticamente inteligentes, mas o futebol evoluiu. Falando dessa cultura de formação de talentos táticos e do dilema que o país enfrenta atualmente, Baldini comentou: "Acho que é uma questão de metodologia. Conversamos bastante sobre opções com os meninos. Sobre pensar e atuar taticamente. Na mentalidade italiana, pensamos primeiro em desenvolver o lado tático, para só mais tarde treinar a parte técnica. Historicamente sempre foi o mais importante para nós. Agora a ideia é mudar um pouco, porque queremos melhorar a técnica dos nossos jogadores tanto quanto sua compreensão tática. Nos últimos dez anos, nosso futebol cresceu mais rápido como jogo. Temos um probleminha, aqui na Itália, porque pensamos demais, mas, se o jogo é lento, fica complicado. No futuro, precisamos encontrar um equilíbrio, de forma a desenvolver ambas as coisas".

A Alemanha forma jogadores talentosos com e sem a bola, o que Müller e Götze encarnam bem. "Nas categorias de base alemãs, há uma grande ênfase na combinação de tática e técnica", eu ouviria mais tarde de Nico Kammann, técnico no Bayern de Munique. No caso da Itália, será preciso achar um equilíbrio; o risco é que, se forem longe demais na direção da técnica e negligenciarem sua herança tática, os italianos podem acabar como o Brasil, um time extremamente técnico mas sem disciplina (batido por 7 × 1 na Copa do Mundo de 2014 pela Alemanha, no que se tornou, para quem assistiu, o "Casamento Vermelho"[6] do futebol). Baldini acredita que os centros de

---

[6] O autor compara, aqui, o maior desastre da história da Seleção Brasileira a um dos momentos mais trágicos e violentos da saga literária *As crônicas de gelo e fogo*, de George R. R. Martin, e também da série *Game of Thrones*, no qual se encena uma traição motivada por poder que resulta num sangrento massacre – como aquela semifinal de Copa entre Brasil e Alemanha. (N. T.)

A ESCOLA EUROPEIA

formação do país devem continuar treinando tática, mas também encontrar uma maneira de desenvolver a técnica nos meninos. Ele explicou como fazer isso nos treinos: "É mais perguntar aos jogadores: 'Por que você veio para esse lado?', 'Por que recuou a bola?', 'Por que correu para o ataque?'. É pedir que eles pensem, pensem, pensem. E dá para começar com as perguntas quando os caras têm seis anos de idade — por que não? Eles são pequenos, mas não são burros". A terceira lei de Isaac Newton estabelece que para toda ação há uma reação. Na Juventus, os jovens são treinados para entender isso desde cedo; a esperança é que cresçam capazes de compreender quais ações são necessárias para ganhar títulos.

11.
ESTILO, HISTÓRIA, PRESTÍGIO, MILAN

A viagem de Turim a Milão não leva mais do que uma hora, passando pela casa do primeiro campeão italiano de futebol, o Pro Vercelli. A primeira impressão de Milão é de grandiosidade; a Estação Centrale foi projetada para representar o poder do fascismo de Mussolini no final da década de 1920. A Centrale poderia ser um palácio, com suas cúpulas de mármore e estátuas sobre pedestais. Só que ao fundo, onde deveriam ficar os tronos, trens de alta velocidade vêm e vão. À saída do terminal principal, o visitante dá de cara com um telão anunciando Dolce & Gabbana. Butiques com fachadas em preto vendem Calvin Klein e Versace. Música de passarela em alto volume é a trilha sonora dos passageiros nas escadas rolantes. Ninguém tem pressa, todo mundo é descolado. É como se Milão tivesse uma autoimagem a apresentar. A elegante autoconfiança da cidade é contagiante; um sujeito, sem ser exatamente afetado, é capaz de fumar pelo efeito visual. Nas mesas do lado de fora de um bistrô, casais bem vestidos bebem vinho; os homens usam camisas, as mulheres, suéteres, todos de óculos de sol ovais. Paparazzi passam zunindo em lambretas, atrás de uma moça aparentemente famosa, mas os casais mal interrompem a conversa. Sofisticação é um estado de espírito. Apenas o futebol, mais do que a moda ou a comida, tem o poder de mexer com os sentidos dos milaneses.

DANIEL FIELDSEND

Ao longo dos anos 1980 e 1990, o Milan ganhou fama como o clube que melhor conseguia manter o equilíbrio, no elenco, entre superastros globais e jovens formados na base. Os três maiores recordistas em número de jogos pelo clube passaram pelo Primavera (o time jovem do Milan): Paolo Maldini (647 partidas), Franco Baresi (531) e Billy Costacurta (458). Ao longo dos anos, como que para reforçar sua relação com esses profissionais, ao mesmo tempo mantendo uma imagem de grandeza, o clube investiu numa espécie de elixir. Em 2002, depois de ver a talentosa carreira do meio-campista Fernando Redondo ser destruída por lesões, pagou a construção do "Milan Lab". Jean-Pierre Meersseman, um quiroprático belga, foi contratado e implantou uma nova perspectiva: "Idade não existe. O que conta é estar física e psicologicamente preparado para jogar", declarou ele.

Em 2007, ao colocar em campo um time titular com média de idade de 31,3 anos, o Milan, graças ao laboratório de Meersseman, se vingou do Liverpool na final da Champions League.[1] Na maior parte da década, seus jogadores foram vistos como semideuses, capazes de manter o desempenho muito além do que muitos considerariam o "pico" da carreira.

No entanto, a mesmíssima estratégia que trouxe sucesso ao clube acabaria por precipitar-lhe a queda — como no voo de Ícaro. Aquela confiança excessiva nos veteranos cegou o Milan à necessidade de formação de jovens jogadores. *Sir* Alex Ferguson declarou à Harvard Business School: "A ideia é que os jogadores mais jovens sejam formados para ficar à altura dos padrões anteriormente estabelecidos pelos mais antigos". Em vez de alimentar o ciclo, o Milan criou uma barreira invisível para a ascensão dos jogadores. Seu declínio entre 2010 e 2016 refletiu a negligência com o Primavera. Em 2011, tinha o elenco mais velho da Série A, com van Bommel, Inzaghi, Seedorf, Nesta, Ambrosini, Abbiati e Zambrotta; a idade média era de 31,2 anos. Cinco anos depois, em 2016, Silvio Berlusconi disse ao novo

---

[1] O time titular era: Dida (32 anos), Oddo (30), Nesta (31), Maldini (38), Jankulovski (29), Gattuso (29), Pirlo (27), Ambrosini (29), Seedorf (31), Kaká (25) e Inzaghi (33). O clube tinha ainda Cafu (36) e Costacurta (40) no elenco daquele ano. Maldini se aposentaria aos quarenta anos, Inzaghi aos 38, Nesta e Seedorf aos 36 e Gattuso se transferiria ao Sion com 35.

treinador, Vincenzo Montella, durante um jantar, qual era seu sonho derradeiro para o Milan: "Quero um time jovem, basicamente de italianos formados na nossa base".

O Milan de Montella veio a ser o terceiro time mais jovem da Série A: média de 24,4 anos. O ex-jogador Filippo Galli, diretor do Vismara (centro de formação localizado na periferia da cidade), foi o homem à frente do ressurgimento da juventude no Milan. Vismara voltou a ser central para a formação de jogadores no clube, com Gianluigi Donnarumma e Manuel Locatelli vencendo a barreira e chegando a um time de cima perigosamente avesso à renovação. Na entrada do complexo de treinamento, há uma imagem em silhueta de um jogador de futebol, seu corpo moldado por nomes formados no Milan: Aubameyang, Coco, Abate, De Sciglio, Cristante, Maldini, Albertini, Borriello, Casiraghi, Antonelli, Cudicini, Baresi, Galli, Donadel, Donnarumma, Matri, Costacurta, Paloschi, Darmian. O jogador em silhueta foi deliberadamente colocado à entrada para que os jovens que cheguem para treinar se sintam inspirados a acrescentar os próprios nomes àquela imagem.

O ressurgimento

Depois de várias idas e vindas por telefone, Galli e eu marcamos horário para um encontro. Um sol italiano ameno começava a se pôr naquele final de tarde. Não havia seguranças e as portas do prédio principal estavam abertas a quem passasse por ali. Treinadores, analistas, fisioterapeutas e uma variedade de outros membros da equipe, todos usando o famoso uniforme vermelho e preto do Milan, sorriam sem interromper seus afazeres. Vismara é um ambiente amistoso, descontraído, mas de determinação. Filippo Galli espiou por cima dos óculos assim que ouviu as batidas à porta. "Daniel?", ele sorriu, convidando-me a entrar e sentar. Antes de começarmos a discutir o ressurgimento da juventude no Milan, ele me contou sobre o tamanho de sua admiração pelo futebol inglês: "Watford está no meu sangue, ainda que desde os cinco anos eu torça pelo Milan; e amo o Liverpool desde 1984, quando o time veio jogar contra a Roma aqui". Ele então escalou, em menos de dez segundos, os onze titulares do Liverpool que começaram jogando naquela noite. O diretor do centro de formação, hoje esse sujeito de óculos, tinha quase quarenta anos quando vestiu a camisa do Watford sob o comando de Gianluca Vialli, numa época em que o futebol inglês experimentava as primeiras influências europeias. "O que eu achava incrível era a atmosfera no estádio. Tenho certeza que, se voltar a Vicarage Road, eu choro."

Galli ganhou três Copas dos Campeões da Europa, formando a maior zaga da história do futebol. Faz parte da realeza do esporte. No Milan da década de 1980, seus companheiros de equipe eram Baresi e Maldini; Gullit, Rijkaard e van Basten. Como jogador, ouviu os ensinamentos de Arrigo Sacchi e Fabio Capello, e agora os passa adiante nas categorias de base de seu clube. Ali, é importante preservar esse patrimônio. Galli é um elo entre a Milão contemporânea e os antigos dias de glória.

"Claro, esses dois treinadores [Sacchi e Capello] são parte da nossa história, precisamos sempre ter em mente o que eles nos ensinaram, mas acho que não é suficiente [olhar para o passado]. O que Sacchi nos legou era novo para a cultura italiana da época, e Capello trabalhou a partir disso." Mas agora o Milan precisa vencer jogando conforme o que Galli descreve como "filosofia Berlusconi": "Ganhar exibindo um futebol eficaz e agradável". O clube encampa o trabalho duro nos movimentos sem bola entre as transições, como queria Sacchi, de modo a manter alta a marcação por pressão, bem como os padrões impecáveis de Capello. De acordo com a biografia deste último, escrita por Gabriele Marcotti, *Portrait of a Winner* [*Retrato de um vencedor*], as diferenças entre Capello e Sacchi são de personalidade. Capello, treinado por Berlusconi para ser um homem de negócios, tinha a visão de um gerente sobre o profissionalismo. Sacchi era um estrategista revolucionário. "Defensivamente, o principal era pressionar, com os quatro da zaga formando a linha de impedimento. Mas, no terço alto do campo, os jogadores tinham mais oportunidade de se expressar" e maior liberdade sob Capello do que com Sacchi.[2]

Galli jogou com os dois. Foi um dos peões nas manobras sem bola dos treinamentos de Sacchi e recebeu longas e sábias preleções

---

[2] MARCOTTI, G. *Capello: Portrait of a Winner*. Londres: Bantam Press, 2008.

A ESCOLA EUROPEIA

de Capello. Acima de tudo, no seu tempo de jogador, Galli foi bom ouvinte e um estudioso do futebol. É um homem impregnado dos valores do Milan como instituição e, tendo feito parte dos anos de glória do clube, exerce uma função valiosa para seu ressurgimento. "Aqui trabalhamos um dia depois do outro, sem perder de vista os princípios fundamentais do jogo", explicou ele, listando os pontos-chave, princípios simples, ensinados aos jovens da base desde tenra idade. São eles:

- perceber os espaços;
- ocupá-los de forma racional;
- perceber a situação numérica do jogo (sobrecarga ou subaproveitamento);
- acertar o momento de cada decisão.

Foi Sacchi quem ensinou a Galli, Maldini, Baresi, Tassotti e, na verdade, a todos os jogadores do grande time do Milan a reconhecer e explorar espaços. Seu jogo compacto e adiantado foi pioneiro para a época: "Se o time se movesse como um só, cada jogador constantemente se ajustando ao que acontecesse em campo, seria quase como jogar com treze ou catorze homens", declarou o treinador a Marcotti. Quando os treinadores foram estudar o Milan de Sacchi e Capello e, em muitos aspectos, passaram a copiar seus métodos (Rafa Benítez é um discípulo confesso), o jogo se atualizou e acabou por superá-los. Galli, no entanto, seguiu estudando. No profissional, trabalhou mais tarde com Leonardo e Carlo Ancelotti, observando, em particular, a forma como se comunicavam com uma nova geração de jogadores. "Alguns princípios precisam ser treinados. As ferramentas que temos são a parte do jogo ou os momentos da partida que devemos traduzir para os treinos, como sair jogando, posse de bola e finalizações. Aí tem os exercícios, distribuídos ao longo do programa semanal de treinos." Os meninos do Milan treinam segundo um programa de desenvolvimento taticamente periodizado, não muito diferente daquele que discutimos no Porto.

Como ex-jogador ali, Galli acredita que um futebolista aposentado, se for também um bom professor, pode transmitir aos jovens o

DANIEL FIELDSEND

que significa jogar pelo clube. "É importante para nós, especialmente quando o ex-jogador se dá conta de que o que está em jogo é também o futuro do clube, e não apenas seus feitos individuais no passado. Quando põem sua experiência a serviço dos jovens jogadores, somos nós que nos beneficiamos." Berlusconi almeja preservar a ligação com a era gloriosa do Milan e acredita que ex-jogadores entendem os valores do clube melhor do que gente de fora. Desde a virada do milênio, o time tem sido comandado por veteranos aposentados: Cesare Maldini, Mauro Tassotti, Carlo Ancelotti, Leonardo, Clarence Seedorf, Filippo Inzaghi e Cristian Brocchi.

Embora reconheça ser uma vantagem para os treinadores quando já chegam impregnados da cultura do Milan, Galli acredita que eles também devem oferecer novas ideias. "São obrigados a começar do zero. É vantajoso o cara ter sido um bom jogador, mas precisa ser um bom professor. Há uma diferença quando se trata de ensinar futebol. A relação entre treinadores e jogadores é muito importante no processo de aprendizagem. Os meninos da base também têm a possibilidade de ler sobre nossa história na internet e na mídia em geral. É assim que percebem estar treinando num clube muito importante e vestindo uma camisa cheia de glórias." Donnarumma, dezessete anos, tinha pôsteres de Abbiati (seu companheiro de equipe e o homem de quem tiraria a camisa número 1) na parede do quarto, ao passo que se fala de Locatelli, dezoito anos, como um futuro capitão em compasso de espera (uma honra mais significativa no Milan do que na maior parte dos clubes, tendo em vista os imortais legados de Maldini e Baresi).

A maioria dos ex-jogadores mencionados teve longas e gloriosas carreiras no Milan. Seedorf se aposentou aos 37 anos, assim como Nesta. Inzaghi, aos 38; Paolo Maldini com quarenta e Alessandro Costacurta com 41 anos. Vários fatores concorrem para prolongar uma carreira, conforme mencionou Luca ao falar de Pirlo: os italianos têm, culturalmente, grande apreço pelos mais velhos, o ritmo da Série A é mais lento e os técnicos tentam acomodar, de forma tática, a contribuição intangível oferecida pelos veteranos.

A ESCOLA EUROPEIA

Galli, ele próprio na ativa até os quarenta, acha que o fator mental é o mais importante na manutenção de uma carreira. "Criamos a organização que nos deu oportunidade de recrutar os melhores jogadores do mundo, mas o segredo era que tínhamos não apenas grandes jogadores, mas também grandes homens, entre os maiores da Itália, como Maldini, Baresi, Tassotti e Donadoni. Grandes seres humanos imbuídos do desejo de se aperfeiçoar. De modo que, claro, é preciso ser talentoso para chegar a esse patamar, mas o cara só se mantém lá se tiver valores e determinação." O condicionamento físico ajudava, nesses casos, mas uma mentalidade positiva era muito importante.

Essas ideias são confirmadas no livro *Mindset*, de Carol Dweck, sobre as diferenças entre ter uma mentalidade "fixa" ou "expandida". Em suma, a autora acredita que algumas pessoas veem suas perspectivas como predeterminadas e acham inútil se esforçar mais. Outras, no entanto, expandem sua mentalidade de modo a tentar superar visões fixas do que é possível realizar.[3] "Na mentalidade expandida, os alunos entendem que seus talentos e capacidades podem evoluir caso se esforcem, tenham bons professores e persistência", explica Dweck. A teoria se aplica ao esporte e vai ao encontro dos comentários de Galli sobre a longevidade dos jogadores. Seus companheiros de equipe tiveram carreiras longas e bem-sucedidas por um desejo de melhorar, e não apenas de sustentar a posição que tinham alcançado.

Avançando

Filippo Galli tira os óculos e pergunta sobre o futebol na Inglaterra. Ele adoraria ver Anfield, diz, declarando admiração pelos torcedores ingleses. Do lado de fora, folhas verdes brotando nas árvores quase nuas ameaçam mandar embora o inverno e trazer a primavera, sinal de otimismo para o futuro. À medida que nossa entrevista ganha tom de bate-papo, viro um simples fã ali. *A arte de defender morreu?* Não, ele responde, mas mudou. "Na base, estamos tentando adotar uma nova perspectiva. Queremos sair jogando de trás, algo estranho ao futebol italiano, mas é o que queremos fazer por ser a filosofia do clube; quando a gente tem a bola, pode dominar o jogo." *Então*

[3] DWECK, C. *Mindset: How you can fulfil your potential*. Hachette, 2012.

DANIEL FIELDSEND

o que caracteriza um bom defensor? "Ele precisa ter personalidade, ser corajoso para também pedir a bola quando o goleiro faz a saída e começar a jogada. Precisa ter um nível de concentração muito bom e consciência da situação ao seu redor, arregaçar as mangas e trabalhar duro. No Milan, um zagueiro tem que ser muito bom no mano a mano, quando há espaço às suas costas. Deve ser capaz de manter a posse em espaços curtos."

Há certo grau de ambiguidade na palavra "corajoso" ao se discutir os homens da retaguarda no jogo moderno. Eles devem ser corajosos de duas maneiras: no sentido tradicional, de colocar seus corpos em situações perigosas, nas quais podem se machucar, mas também ao receber a bola e sair jogando. John Stones, como um criticado precursor da função no jogo moderno, sempre confiante nas próprias habilidades apesar da desaprovação dos torcedores, é mais corajoso do que a maioria. *Será então que, para ser eficiente numa zaga que joga adiantada, é preciso ter um goleiro-líbero, uma vez que, para Sacchi, todas as posições estão interligadas?* Galli sorri. Sabe que estou falando de Donnarumma. O mundo inteiro está falando de Donnarumma. "Ele começou aqui aos catorze anos e tem trabalhado muito para ser capaz de sair jogando. É mais do que um goleiro, porque o treinamos para usar bastante os pés."

Aos dezesseis, Donnarumma se tornou o garoto-propaganda do Milan. Seu rosto adornava cachecóis do lado de fora do San Siro na noite da partida contra a Lazio (data da minha visita) e as organizadas cantavam seu nome. Normalmente, acredita-se que a idade normal para um goleiro chegar ao time de cima seja entre os 21 e os 25 anos. Há exceções, claro; Casillas tinha dezoito quando começou no Real Madrid e Buffon fez sua estreia no Parma aos dezessete, mas muito raramente se veem goleiros profissionais com dezesseis anos — especialmente num clube da estatura do Milan. "Todo mundo estava de olho nele, todos os clubes, mas a vantagem foi nossa porque o irmão já jogava aqui. Aí o clube teve a inteligência de chegar a um acordo com os pais." Por conta de seu tamanho, Donnarumma (com 1,96m de altura) sempre jogou vários anos acima de sua faixa etária. Quando tinha nove anos, jogava com os sub-13; aos catorze, com os sub-18; e aos dezesseis (momento em que estive no clube) já atuava no time de cima. Uma vez que seu rival na posição, Christian Abbiati, tinha 38 anos (na época), Donnarumma competia com alguém mais de duas décadas mais velho. No entanto, sua ascensão não foi algo inesperado. O jovem jogador custou 250 mil euros ao clube. De acordo com a *Gazzetta dello Sport*, Antonio, seu irmão nove anos mais velho que foi goleiro do Genoa, costumava treinar o caçula no quintal de casa e o inspirava mostrando vídeos de Buffon e Casillas no YouTube.[XLVI]

Em Roterdã, o diretor das categorias de base do Feyenoord iria me explicar que um jogador jovem não pode ser promovido ao time de cima cedo demais, sob pena de se interromper sua evolução. *Como vocês sabiam que Donnarumma estava pronto?*, pergunto a Galli. *Como conseguem perceber o momento em que os jovens jogadores, em geral, estão preparados para ser profissionais?* "A atitude do garoto diante da ideia de jogar num estádio tão grande foi fantástica. Mihajlović (o técnico do time) e o treinador de goleiros perceberam que estava pronto, então o treinador o escalou." Galli faz uma pausa. "A gente aqui sabia que ele estaria pronto; tinha jogado acima da idade nas nossas equipes de base, nunca na faixa etária própria. Sempre com garotos mais velhos. Trata-se de um talento nato, e nós aqui o ajudamos a mostrar esse talento." Donnarumma contrariou a lógica consensual de que jovens jogadores devem ser levados gradualmente ao futebol profissional. "Extraímos o talento dele. Educação em latim é *educe*, que significa colher, extrair o talento. De modo que, claro, ele já tinha esse talento, mas seus treinadores é que lhe deram a oportunidade de mostrá-lo."

Crônica de um jogo

Na noite da minha chegada, o Milan jogava com a Lazio. O San Siro continuava a ser a casa do clube, que, no entanto, não é proprietário do estádio. Junto com a Internazionale, paga à prefeitura local um aluguel (4,1 milhões de euros por temporada) pelo privilégio de jogar ali. Esse arranjo se tornou um fator de estagnação para o clube: a Juventus é dona de seu campo (recebeu o terreno de graça) e fatura com ele, enquanto para o Milan isso é parte das despesas.

DANIEL FIELDSEND

A atmosfera dentro do San Siro parecia mais autêntica sem um sujeito ao microfone na torcida, como em outros lugares da Europa. Em todos os clubes, chefes de organizadas ficam de frente para a multidão e de costas para o espetáculo, microfone na mão, puxando gritos de guerra. Criam a atmosfera ditando o que deve ser cantado. Na Grã-Bretanha, os cantos surgem em determinados momentos do jogo — um escanteio ou um chute a gol — por desejo espontâneo dos torcedores. Os espectadores europeus pagam pelo ingresso e seguem o grito das organizadas. Mas funciona. Nos estádios ingleses, há longos silêncios entre um e outro momento de participação da torcida, ao passo que, no continente, os torcedores uniformizados jamais se calam.

Sendo anglo-italiano, Luca Hodges-Ramon é quem melhor pode comentar os paralelos e as diferenças entre um torcedor e outro, uma vez que também frequentou durante muito tempo a arquibancada da Curva Robur, concentração da organizada do Siena, estudando sua cultura. "Se o Siena toma um gol, alguns torcedores naturalmente desanimam e ficam quietos. É aí que entra o chefe da organizada (posicionado bem atrás do gol, muitas vezes trepado num dos alambrados), gritando que ali não dão a mínima para o resultado e que o time precisa do apoio da Curva." Luca chama a atenção para a dedicação desses chefes, reconhecendo que são inabalavelmente leais ao clube no dever de apoiá-lo — em contraste com muitos torcedores consumidores na Grã-Bretanha, que esperam ser entretidos em troca do dinheiro que pagaram pelo ingresso (ver referências a Giulianotti no Capítulo 1). "Lá a preocupação da maioria — mesmo dos que são responsáveis por criar a atmosfera puxando os cantos — é muitas vezes o resultado obtido pelo time. Tendo entrevistado vários grupos de *ultras* italianos, vejo que a perspectiva deles é ligeiramente diferente. É frequente ouvi-los falar de uma *mentalitá* [que] garante que a Curva seja um permanente caldeirão de barulho em apoio ao time. Os chefes comandam os gritos de guerra ao microfone e mal assistem ao jogo. Outros são encarregados de agitar enormes bandeiras durante os noventa minutos. Garanto a você que isso requer algum comprometimento."

A ESCOLA EUROPEIA

O perfil demográfico do público presente ao estádio naquela noite, em Milão, contribuía enormemente para o volume de ruído; eram torcedores do sexo masculino, com idades entre os dezesseis e os trinta anos e de baixa renda. Exatamente o tipo de torcedor atualmente excluído do consumo regular de futebol na Grã-Bretanha. Um ponto em comum entre os dois países é a maior demanda por áreas seguras para assistir de pé aos jogos, como alternativa aos setores com cadeiras. Na Curva Sud do San Siro, cadeiras são um inconveniente perigoso. Só estão lá para o pessoal ficar de pé nos assentos; se alguém quiser sentar, precisa de um exemplar da *Gazzetta* para forrar o plástico sujo. O perigo é quando o Milan marca e os torcedores descem em avalanche. Na melhor das hipóteses, machucam as canelas, na pior, despencam sobre as fileiras à frente.

Subindo as escadas em espiral, tive o privilégio da visão de uma das maiores catedrais do futebol. As duas retas tinham pouca gente, mas na Curva Sud uma centena de bandeiras se agitavam majestosamente, enquanto a fumaça de sinalizadores enchia o ar. Essas chamas acesas são um símbolo de resistência, um elemento inofensivo do espetáculo usado pelos menos privilegiados para desafiar as autoridades. O cheiro de maconha era persistente, mas não havia seguranças do estádio à vista. Apesar disso, a atmosfera era sensacional; estridente, com uma pitada *antiestablishment* — um ritual permanente para os torcedores tradicionais. A maior faixa exposta na torcida, lá no alto, acima de um mar vermelho e preto, trazia escrito "Baresi 6". Franco Baresi é o Milan mais do que qualquer outro jogador. Ele estava lá na série B e em 1988. O conceito de torcer dos *ultras* é tanto afirmação de autoestima quanto reação aos invasores. O futebol italiano é altamente politizado, e o Milan precisa dar uma demonstração de força aos *ultras* da Lazio ali presentes. É o orgulho regional expresso na torcida por um time.

O Milan segue recebendo altas cotas de patrocínio, com anúncios de Audi, Nivea, Emirates, Dolce & Gabbana e Adidas espalhados pelo estádio. Nessa temporada, contabilizou em torno de 102,1 milhões de euros de receita comercial, de acordo com a Deloitte, o que é consideravelmente mais do que os 85 milhões de euros da Juventus.

DANIEL FIELDSEND

O meio-campista japonês Keisuke Honda foi tecnicamente o melhor jogador do time naquela noite. Além de seu talento, Honda levou ao estádio um público extra. Atrás da Curva Sud, os torcedores japoneses vibravam nas horas erradas, e era cômico ver as broncas constantes que ganhavam dos *ultras* por tirar fotos das bandeiras. NO FOTO, alardeava uma das faixas. No segundo tempo, Mario Balotelli, o dissidente que voltava de contusão e já de saída do clube para o Nice, da França, logo deu pinta de que seria o melhor em campo (ao lado do brasileiro Felipe Anderson, da Lazio), o que em si era a mais perfeita imagem do jogo, encerrado em 1 × 1. Os 33 mil espectadores abandonaram de repente o estádio, fazendo-o parecer mais vazio ainda. Em poucos minutos, o San Siro se tornou uma concha oca com cadeiras azuis. O time terminaria o campeonato em sétimo, alguns meses depois. Siniša Mihajlović seria demitido e substituído por Vincenzo Montella, que tentaria revigorar um clube estagnado trazendo Manuel Locatelli, Suso e M'Baye Niang para o elenco.

O homem das transferências

Ele posa com a nova camisa nas mãos sob o espocar dos flashes, sorrindo entorpecido pela décima vez naquele dia. Mil tuítes fazem alarde de sua imagem ao redor do mundo. Mas o primeiro deles, o que começou o alvoroço, foi enviado do telefone de Gianluca Di Marzio. É ele, o filho de Gianni Di Marzio, ex-treinador do Napoli, quem fica sabendo antes de todo mundo quando acontece uma transferência. Seus pouco menos de 1 milhão de seguidores no Twitter aguardam a confirmação.

Na ensolarada manhã de Milão, dia seguinte ao empate entre Milan e Lazio, meu intérprete (e jornalista da *Gazzetta dello Sport*, Dario Vismara) e eu chegamos aos estúdios da Sky Itália, no centro da cidade — um gigantesco complexo com esquema de segurança que rivaliza com o da sede da ONU em Genebra —, e ficamos à espera de sermos atendidos no saguão de entrada. "Soube da notícia?", perguntou Dario, conferindo o celular. "O Cruyff morreu." Em poucos segundos, o prédio se agitou, com grupos de funcionários começando a produzir, em ritmo frenético, um material especial sobre o grande homem.

A ESCOLA EUROPEIA

Di Marzio chegou vestindo jeans e um agasalho com capuz e apertou nossas mãos. "Que notícia terrível", comentou, sobre a morte de Cruyff — todos achávamos que o holandês estivesse se recuperando bem. O inglês de Di Marzio era quase perfeito, mas Dario se provou uma companhia bem-vinda à conversa. Antes dela, o homem das transferências nos levou para um tour nos bastidores do Sky Sports News. Ali, mantendo silêncio atrás de um *teleprompter*, ouvimos os comentários dos apresentadores sobre Cruyff. A tristeza tomou conta quando o especial com as imagens do craque foi ao ar. Na Itália, ele é lembrado como a personificação do *Totaalvoetbal* (Futebol Total), o sistema tático que encerrou a era da hegemonia italiana com o *catenaccio*.

Com sua reputação internacional, Di Marzio é sinônimo de confiabilidade e ganhou fama por divulgar detalhes sobre transferências antes de qualquer outro meio de comunicação — é comum se antecipar até aos sites oficiais dos clubes. A questão fascinante é saber como ele consegue as informações. *São os clubes que entram em contato para conseguir divulgar o que é do interesse deles?* "Às vezes. A gente trabalha em parceria. A coisa mais importante no relacionamento com minhas fontes é ter credibilidade e que elas saibam que podem confiar em mim e eu, nelas. Por exemplo, no ano passado, quando o [Roberto] Mancini se tornou o novo treinador da Internazionale, recebi a informação antes de todo mundo. Era uma noite de quinta-feira e eu tinha duas opções: poderia ter dado a notícia ao vivo na tevê, mas, como o clube confia em mim, falei antes com eles, que me disseram para não divulgar porque o [Walter] Mazzarri [então técnico] ainda não sabia. Para mim, era um risco, pois outro jornalista talvez roubasse a história. Mas a Inter me garantiu que, com Mazzarri a par de tudo, eu seria a segunda pessoa a saber, e foi o que fizeram, em respeito a eu ter entrado em contato com eles. Se eu fosse a público sem aviso, poderia ter criado muitos problemas, por isso gosto de manter esse tipo de relação com minhas fontes."

Mas tem um conflito de interesses aí... "Já aconteceu de eu ter praticamente certeza da minha informação, mas não 100%, e ter de verificar com o clube. Às vezes estou seguro, sei da novidade pelo

DANIEL FIELDSEND

agente e pelo jogador, aí não preciso da confirmação, posso entrar ao vivo mesmo que venha a causar problemas. Aconteceu no ano passado com o [Juan] Iturbe — o Genoa estava com a contratação certa junto à Roma. Fui para o ar com a informação e os torcedores da Roma ficaram malucos, porque não queriam perder o jogador; e a transferência acabou cancelada. O presidente do Genoa me ligou e disse: 'Gianluca, foi tudo culpa sua!'. Mas, do meu ponto de vista, eu precisava dar a informação imediatamente." Iturbe acabou sendo emprestado ao Bournemouth, onde jogou apenas dois jogos do campeonato inglês. *Os agentes chegam a entrar em contato para dizer que um jogador quer sair de um clube?* "Claro." *Nesse caso, como você faz, se tem um relacionamento com o clube?* "Veja, aí não é problema meu, é problema do clube. Vou dar a notícia, comentando que o jogador quer ir embora, que passa por um momento difícil ali e está aberto a propostas, mas tento dizer isso de forma equilibrada, sem confirmar nada. É meu ponto forte; sou equilibrado, não uso as informações agressivamente. É muito difícil. Vou agir sempre da maneira correta. Não quero criar problemas para ninguém." Nem sempre é possível, porém.

Di Marzio me conta que, no futebol moderno, os clubes buscam manipular a mídia a seu favor. *Quer dizer que, teoricamente, um clube que estivesse mirando determinada contratação poderia entrar em contato só para tentar criar um boato e mexer com a cabeça do jogador?* "Si, acontece, mas não com frequência, pois os clubes preferem cuidar de seus negócios sem chamar nenhuma atenção. Geralmente me falam para manter sigilo, mas aviso de cara: 'Nunca me digam que uma coisa é mentira quando eu sei que é verdade. Se eu chegar a um determinado nome, não é problema de vocês, só quero que vocês saibam que eu sei'. De modo que meu contato, em vez de primeiro negar para depois tornar a informação oficial, pode me responder: 'O.k., é um momento delicado, mantenha isso sob sigilo por enquanto, para que a gente possa fechar o negócio'. Às vezes, os clubes me pedem para não dizer nada e, no momento certo, ligam para que eu então dê a notícia. Quero que a história chegue primeiro para mim antes de a *Gazzetta dello Sport*, por exemplo, ficar sabendo." A reputação de Di

A ESCOLA EUROPEIA

Marzio depende da qualidade das informações que obtém. Ter um pai treinador o ajudou até certo ponto, mas, para atingir o patamar que atingiu, ele precisou de *ambizione.*

E o que acontece se uma fonte estiver mentindo para você? "Acontece. Às vezes, um agente tenta noticiar que seu jogador foi procurado pelo Real Madrid para, por exemplo, conseguir uma transferência para a Juventus. Ele me conta aquilo com segundas intenções, aí tento descobrir se é verdade ou não. Depois de doze anos nesse ramo, sei diferenciar quem está me dizendo a verdade daquele que mente porque tem seus próprios interesses. Se falam que precisam da minha ajuda, posso fazer uns favores. Posso anunciar que o jogador foi procurado pelo Real Madrid, entro ao vivo com a informação e, em troca, sou o primeiro a saber quando ele assinar com a Juventus. Se um clube estiver fazendo corpo mole, dou a notícia como um favor, para destravar a negociação. Aí sou também eu a noticiar quando o jogador é contratado, uma ou duas horas antes de se tornar oficial. Quando se torna oficial, não é mais notícia." *No que a gente deve acreditar, então?*

O ator americano Denzel Washington foi quem melhor resumiu como funciona a moderna mídia liberal, da qual Di Marzio faz parte. "Se a pessoa não lê as notícias, fica desinformada. Se lê, fica mal informada", disse ele a uma repórter no tapete vermelho de uma premiação. *O que fazer diante disso?*, ela perguntou. "Bom", continuou o ator, "que efeitos tem a longo prazo o excesso de informação? Um deles é criar a necessidade de ser o primeiro a noticiar — nem se trata de dizer a verdade. Vivemos numa sociedade em que as pessoas querem apenas chegar à frente; não nos importamos se vamos prejudicar alguém, não nos importamos com quem será destruído, não nos importamos se a informação é verdadeira. O negócio é divulgá-la, vendê-la." Di Marzio confirmou que os agentes às vezes circulam falsos rumores para forçar uma transferência, e que ajuda a divulgá-los para manter seu contato em dívida com ele. Aparentemente, é uma estratégia legítima de negociação. Não é culpa de Di Marzio, tamanha é a influência do circo do futebol. A sociedade, como receptora dos meios de comunicação de massa, tem o dever de cobrar dos

DANIEL FIELDSEND

produtores de notícias honestidade em suas alegações; precisamos ter mais atenção como consumidores. Uma fome insaciável de notícias — verdadeiras ou falsas — perpetua um ciclo perigoso que transcende o futebol. Pode-se aprender muito com os milaneses. Para eles, sofisticação é um estado de espírito. Assim como a percepção relativa dessa sofisticação.

12.
CASTELOS, REIS E FÁBULAS: BAYERN DA BAVIERA

Numa rua estreita, sem carros à vista em nenhum dos lados, pessoas se aglomeravam esperando o semáforo para atravessar. Por alguns minutos ficaram ali, paradas, sem piscar, torcendo para que o vermelho virasse verde, o tempo todo reprimindo um desejo profundo de botar o primeiro pé na rua. À medida que mais gente chegava, a frustração aumentava, mas ninguém cedia ao impulso. Atravessar no sinal vermelho é ilegal. Regras precisam ser obedecidas, há uma estrutura à qual se adaptar que torna a sociedade alemã tão eficaz. Em algum momento o sinal verde vai acender. A política e o futebol do país são tão incontroversos — em contraste com a instabilidade da Grã-Bretanha moderna — que fazem a chatice parecer uma lufada de ar fresco. A Baviera tem uma das maiores economias da Europa, com apenas 4,1% de desemprego, e se mantém constantemente nos primeiros lugares dos rankings de qualidade de vida. A população local fala em independência, mas nunca realmente a sério. É uma região de fábulas e contos populares, concebidos para oferecer orientação moral. A Grã-Bretanha tem lendas, a Baviera dá lições. Uma vez que os ingleses passaram a gostar bastante dos alemães (as tensões do pós-guerra estão se dissolvendo no continente como um todo), talvez possam querer aprender com eles.

DANIEL FIELDSEND

Para descobrir o que torna o Bayern e a Alemanha vencedores, fui a um endereço na Säbener Straße para conhecer Nico Kammann, técnico que trabalha com resistência e condicionamento em categorias de base. Em que pesem todas as ineficiências da Inglaterra, concordamos que uma das principais diferenças entre os jogadores dos dois países é como administram o jogo. Em 2014, na constrangedora derrota do Brasil por 7 × 1, os brasileiros tinham jogadores cuja técnica era tão boa quanto a dos alemães, senão melhor. Para pegar emprestada uma comparação feita certa vez: Oscar jogava com uma Ferrari nos pés, mas Müller tinha um cérebro de Rolls-Royce. A Alemanha forma futebolistas com uma compreensão de todos os momentos do jogo. São estrategistas em campo; os centros de formação da Alemanha encontraram o equilíbrio perfeito entre tática e técnica no treinamento de jovens jogadores, algo em que os clubes italianos ainda estão trabalhando.

"Nas categorias de base alemãs, há uma grande ênfase na combinação de tática e técnica", comentou Nico. "Os americanos são bons taticamente e funcionam com uma tremenda ética de trabalho, mas não conseguem dar um passe — falando com um pouquinho de exagero. Os brasileiros são incríveis tecnicamente, mas às vezes carecem de excelência tática ou resistência. Se a gente encara o jogo como um triângulo formado por condicionamento, habilidade esportiva específica e tática, acho que na Alemanha somos bons em todos os três vértices do modelo de desenvolvimento."

Nico acredita que os jovens alemães também aprendem a lidar melhor com os erros. Nos cursos para treinadores na Grã-Bretanha, o técnico deve identificar um erro e fazer "treinos" para corrigi-lo o quanto antes. Na Alemanha, o entendimento é de que erros acontecem e deve-se deixar que aconteçam como parte do processo de aprendizagem. Somente quando são repetidos várias vezes é que se considera que vale a pena treinar aquele ponto: "Isso contribui para a posição de liderança da Alemanha, pois penso que nossos jogadores aprenderam a não se preocupar com os erros que cometem. Tentamos criar uma atmosfera na qual eles podem errar uma ou duas vezes". Mesmo entre os profissionais, Mats Hummels e Jérôme Boateng têm direito a entregar uma bola ou outra.

A ESCOLA EUROPEIA

Percebeu-se que autocrítica era algo que todos os times de base alemães deveriam incentivar em seus jogadores. Esse aspecto foi identificado pela equipe da Hennes Weisweiler Akademie, em Colônia, epicentro da formação de treinadores. O resultado pode ser visto no Bayern com Thomas Müller, um dos jogadores mais inteligentes do planeta. Com suas chuteiras pretas, meias abaixadas e esforço diligente e constante, Müller representa o retorno a uma geração anterior e mais modesta. "O QI futebolístico dele bate aqui", Nico ilustra esticando os braços acima da cabeça. "Quando jogamos contra o Barcelona, ele basicamente fez uma jogada de basquete, bloqueando um adversário. Sei que ajuda o fato de ter sido formado num ambiente em que era importante vencer. Ética de trabalho é grande parte do que a gente ensina. Precisamos dizer às crianças que perder é importante e faz parte do jogo. Mas que jamais se deve perder por preguiça. Se um garoto é preguiçoso, pode saber que tem mil outros que virão rastejando de joelhos até aqui para jogar no Bayern, portanto, ele tem que trabalhar duro."

O espetáculo

A Säbener Straße (rua Säbener) fica numa parte tranquila do subúrbio. Os números 94 e 96 são casarões em estilo sueco na rua comprida ladeada por árvores altas e animada pelo canto suave dos passarinhos. Mais acima, no número 55, está um complexo de edifícios modernos que contrasta com o entorno. Pertence a uma das mais renomadas marcas no mundo do esporte, o Bayern de Munique.

Os moradores aparentemente são indiferentes aos célebres atletas que treinam rua acima de suas casas; uma mulher cuidava de seus narcisos enquanto carros esportivos passavam velozes por ali. Famílias que passeavam com seus cães cruzavam o complexo de prédios pelos campos de treinamento e seguiam até o bosque que fica atrás. Abrir os treinamentos ao público é uma ideia tão chocante, tão progressista, que só poderia ter acontecido na cultura liberal alemã. Os conservadores clubes britânicos jamais sonhariam em permitir que seus torcedores assistissem a um treino. Muitos dos que acompanham os clubes da Premier League nem sabem onde ficam os centros de

DANIEL FIELDSEND

treinamento de seus times. O Bayern, por seu lado, coloca em seu site mapas de como chegar à Säbener Straße, juntamente com a programação de treinos da semana.

O complexo é digno de ser exibido, abrigando seis campos ao ar livre, um restaurante, uma loja adaptada como concessionária Audi, diversos relógios de numeração romana da Hublot e uma quadra de vôlei de praia usada por Douglas Costa e Thiago Alcântara. Há ali uma atmosfera sonhadora que os técnicos aprendem a amar. Nico e eu nos encontramos do lado de fora, no *biergarten* ao lado do campo principal. Os torcedores bebiam cerveja — é parte da experiência — enquanto observavam Lorenzo Buenaventura, auxiliar do time de cima, preparar a sessão de treinamento (Guardiola ainda estava no comando àquela altura). Os torcedores não só podiam ver seus amados jogadores de graça como ainda tinham cerveja disponível. É a mesma coisa no Rayo, claro, mas o clube espanhol não disputa as finais da Champions League. Ser um torcedor do Bayern é uma bênção. Os ingressos são baratos, o clube é ativo na comunidade e sempre ganha. "Não tratamos os torcedores como se fossem vacas de ordenha", declarou o presidente, Uli Hoeneß, à BBC.[XVLII]

Quando os jogadores apareceram para o aquecimento, as mais ou menos cem pessoas presentes aplaudiram por alguns segundos, como incentivo, depois ficaram em silêncio. Não houve histeria, gritos de guerra, nenhuma necessidade de atenção dos jogadores, do tipo que se vê com celebridades. Nem sequer muitas fotos foram tiradas. Pep Guardiola já informara ao clube sua intenção de deixar o cargo no final da temporada (tornando-se apenas o quarto técnico em 45 anos a não ser demitido). Ainda estava para anunciar sua decisão de aceitar a oferta do Manchester City. De início, os torcedores do time alemão ficaram ofendidos — "a gente deu tudo pra ele" —, mas, naquele dia, já o haviam perdoado e aplaudiram, educados, sua chegada ao campo. O tempo tinha curado as feridas. Pep usava um colete vermelho e tinha as mãos nos bolsos, agora mais relaxado. Àquela altura de seu período à frente do clube, estava confiante de que já conseguira transmitir sua filosofia aos jogadores. Não havia mais necessidade de gritar e gesticular como no começo.

A ESCOLA EUROPEIA

Ao iniciar a parte técnica do treino, Pep, à espreita em torno da área onde os jogadores trabalhavam, escrutinava cada passe. A certa altura, mandou parar tudo — seus comandados olhavam fixo para ele. Javi Martínez estava saindo antes do tempo da "marcação" do manequim para receber a bola. "Isso está fora da realidade!", gritou o treinador, para em seguida mostrar a forma correta. Soprou o apito e o treino recomeçou, os jogadores agora mais empenhados. No alambrado, os torcedores passaram a observá-lo com mais atenção. Era ele quem vinham ver — já tinham esquecido de Lahm, Ribéry e companhia. Pep foi assumindo sua personalidade, com elogios ao time. Xabi Alonso e Javi Martínez respondiam, os três falando a maior parte do tempo numa mistura de espanhol com alemão. Depois de alguns minutos, Pep apitou, sinalizando aos jogadores que seguissem para a próxima etapa do treinamento. Era um exercício de posse de bola, um jogo de quatro contra quatro, com mais quatro do lado de fora do quadrado, semelhante ao usado por Paco Jémez. A equipe que perdia a bola trocava de lugar com a que estava do lado de fora, marcando a transição de ataque para defesa e vice-versa. Cabia a Pep o pontapé inicial. Era ele a ditar o ritmo: um líder em ação.

Numa cidade que acolheu Mozart, Wagner, Strauss e Orff, Guardiola era o mais interessante compositor de Munique. Seus treinamentos abertos ao público criavam uma fascinação nunca vista. Seu estilo de futebol é música clássica em ação; o observador se funde ao espetáculo. Na música clássica, o ouvinte deixa de escutar os instrumentos individualmente e se habitua à sinfonia. Com o Bayern de Pep, não se notam as mudanças de posição entre os jogadores, se Alaba decide avançar ou Robben passa a jogar por dentro. A impressão é de um jogo harmônico, de futebol clássico. É hipnotizante; os torcedores assistem às partidas num estado de prazer inebriado.

Ao lado do campo de treino, há galpões de madeira onde os jardineiros guardam suas ferramentas. É ali, nesses galpões, que os funcionários descansam e ouvem rádio entre uma sessão de treinamento e outra. Quando Pep aparece para dar o treino, eles saem para assistir. Os torcedores parecem hipnotizados pelo som da bola nas chuteiras sobre a superfície molhada. Até o mascote tinha parado

DANIEL FIELDSEND

para ver. "Bravo! Bravo!", gritou Pep quando Thiago deixou a bola passar entre as próprias pernas, enganando um jogador mais jovem que passou dela. No fim do treino, Pep conversou com o rapaz por quase dez minutos. Era Joshua Kimmich, mais tarde alvo de uma célebre bronca de Pep diante de 81 mil pessoas, quando de um empate com o Borussia Dortmund. "Eu o amo", Guardiola declarou depois. "Adoro trabalhar com esses jogadores, dispostos a aprender e a melhorar."

Logo os jogadores se reuniram no círculo central para fazer alongamentos. Xabi Alonso e Ribéry chutavam tentando acertar o travessão, mas ambos meteram acidentalmente a bola no ângulo. Guardiola, que havia terminado o papo com Kimmich, estava mais longe do gol que seus dois jogadores, mas pediu uma bola. Em vez de exigir concentração nos alongamentos, fez ele próprio uma tentativa e mandou em cheio no travessão. Os torcedores finalmente se empolgaram. Alguns começaram a gritar o nome do treinador, a maior parte aplaudia. Na teoria de Carlyle sobre os "Grandes Homens", indivíduos como Napoleão, Gandhi, Alexandre, Lincoln e César mudam a história com sua inteligência, sua determinação e seu carisma. Guardiola é o Grande Homem do futebol. "Se Pep decidisse ser músico, seria um bom músico. Se quisesse ser psicólogo, seria um bom psicólogo", comentou, certa vez, seu discípulo Xavi.[XLIX]

Em outra época, Claudio Pizarro precisava convencer os jogadores mais jovens a dar atenção aos torcedores, obrigando os colegas a parar para os autógrafos. Hoje, há uma decisão prévia sobre quais deles vão atender a essa demanda antes do início do treinamento. Naquele dia, foram Javi Martínez e Philipp Lahm. Enquanto todos os demais entravam para os vestiários, Xabi Alonso ficou para trás, no campo, tentando agarrar os chutes de seu filho pequeno. Tinha a aura de um homem que desfruta a fase final da carreira. Alonso, aquele que um dia havia sido considerado um contraponto ao estilo de Xavi Hernandez, do Barcelona, adaptou seu jogo para responder às exigências de Guardiola.

A ESCOLA EUROPEIA

Condicionamento

Devidamente impressionados com o entretenimento do dia, Nico e eu encontramos, entre os escritórios da Säbener Straße, um que estivesse livre e onde pudéssemos conversar. O Bayern o incorporou como treinador de resistência e condicionamento, ao se formar na universidade, por seu histórico de trabalho com o primo codificado do jogo, o futebol americano. Andreas Kornmayer (o homem que o contratou, mais recentemente emigrado para o Liverpool) tinha formação anterior no judô e valorizava os movimentos dinâmicos que outros esportes usam para auxiliar na prevenção de lesões. O futebol é um esporte altamente especializado que mantém sob estresse contínuo os mesmos músculos: "É sempre tendão, sempre virilha, sempre os flexores do quadril, sempre lombar", queixou-se Nico. "Isso porque desde os nove anos de idade os rapazes fazem todo dia a mesma coisa. Podem simplesmente ter uma fragilidade ali ou talvez um padrão desajeitado de movimento."

Nico trabalha nas várias categorias de base com foco em regeneração, ênfase em resistência, coordenação, padrões de movimento e preparação de jogo. "Implementei um monte de coisas do futebol americano e pode acontecer de eu propor jogos em campo reduzido com características tanto de um esporte quanto de outro, nos quais é permitido pegar a bola, passá-la, arremessá-la e derrubar os outros, mantendo ainda como objetivo alcançar uma zona de chegada ou marcar gols. Isso funciona como uma abordagem caótica do jogo e leva os participantes a lidar com todos os recursos; não se limitam a usar o tempo todo apenas movimentos de jogador de futebol." Há outros dias em que Nico dá treinos de boxe. É divertido para os jogadores e alivia a pressão sobre os "músculos do futebol".

A abordagem multiesportiva não é, porém, aplicada universalmente por todos os clubes no jogo moderno. É algo que Nico tem liberdade para implementar no Bayern, mas ele acha que o jogo do futuro deveria incorporar sessões variadas inspiradas em outros esportes. Falando de modo muito simples, o uso de músculos diferentes significa menos esforço e, consequentemente, menos lesões. "Essa é a ideia fundamental do treinamento esportivo em si, proporcionar uma

DANIEL FIELDSEND

carapaça atlética e muscular completa e capacidade de movimento mais ampla. Não que algum dia vá sair daí um bom jogador de basquete, mas há uma transferência perceptível se o cara treina umas cestas de vez em quando. Abre o sistema motor e separa um movimento do outro, o que torna os dois movimentos melhores." Às vezes, no Bayern, Nico delineia um quadrado e deixa que seus jogadores lutem judô — o objetivo do jogo é colocar o outro para fora da área delimitada. Os demais fazem suas apostas sobre quem acham que será o vencedor. O perdedor e os que apostaram nele são obrigados a pagar flexões. É competitivo, divertido e desenvolve a flexibilidade.

Nico vê as abordagens multiesportivas como uma evolução óbvia no jogo do futuro. Acha que muitas coisas são feitas de forma incorreta no futebol. Para melhorar isso, as comissões técnicas deveriam observar o que fazem os especialistas em outras modalidades. "Digamos que seja necessário um incremento na velocidade de corrida dos jogadores. Não se vai conseguir isso driblando cones. A presença da bola limita frequência, intensidade e extensão da passada. Tem que fazer como o cara do atletismo, que entende por que perdeu aquele milésimo segundo no final. Para súbitas mudanças de direção, é olhar como fazem os jogadores de rúgbi, que são tecnicamente muito bons nisso. Não aprendi levantamento de peso com caras normais, mas com o atleta da seleção alemã Sebastian Kaindl, pois ele conhecia a verdadeira técnica para atingir os últimos 10% do movimento." A incrível flexibilidade de Ibrahimović veio do *tae kwon do*. Ryan Giggs jogou até os quarenta anos graças à prática da ioga. Talvez os jogadores devessem fazer sessões de exercícios no estilo do basquete para se saírem bem nas rápidas mudanças de transição no futebol. Kammann, quando questionado sobre a periodização tática e a crença, na Espanha e em Portugal, de que os treinos devem sempre se basear em situações reais de jogo, admite que as práticas multiesportivas se aplicam principalmente aos jogadores mais jovens, mas enfatiza que, mesmo no profissional, elas deveriam ser oferecidas, de modo a reduzir o estresse sobre os músculos mais importantes.

A ESCOLA EUROPEIA

Construção de jogadas

No jogo moderno, com menos espaço entre as linhas, é preciso que os jogadores tenham um perfil físico mais avantajado. Kammann me contou que, em alguns clubes, os jogadores são capazes de levantar o peso do próprio corpo a partir dos catorze anos de idade. "Se um treinador não tem a cabeça aberta à ciência do esporte, não será bem-sucedido a longo prazo. Certos padrões de lesão perseguem treinadores aonde quer que eles vão, especialmente quando se recusam a se cercar das pessoas certas." Kammann é uma dessas pessoas. "Se o treinador teve uma carreira de sucesso como jogador numa era anterior à preocupação com resistência e condicionamento, maior a chance de ele se fechar a essas ideias. Cinco anos atrás, o Arsenal trouxe um cara com formação no rúgbi. O clube percebeu que não estava tendo em campo os resultados que poderia com sua condição financeira. Então foi atrás do Des Ryan, da Federação Irlandesa de Rúgbi. Se bem me lembro, os meninos das categorias de base não tiveram uma única lesão de ligamento nos últimos dois anos. É um investimento e, quando se pensa do ponto de vista da base, quanto menos os jogadores se machucarem, mais tempo terão para treinar e evoluir."

Há exemplos de jogadores cujas carreiras foram prejudicadas por contusões graves. Michael Owen e Robbie Fowler, do Liverpool, atingiram o ápice no início de suas trajetórias, para mais tarde sofrerem com muitas lesões. "Isso pode ter ocorrido porque as mesmas partes dos corpos deles foram repetidamente submetidas a estresse ou talvez porque não tenham seguido uma boa programação atlética quando eram mais jovens." (Tampouco se pode contar com uma pausa de inverno como tempo de recuperação na Grã-Bretanha — outra razão pela qual a seleção da Inglaterra tem dificuldades em torneios que disputa.) Mas, mesmo se houver um histórico de contusões, Nico reitera o que o dr. Orhant disse em Lyon: não existe jogador naturalmente propenso a se machucar; todas as lesões são evitáveis.

Owen e Fowler fizeram parte de uma geração de futebolistas que cresceu sem ter acesso a programas de nutrição. No Sporting, conforme vimos, cada jogador tem uma dieta programada desde muito cedo. "Só é preciso alguém que eduque os jogadores sobre o que

DANIEL FIELDSEND

colocar para dentro de seus corpos", diz Nico. "Uma amiga minha trabalha com os New York Giants, o New York Red Bulls e o Monaco. Ela tenta envolver as famílias e as namoradas dos atletas. Com isso, tudo flui melhor e se torna mais fácil para o jogador. E mais fácil também combater equívocos. A gente precisa de glicose no corpo, precisa de derivados de leite porque eles são uma fonte simples de proteína. Um nutricionista disse a um jogador para não comer berinjela. Desde quando legumes passaram a fazer mal? São tantas as noções erradas sobre nutrição, treinamento esportivo, regeneração e outras coisas por aí que a gente sempre precisa ser capaz de defender aquilo em que acredita com dados e ciência de verdade."

O futebol, no entanto, não é como o futebol americano em termos de variações de biótipo. A maioria das posições, porém, guarda suficientes similaridades entre si para que os treinos de condicionamento possam ser universalizados: "É claro que, se um jogador não estiver em forma, precisa fazer sessões extras. Se eu fosse treinador de uma equipe profissional, talvez passasse exercícios de salto diferentes para laterais e zagueiros, mas não tanto por causa das posições, e sim pelas diferenças de tamanho e graus diversos de capacidade de movimentação. Os únicos caras para os quais eu repensaria o treinamento seriam os goleiros". Nico trabalha com o goleiro reserva do Bayern, Tom Starke, que se alterna entre jogar e treinar os garotos da base. Mais cedo naquele dia, Starke tinha participado da sessão de rondo com o resto do time a fim de melhorar seu desempenho com os pés. Ele faz a ponte entre a filosofia do time de cima e as categorias inferiores. Os mais jovens tentam praticar um modelo de jogo de posição semelhante ao da equipe principal, com a construção das jogadas em triangulações no sistema 4-1-4-1. O que, por sua vez, aponta para a razão pela qual a Alemanha sempre vence. A transição do estilo de jogo da base para o do profissional é apoiada em similaridades.

Força mental
A capacidade alemã de arrancar vitórias com uma obstinação inabalável é uma arte. Apesar de sua óbvia resistência mental e do uso perfeito do jogo administrado, os alemães, assim como os espanhóis

A ESCOLA EUROPEIA

antes deles, também delineiam um percurso claro para os jovens jogadores desde a base até a seleção nacional, o que significa que, ao vestirem a famosa camisa branca e preta pela primeira vez, a transição terá acontecido sem sobressaltos. Na sequência do mau desempenho na Eurocopa de 2000, a DFB (federação alemã) e a Bundesliga trabalharam juntas na elaboração de um plano. Foi desenvolvido um programa de formação de talentos que resultou em mais técnicos e jogadores do que antes. "O pós-Eurocopa de 2000 trouxe uma mudança de filosofia, bem como mais vagas para treinadores em tempo integral e melhoria da infraestrutura. A DFB queria deixar para trás noções como a formação em linhas retas e a confiança na 'mentalidade alemã' para ganhar partidas", escreveu o *Guardian*.[L]

O roteiro abaixo é o do Bayern de Munique, principal fornecedor de jogadores para a seleção alemã, e espelha o processo pelo qual o Barcelona foi linha auxiliar da Espanha na conquista da Copa do Mundo de 2010 e o Sporting ajudou Portugal a vencer a Eurocopa de 2016.

1. Um menino chega ao centro de formação aos oito ou nove anos.
2. Ali aprende um estilo de futebol sincronizado, das categorias inferiores às maiores.
3. Quando assina um contrato profissional, aos dezessete anos, ele é colocado num time B, trampolim da base para o futebol profissional, com demandas competitivas.
4. Da equipe B, passa ao elenco do time de cima, que atua no mesmo estilo do anterior e da base, facilitando a transição.
5. O estilo da equipe principal é o mesmo da seleção nacional.
6. Ele chega à seleção e está plenamente ciente de suas funções e responsabilidades no sistema, tendo dominado sua posição em campo.
7. A seleção é, em geral, composta por jogadores com os quais ele vem jogando no clube há muitos anos. Ele e os companheiros têm uma compreensão de como cada um joga por meio de comunicação não verbal.[1]

---

[1] RUESCH, J; KEES, W. *Nonverbal Communication*. University of California Press, v. 139, 1982.

DANIEL FIELDSEND

Tome-se o caso de Andrés Iniesta. Em seu primeiro treino no Barça profissional, aos dezesseis anos, ele percorreu os cerca de cem metros entre La Masia, onde vivia como *canterano*, e o campo onde treinava o time de cima. Na barreira de segurança, foi recebido por Luis Enrique e apresentado ao capitão Pep Guardiola: companheiros de equipe que se tornariam seus treinadores. Sua progressão pôde acontecer tão facilmente porque o estilo dos times era sincronizado. Ao lado de outros garotos com quem tinha compartilhado os alojamentos de La Masia — Gerard Piqué, Cesc Fàbregas, Víctor Valdés e Pepe Reina — ele venceu a Copa do Mundo.

Nos países da Grã-Bretanha, os centros de formação têm ideias diferentes sobre o tipo de jogador que querem recrutar, bem como quanto à própria abordagem da formação. As várias FAS ministram cursos e vistoriam os centros, mas são órgãos autônomos que podem criar seus próprios programas de desenvolvimento. A cobertura da DFB alemã, entretanto, conforme será explicado no capítulo sobre a Renânia do Norte-Vestfália, abrange todos os jovens futebolistas do país.

Discuti com Nico o fato de que, na Grã-Bretanha, não há caminho óbvio para um jogador saído das categorias de base se profissionalizar, exceto por um período de empréstimo em ambiente estranho — que pode, inclusive, inibir sua evolução. Se um jovem jogador tem a sorte de, por fim, chegar ao time de cima, raramente esse time pratica o mesmo estilo das categorias de base, tal é a mentalidade de curto prazo e mera sobrevivência dos treinadores do país; sua postura é mais reativa que proativa. E se, eventualmente, os estilos da base e do profissional forem os mesmos, isso não é suficiente para beneficiar a seleção nacional, já que nenhum time da Premier League, por exemplo, é verdadeiramente formado por pratas da casa. Em nível nacional, não se encontram dois times na liga que joguem exatamente o mesmo estilo de futebol (algumas equipes atuam de forma semelhante, mas não idêntica), o que culmina num descompasso na evolução dos jovens. Tudo somado, quando esse jogador chega à seleção, estranha tanto seus companheiros quanto o estilo. Rinus Michels explicou que aquilo que chamava de *team-building*, mais do que coesão social, envolve um processo de desenvolvimento de uma metodologia clara

A ESCOLA EUROPEIA

ou modelo de jogo. Na Grã-Bretanha, por interesses variados, nem sempre se evidencia uma metodologia fluente.

Para fazer acender uma lâmpada num circuito elétrico, todos os interruptores devem estar "abertos", o que garante a circulação ininterrupta da eletricidade. Para ter uma seleção nacional bem-sucedida, o difícil percurso dos jovens jogadores também precisa estar desimpedido. Infelizmente, no plano doméstico, das categorias de base à seleção, eles o encontram em geral "fechado", e o jogo britânico continua no escuro. Em comparação, as federações alemã e espanhola trabalham junto com seus clubes. "Temos uma 'estratégia de fidelidade' graças à qual 77% dos jogadores do campeonato espanhol estão aptos a jogar pela seleção nacional", disse o presidente da liga, José Luis Astiazaran, sobre o plano de dez anos para o campeonato.[LI]

São jogadores que praticam um estilo nas ligas domésticas — marcação alta, por pressão, com alternância rápida da posse de bola — que se reflete no estilo nacional de jogo. Paralelamente, o caminho a ser percorrido pelos jovens jogadores, seja no Valencia ou no Schalke, fica "aberto" e é muito semelhante ao que encontram pela frente os rivais no resto do país. Sete jogadores formados em La Masia pelo Barcelona participaram da final da Copa do Mundo de 2010, ao passo que foram também sete os do Bayern de Munique (incluindo Toni Kroos, que deixava o clube) a figurar na Alemanha campeã em 2014, notadamente o trio caseiro Lahm, Müller e Schweinsteiger. Naquela equipe alemã, seis jogadores (Neuer, Höwedes, Boateng, Hummels, Khedira e Özil) tinham jogado juntos na Eurocopa Sub-21 de 2009, batendo a Inglaterra por 4 × 0 na final (apenas James Milner faria parte do time inglês que foi ao Mundial do Brasil cinco anos depois). O time da Alemanha pôde jogar junto ao longo daqueles cinco anos, aperfeiçoando as relações em campo e ensaiando seu jogo de posição, enquanto a Inglaterra continuou a levar estranhos para terras estrangeiras.

Quando saímos do prédio, a multidão à espera tinha ido embora. Aspersores regavam os campos de treino ao entardecer. Parecia um complexo de treinamento como a maioria dos outros, mas tinha

DANIEL FIELDSEND

um ar diferente. O que faz o Bayern especial, o que o torna único na Europa e na Alemanha, mais do que o trabalho pioneiro em condicionamento físico e o caminho aberto para os jovens, são seus padrões de qualidade impecavelmente altos. Nico não romantizou quando perguntado sobre essa singularidade e falou com a franqueza alemã ao responder: "A coisa mais importante, e que é única, é sair aqui fora todos os dias e ver como os jogadores do profissional trabalham duro, quando Müller, Lahm e o resto do time estão por aí. Num dos primeiros treinos depois da Copa do Mundo, já com dedicação total novamente, um jogador que fez um passe ruim teve que ouvir a bronca gritada pelos demais, porque aquilo não estava de acordo com nossos padrões". Todos os maiores times da história, do Ajax dos anos 1970 ao Milan dos 1980 e ao Manchester United dos 1990, tinham em comum essa busca por padrões de qualidade exemplares. Isso nem com todo o estudo do mundo pode ser aprendido. Precisa ser vivido.

Da época de minha visita para cá, Nico passou a uma função mais graduada no vizinho bávaro do Bayern, o Augsburg.

13.
ASAS DA MUDANÇA: RED BULL SALZBURG

"Como eu odeio Salzburgo", Mozart escreveu de Paris a um amigo em 1778. "Nada acontece, musicalmente; não tem teatro, não tem ópera!" A grande ironia é que hoje Salzburgo simplesmente ama Mozart. Em 2014, 480.556 turistas visitaram a casa onde o compositor nasceu. Sua música passeia fantasmagórica pelo calçamento antigo de Altstadt, o centro histórico, e seu rosto espia das vitrines de todas as lojas de suvenir. Na juventude, Mozart ansiava por ir embora da cidade, passando a usá-la apenas como base à qual retornar entre uma viagem e outra pelo continente. O pai, Leopold, o levou para as cortes imperiais em Praga, Viena, Londres, Baviera, França e Itália, apresentando os talentos do menino prodígio à nobreza na esperança de conseguir-lhe um mecenas. Salzburgo, para Mozart, seria apenas um trampolim rumo à grandeza.

Mas isso foi antes. A cidade agora é maravilhosa. Tem uma beleza natural; uma planície verde cercada pelos Alpes. A viagem saindo de Munique ofereceu várias horas de paisagens de cartão-postal. No começo do trajeto, ainda na Baviera, árvores altas e negras se aglomeravam em redor de grandes casas de madeira que, mesmo isoladas do dia a dia da sociedade, ainda assim ostentavam bandeiras do Bayern em enormes mastros. Os trens de Munique para Salzburgo circulam o dia todo. Há placas de rua indicando o caminho de uma cidade à outra, tamanha a proximidade. Dos arredores da Baviera, é possível avistar ao longe os Alpes, quase irreais, feito uma pintura à qual nunca se pudesse chegar. E, no entanto, chega o momento em que a gente passa ao largo deles, apreciando a visão de lagos, florestas e castelos distantes pelo caminho. Cenários de contos de fadas.

A ESCOLA EUROPEIA

A história de um morador da cidade, Dietrich Mateschitz, é uma espécie de conto de fadas. Aos 38 anos, ele era diretor de uma pequena empresa alemã fabricante de pasta de dentes. Aos sessenta, tornou-se o homem mais rico da Áustria e alhures. Sua empresa, a Red Bull, cresceu a ponto de ganhar visibilidade por toda parte como sinônimo de esportes radicais e corridas, tanto em terra como no ar — chegou a patrocinar Felix Baumgartner, um rapaz local, em seu salto do espaço. Mateschitz dá expediente na sede do grupo no Hangar-7 (um complexo de bares e restaurantes decorado, no entorno, por aviões antigos), nos arredores de Salzburgo. É dali que a Red Bull administra seus clubes de futebol no mundo todo.

História

Mateschitz é reservado: "Eventos sociais são a forma mais sem sentido de se gastar tempo". Simplesmente não dá para imaginá-lo se envolvendo nas trivialidades da sociedade de Salzburgo. No entanto, não poucas vezes ele conversou sobre o poder do futebol como espetáculo e empreendimento comercial com um amigo, o superastro alemão Franz Beckenbauer, também residente na cidade. Passado algum tempo, Mateschitz convenceu Beckenbauer a ajudar sua empresa a investir em clubes de futebol e, em 2005, a Red Bull comprou o Salzburg.

"Não tem nada a ver com paixão, brincadeira ou personalidade neurótica", explicou Mateschitz. "Em tudo o que fazemos, devemos distinguir entre o que são atividades da marca e o que é coisa minha, como pessoa." Investir em futebol não foi, explicou ele, uma indulgência pessoal, mas uma ideia para fazer crescer a Red Bull. Seu amigo Beckenbauer falou à imprensa alemã acerca do Salzburg como "um gigante adormecido" e usou seus contatos para convencer dois favoritos do Bayern de Munique, Giovanni Trapattoni e Lothar Matthäus, a treinar o recém-renomeado Red Bull Salzburg.[1]

A aquisição diferiu daquelas vistas no Chelsea, no Manchester City e no PSG, na medida em que, de início, o clube não foi mão-aberta nos gastos, preferindo implementar um plano de negócios mais ponderado. "Não seria correto contratar um time de mercenários",

[1] O grupo comprou clubes em Nova York (2006), São Paulo (2007), Leipzig (2007) e Sogakope (2008).

213

DANIEL FIELDSEND

explicou Mateschitz. "Tempo e crescimento natural são mais importantes para o clube do que um orçamento astronômico e nomes para impressionar."[LIII] O Salzburg não tentou atrair novos torcedores para sua marca abarrotando o elenco de jogadores famosos (como fizeram os clubes da Premier League indiana, em 2014, com David Trezeguet, Roberto Carlos, Nicolas Anelka e Lúcio); suas contratações foram calculadas e miraram talentos pouco conhecidos.[2]

O ex-diretor esportivo do clube, Ralf Rangnick, relatou a uma plateia de engravatados numa conferência em Zurique a estratégia do Red Bull de trabalhar com transferências mais orgânicas: "A diferença entre a gente e outros clubes é que começamos o processo de recrutamento e contratação pescando em lago pequeno, uma vez que só estamos interessados em jogadores com idades entre dezessete e 23 anos. Nossa política de transferência é procurar aqueles que estejam talvez no segundo contrato da carreira e queiram desenvolvê-la passo a passo; e depois, quando se consegue a melhor oferta, liberá-los para outros clubes tendo outros como eles já engatilhados".[3]

Nome	De	Por (em libras)	Para	Por (em libras)
Alan	Desp. Brasil	2,98 mi	Guangzhou	9,44 mi
Kevin Kampl	Aalen	2,55 mi	Dortmund	10,2 mi
Sadio Mané	Metz	3,4 mi	Southampton	12,75 mi
Péter Gulácsi	Liverpool	0	RB Leipzig	2,55 mi
Stefan Ilsanker	Mattersburg	0	RB Leipzig	2,55 mi

[2] Uma controvérsia envolveu a aquisição e subsequente mudança de identidade do sv Austria Salzburg (nome, escudo e cores). O clube passou naquele ano por uma transformação de fênix, recomeçando na sétima divisão da Áustria. Na época da minha visita, a hostilidade tinha diminuído, na medida em que as duas entidades se adaptavam às novas circunstâncias. O sv Austria Salzburg passou ao controle dos torcedores e usa sua posição para ser uma força do bem, com campanhas e voluntariado em iniciativas na Gâmbia e em outros lugares. Quando a crise dos refugiados se agravou, em 2015, o clube abriu as portas e forneceu comida, água e outros itens essenciais para imigrantes de passagem. Como a instituição é de propriedade coletiva, os torcedores se asseguram de ter o futuro nas próprias mãos e de que nunca mais serão explorados comercialmente, semelhante ao que aconteceu no FC United e no AFC Wimbledon. Desdenham a Red Bull, mas não cultivam uma inimizade cega. Afinal, 13 mil frequentadores regulares da torcida optaram por ficar e apoiar o Red Bull Salzburg, satisfeitos com a direção do clube e com o sucesso imediato do projeto.

[3] Conferência International Football Arena, 2014.

A ESCOLA EUROPEIA

Nome	De	Por (em libras)	Para	Por (em libras)
Bernardo	RB Brasil	0	RB Leipzig	5,1 mi
M. Hinteregger	*base*	0	Augsburg	5,95 mi
Naby Keïta	Istres	1,28 mi	RB Leipzig	12,75 mi
		Total 10,21 mi		Total 61,29 mi

Acabou se tornando uma estratégia de longo prazo, bem afeita à paciência da cidade. Mateschitz sentiu que, pelo futebol, poderia trazer algo mais ao perfil de Salzburgo ao mesmo tempo que assegurava ganhos recíprocos para a Red Bull. (As transferências envolvendo o Leipzig, acima, embora permitam à torcida perceber o valor de seus jogadores, não são especialmente reveladoras, já que a Red Bull é dona de ambos os clubes, nesse caso, e provavelmente usa as transferências entre eles como forma de equilibrar depósitos financeiros.)

A estratégia

Talvez por sua localização à sombra dos Alpes — cenário para um passeio tranquilo —, Salzburgo conservou, desde a época de Mozart, a mentalidade de um lugar a partir do qual os jovens progridem. *O que tem lá do outro lado?* Uma espécie de trampolim. O Red Bull, em vez de opor uma resistência inútil a essa mentalidade, a incorpora. "Somos capazes de oferecer aos nossos jogadores a oportunidade de sair para jogar numa liga competitiva contra gente grande", comentou o jovem e brilhante chefe da equipe de recrutamento do clube, Christopher Vivell. O Red Bull estuda o mercado de transferências, investe em jogadores com potencial, oferece a eles uma plataforma de onde se projetar e os negocia. "Os jogadores podem se adaptar e passar ao degrau seguinte."

Vocês exploram campeonatos menos badalados? "Sim, claro, nosso departamento é bem grande. Tentamos nos manter a par de todos os mercados, o que é interessante para nós. E usar todas as diferentes possibilidades de análise"— *on-line*, estatística, em vídeo e ao vivo, como na Juventus. "Hoje em dia, quase todas as divisões profissionais têm disponíveis registros em vídeo, além de todo tipo de estatística.

DANIEL FIELDSEND

A gente quer estar preparado antes de viajar." Assim como a Juve, o Salzburg sabe que é caro se deslocar para ter o tal *feeling* ao vivo, no recrutamento de um jogador, e tenta conhecê-lo o máximo possível antes de se comprometer a uma visita para vê-lo em carne e osso. O próximo passo é atrair o jogador para o clube, com suas instalações de última geração e presença regular em competições europeias (assim como pela possibilidade de esquiar nos fins de semana — conforme vimos anteriormente, o futebolista moderno prefere, hoje, trabalhar em ambientes mais cosmopolitas).[4]

Moneyball *é um termo corrente entre os olheiros. Vocês usam estatísticas para contratar um jogador?* "Sempre, tentamos não deixar nenhum aspecto de fora. Queremos ser mais preparados e mais ágeis que nossos rivais. Temos que saber dos jovens jogadores no mundo todo. É preciso ter uma postura sempre ativa no recrutamento." As estatísticas analisadas incluem acertos em passes na direção do ataque, chegadas ao terço final do campo, duelos de cabeça ganhos, média de gols e uma variedade de outros dados específicos e fundamentais para cada posição que ajudem a identificar talentos em ascensão. O livro *Moneyball*, de Michael Lewis, conta como o treinador Billy Beane transformou o Oakland Athletics de um time de beisebol pobre e de desempenho abaixo da média numa equipe vencedora a partir de uma política revolucionária de recrutamento. Os jogadores eram identificados e contratados com base em suas principais estatísticas em fundamentos básicos, como médias de rebatidas e bases, em vez de se usar a abordagem tradicional e diplomática de "ver jogar e negociar".

Muitas contratações começaram a parecer estranhas; até o próprio Scott Hatteberg, veterano *catcher* cujas estatísticas apontavam que seria o substituto ideal para o laureado Jason Giambi, demorou a acreditar que o Athletics estivesse interessado nele. Seus números

---

[4] Não deve demorar muito, portanto, para que jogadores mais cultos tenham ambições de jogar ali. A cidade oferece museus, castelos, catedrais, bares e vida noturna, tudo concentrado em seu pequeno perímetro (65 quilômetros quadrados). "É uma boa oportunidade para aprender uma cultura diferente", comentou Andre Wisdom, caso incomum de inglês no exterior, sobre sua passagem pelo Red Bull Salzburg. Os prédios da cidade antiga são monumentos da arte arquitetônica. Foram cuidadosamente projetados, em estilo barroco, com salões de mármore. Há uma visão de longo prazo para eles, para a cidade e agora também para o clube de futebol local.

A ESCOLA EUROPEIA

mostravam que ele poderia se tornar um bom homem de primeira base, de modo que o mantiveram no time, adaptando-o ao esquema, o que se justificou pelos 49 *home runs* de Hatteberg. O recrutamento tinha deixado de ser feito por velhos em torno de uma mesa para passar à responsabilidade de estudantes de Harvard e seus computadores. O ressentimento foi imediato, claro, como acontece na maior parte das vezes quando há mudanças. Olheiros tradicionais perseguiram seus rivais "nerds" como a Igreja a Galileu. O novo assusta e deve, portanto, estar errado. Mas o esporte evoluiu no passo dos avanços tecnológicos da sociedade. A noção de *moneyball* acabaria adaptada para uma miríade de modalidades, inclusive o futebol, e geraria um interesse mais amplo naquele tipo de análise.

Mas ela é vista de maneira ambígua no futebol. Vários jornalistas faziam referência à estratégia ao comentar casos de jogadores comprados com desconto. Outros quando discutiam o uso de estatísticas no recrutamento de atletas. Esses são, no geral, bons exemplos. Existem, porém, alguns mitos acerca da relação entre *moneyball* e futebol. Para começar, o recrutamento de jogadores de beisebol envolve trocas de jogadores, e não preços por transferência. Não existe algo como uma compra por 5 milhões de libras com desconto, ou seja, abaixo de um valor esperado. Segundo, a avaliação quantitativa de jogadores de futebol não foi inventada no lançamento de *Moneyball*. Já havia, nos clubes, paradigmas a serem considerados na compra de um jogador, e de longa data, de anos antes de o livro ser escrito. Em outras palavras, a noção ali descrita não foi tão influente no futebol quanto em outros esportes. Apesar disso, sua popularidade gerou um interesse maior na análise estatística do futebol. A ideia por trás de *Moneyball* não é usar os dados para descobrir talentos; é usá-los para encontrar um Hatteberg — um jogador com baixo valor de mercado que não esteja sendo aproveitado de forma eficaz.

O Red Bull Salzburg encontraria seu Hatteberg no atacante catalão Jonathan Soriano — então sem perspectiva no Barcelona B — quando, com suas atuações na campanha do time na Copa da Uefa 2013-4, ele chamou a atenção do continente inteiro. O interesse por Soriano atingiu um pico após a vitória do Red Bull sobre o Ajax por 6 × 1.

A marcação alta do time de Salzburgo se mostrou tão estruturada que Daley Blind e Mike van der Hoorn, jogadores de posse de bola no Ajax, tiveram liberdade para mantê-la, mas, uma vez que a passavam para o meio ou para um dos zagueiros, o Ajax caía na armadilha da saída sob pressão. Os holandeses, cada vez mais frustrados, se desorganizavam tentando compensar com outras estratégias. No terceiro gol do Salzburg, Soriano encobriu o futuro goleiro do Barcelona, Jasper Cillessen, da linha central do campo.

Foi uma temporada decisiva para o Red Bull Salzburg, tornada possível pela filosofia de Ralf Rangnick (depois emigrado para o Leipzig), técnico contratado pela Red Bull em 2012 para criar uma identidade de jogo clara para cada clube da Red Bull. Quando Mateschitz o chamou, a idade média da equipe era de 29 anos. Rangnick disse ao proprietário da empresa que, com um slogan mirando o público jovem ("Red Bull te dá asas"), não era possível criar identificação com jogadores mais velhos. "Expliquei a ele que buscaria uma evolução [do clube] contratando jovens jogadores talentosos e desconhecidos e [jogando] um futebol de transições e pressão no ataque que combinasse com a marca Red Bull."

"Toda a filosofia do nosso clube é parte de uma filosofia maior da Red Bull, a partir do que pensa nosso ex-diretor esportivo, Ralf Rangnick. Seguimos adotando a noção básica de um jogo veloz e agressivo, com espírito de equipe e rápida recuperação de bola", reafirmou Vivell, olhando em retrospecto. "Defendemos coletivamente com transições velozes de jogo. É uma mentalidade clara introduzida por Rangnick." Os jogadores contratados são antes cuidadosamente avaliados e devem ter tanto aptidão mental quanto capacidade técnica para jogar segundo as diretrizes de Rangnick. "Se o candidato não tem a característica de marcar por pressão, não será contratado. Mas nem sempre conseguimos enxergar o potencial de um jogador no próprio ambiente — talvez o treinador esteja dizendo a ele para relaxar quando não tiver a bola —, de modo que precisamos usar a imaginação [ao recrutar]", contou Vivell.

A ESCOLA EUROPEIA

Ralf e Rene

Em sua Alemanha natal, Ralf Rangnick é considerado um pioneiro da evolução tática. "Ele aparecia na tevê no final dos anos 1990 — provavelmente 1999 — desenhando os sistemas num quadro para explicar como funcionavam", lembrou Tobias Escher, do site especializado Spielverlagerung.de. "Foi um grande escândalo; as pessoas ficavam ofendidas porque, para elas, o futebol era um esporte simples que não precisava ser complicado." Em Salzburgo, Rangnick encontrou um lar. As pessoas ali apreciam a inteligência, em termos táticos e de maneira geral. Todos os dias é possível ver marmanjos jogando xadrez num tabuleiro gigante, na praça Kapitelplatz, enquanto turistas fotografam os duelos.

Ao norte da praça, às margens do pitoresco rio Salzach, fica o centro de formação do Red Bull. É, sem dúvida, o mais impressionante da Áustria — com duzentos metros de comprimento e construído com madeira local. Para o proprietário do clube, Mateschitz, funciona como eixo central da estratégia de longo prazo concebida por Rangnick: "A equipe vai rejuvenescer naturalmente à medida que novos talentos forem sendo promovidos da base para o time de cima".[LIV] Vivell reforçou: "Queremos oferecer a esses jovens jogadores a formação perfeita. Não só no futebol, mas capacitando-os para a vida. Isso é muito importante para o Red Bull. Temos o centro de formação perfeito, um dos melhores da Europa. Instalações novinhas". Futuros astros do hóquei e do futebol frequentam o mesmo internato e são incentivados a servir de inspiração uns para os outros ao mesmo tempo que competem sem ser agressivos.

René Marić trabalha para o Salzburg como técnico das categorias de base e explicou o modelo sob o qual funciona o centro: "É de marcação alta, por pressão, sempre conforme o movimento de bola,[5] grande compactação e defesa orientada para o ataque, e não para a retaguarda,[6] além de foco em ambas as fases de transição e como

---

[5] O jogador e o time se reajustam de acordo com a posição da bola (e seu movimento) quando não têm a posse.

[6] Significa pressionar adiante da linha da bola, tanto para a frente quanto na diagonal, em todas as ações defensivas. Isso evita as corridas de volta ao próprio campo.

DANIEL FIELDSEND

explorá-las. O modelo é implementado em todas os times das categorias inferiores, sendo apenas adaptado. Significa que cada treinador pode trabalhar a partir de suas circunstâncias — idade dos jogadores etc. — e com variações segundo funções e padrões específicos, mas os princípios permanecem sempre os mesmos".

René, com seus pouco mais de vinte anos, é outro técnico de uma nova geração que gosta de dissecar o jogo. Trabalha com os sub-18 e sub-19 (também chamados de time da Uefa Youth League — um grupo que, em 2017, abrilhantou o torneio ao derrotar o PSG por 5 × 0) e foi contratado por conta de sua *expertise* tática. Mas o modelo de jogo que permeia o clube não é resultado do trabalho de Ralf Rangnick apenas, conforme enfatiza Marić — também se inspirou em Helmut Groß e Ernst Tanner. "Tem uma quantidade enorme de detalhes que são difundidos nas categorias de base. É verdadeiramente um modelo do Red Bull, com muitos estudiosos e treinadores por trás dele, e cada técnico acrescentando pequenos detalhes próprios."

Um treinador que Rangnick admirava e ajudou a trazer para o clube, Roger Schmidt, deu sua contribuição ao modelo, ao passo que Ernst Tanner, atual diretor do centro de formação, colaborou no seu desenvolvimento. Helmut Groß, também engenheiro civil, "construía pontes durante o dia e treinava times de amadores à noite", nas palavras Paul Campbell. Foi Groß, de acordo com Campbell, quem introduziu no futebol da Alemanha e da Áustria o esquema defensivo conforme o movimento da bola. "Em 1989, Groß assumiu as categorias de base do Stuttgart, lançando as bases de um sistema de formação que desde então revelou talentos como Mario Gomez, Sami Khedira e Timo Hildebrand." Campbell escreveu ainda que Groß ficou amigo de Ralf Rangnick e que os dois, de tanto assistirem aos vídeos do Milan de Sacchi, detonaram o videocassete.[7] Groß é conselheiro do Red Bull e, ao lado de Rangnick, Schmidt e Tanner, ajudou a desenvolver o modelo que trouxe fama a Salzburgo para além dos paralelepípedos de Mozart.

---

[7] CAMPBELL, P. *The Blizzard: The Football Quarterly*. Sunderland: Blizzard Media, 2015.

14.
INTERVALO DE LEITURA: INVESTINDO EM POTENCIAL; TRANSFERÊNCIAS EUROPEIAS

"Cabe ao clube, em colaboração com o departamento de análise estatística, elaborar uma lista de atletas que atendam a essa necessidade. Antigamente, somente o treinador e o presidente produziam essa lista, mas o futebol é um grande negócio hoje em dia e muitos fatores são levados em conta além de simplesmente o desempenho que o atleta pode ter dentro de campo: idade e potencial valor de venda, receitas comerciais e coisas assim."

Carlo Ancelotti em sua autobiografia,
Liderança tranquila[1]

Gerar receita é o aspecto último e determinante do futebol, e assim tem sido, pode-se dizer, desde a construção de estádios por proprietários de terras no século XIX. As transferências são a face pública dessa geração de receitas e, portanto, assumem grande relevância para torcedores e clubes, especialmente no contexto dos métodos em futebol, uma vez que acabaram servindo para redefinir noções de sucesso no esporte desde a lei Bosman.[2] Conforme destaca

[1] ANCELOTTI, C; BRADY, C; FORDE, M. *Liderança tranquila*. Campinas: Grande Área, 2018, p. 113-4.
[2] KRANZ, A. *The Bosman Case: The Relationship between European Union Law and the Transfer System in European Football*, 1998.

Ancelotti, diretores no continente europeu ao longo dos anos levaram em consideração os fatores anteriormente mencionados na hora de fechar uma transferência. Basta lembrar as palavras de Ralf Rangnick no capítulo anterior. Todos os clubes têm em conta a idade, o potencial e o valor de revenda do jogador, mas vários deles, como o Red Bull Salzburg, põem grande ênfase nesses fatores, moldando ativamente sua identidade comercial em função do investimento em talentos em potencial. "Só nos interessam jogadores entre dezessete e 23 anos", afirmou Rangnick, numa conferência em Zurique, "e depois, quando se consegue a melhor oferta, é liberá-los para outros clubes tendo mais jogadores como eles já engatilhados." Este capítulo pretende explorar um grupo similar de clubes, todos parecidos nessa atitude autoconsciente.

A ESCOLA EUROPEIA

"Ano após ano, o clube vende, compra, forma e busca bons negócios no mercado", escreveu o *Telegraph* sobre o modelo de transferências do Southampton, em outubro de 2016. Segundo o jornal, uma estratégia revigorante — e usada pelos clubes do continente desde que a lei Bosman entrou em vigor, na década de 1990, quando se conscientizaram do valor de mercado dos jogadores. Conforme descobriram Sæbø e Hvattum (2015), "na avaliação de investimentos, ajuda-se [os clubes] a conhecer o valor de mercado dos jogadores e a identificar ineficiências na definição dos preços [de transferência]".[3] Em outras palavras, o objetivo é encontrar talentos subvalorizados. O processo aí descrito se aplica a alguns operadores notoriamente astutos: Porto, Benfica, Sevilla e Udinese, para citar apenas alguns.

Isso se tornou de tal forma comum num mercado em que há uma hierarquia da riqueza, como é o do futebol (no qual os clubes conhecem cada qual o seu lugar), que a estratégia até ganhou um nome. É chamada, em várias fontes, de Investimento Financeiro em Crescimento Potencial (FIPG, na sigla em inglês) e definida como "um bloqueio a gastar mais do que o compatível com os próprios meios, assegurando ao mesmo tempo a obtenção de lucro".[LVI] Descreve bem um "clube de vendas" e, para facilitar, a definição será usada neste capítulo.

Nos últimos anos, tem havido um aumento no número de estudos sobre transferências, especificamente acerca da importância de que os clubes acertem ao fazê-las. "Os investimentos em transferências mostram impacto bastante significativo e positivo na pontuação média por jogo em campeonatos nacionais" (Rohde; Breuerm, 2016);[4] "o crescente interesse popular e financeiro pelo futebol coloca maior pressão sobre os clubes profissionais para que invistam bem naquilo que é seu ativo essencial: jogadores de futebol" (Sæbø; Hvattum, 2015), o que leva à conclusão de Rodrigues (2016): "[Nas cinco maiores ligas da Europa] a demanda por jogadores de qualidade

---

[3] SÆBØ, O; HVATTUM, L. *Evaluating the Efficiency of the Association Football Transfer Market Using Regression-based Player Ratings*. Molde University College, 2015.

[4] ROHDE, M; BREUER, C. "Europe's Elite Football: Financial Growth, Sporting Success, Transfer Investment, and Private Majority Investors". *Int. J. Financial Stud.* 16 ed., n. 4, 2016, p. 12.

DANIEL FIELDSEND

é alta e a competição para conseguir contratá-los, acirrada".[5] Tudo isso surge em contraste direto com a mentalidade dos membros de conselhos e acionistas de uma era anterior, na qual se acreditava que prejuízos ocorreriam naturalmente e contava-se com o socorro dos patrocinadores, caso se deixasse passar o momento certo para uma venda.

Hoje em dia, dirigentes de clubes desenvolveram um grau mais elevado de autoconsciência. Os acadêmicos alemães Sybille Frank e Silke Steets escreveram, em 2010, sobre a hierarquia da riqueza e a migração de talentos numa indústria transnacional. "Há muitos clubes", reconheciam em seu texto, "que dependem de jogadores nacionais, principalmente jovens talentos aspirantes, aos quais se somam jogadores do exterior, e para quem esses clubes são frequentemente um trampolim para sucessos maiores na carreira." Trata-se, destacavam os mesmos estudiosos, de um acordo mútuo entre o jogador e um desses clubes que aceitam uma "identidade trampolim".[6] Lassana Diarra, jogador de seleção na França, confirmou essa mentalidade quando, aos 23 anos, assinou com o Portsmouth. Ao ser apresentado para a imprensa britânica, fez comentários como:

"O pessoal sabe, aqui no Portsmouth, que não vou passar o resto da minha vida no clube."; "Se eu brilhar, se um clube realmente grande me quiser, eu já sei que tudo vai se acertar."; "Quero, de fato, pensar em mim mesmo e naqueles que me valorizam."

Diarra teve bom desempenho, conquistou a Copa da Inglaterra e foi contratado pelo Real Madrid por 20 milhões de libras.[LVI] Ao contrário do Portsmouth, que acabou cheio de dívidas e sob intervenção, clubes de outros lugares sobrevivem organicamente usando o mercado de transferências para investir na trajetória de jogadores como Diarra. Antigamente, a noção de comprar um jogador com o objetivo de vendê-lo mais adiante não existia. Antes da lei Bosman, os clubes não precisavam vender seus jogadores; eram seus donos e retinham todo o valor. No entanto, com o novo poder dado aos jogadores, foram forçados a passar a realizar lucros como se eles fossem

[5] P. M. M. Rodrigues. *Football Players' Transfer Price Determination based on Performance in the Big 5 European Leagues* (Tese de doutorado, NOVA—School of Business and Economics), 2016.

[6] FRANK, S; STEETS, S. *Stadium Worlds: Football, Space and the Built Environment.* Great Britain: Routledge, 2010.

ativos no mercado de ações, antes que seu valor diminuísse e pudessem ir embora de graça. A noção de "confiança" é agora questionável. Somente numa época de dinheiro mais volátil é que o capitalismo movido a ativos proporcionou que a ideia de sucesso no futebol fosse questionada e redefinida. Um clube agora pode ser bem-sucedido, saudável e próspero sem ganhar troféus. O que é controverso do ponto de vista dos torcedores — eles nunca veem o dinheiro —, mas, para os clubes, lucro representa vitória.

Os subtópicos a seguir tratam de tipos de transferência, especificamente quanto à noção de investir em talento. Procurarei comparar a mentalidade de clubes que dependam de sua posição hierárquica num mundo futebolístico de motivação financeira. São clubes que ou priorizam o sucesso (títulos) ou o lucro (vendas). Geurts (2016) vê um conflito de interesses entre as duas coisas, maximizar o lucro e maximizar o sucesso: "A primeira diz respeito a um clube cuja função objetiva dominante é lucrar, ao passo que a segunda preconiza que os clubes podem ser motivados pelo sucesso esportivo com uma restrição orçamentária de lucro zero." No entanto, ao longo do tempo, se atuam inteligentemente, os clubes podem chegar a transformar lucros em títulos (vide o Sevilla).[7]

Figura 1: Pirâmide de hierarquia da riqueza.

---

[7] A maioria das pesquisas defende a ideia de que os clubes preferem maximizar vitórias, com a inevitável perda de receita decorrente. É, portanto, fundamental o reconhecimento a clubes que visam ao lucro (Atlético, Porto, Sevilla) e ainda assim conseguem, ao mesmo tempo, um equilíbrio que lhes garanta troféus.

DANIEL FIELDSEND

Todos os clubes estão aptos a tomar parte no processo de investimento em potencial (FIPG). Norbäck, Olsson & Persson (2016) explicam o processo da seguinte forma: "O clube de origem [faz] um investimento vultoso em recrutamento e formação de talentos, o que aumenta a probabilidade de garimpar e produzir um craque. A natureza, então, provê a verdadeira qualidade do jogador talentoso", o que resulta em revenda e lucro.[8]

O estágio que fica a cargo da natureza é especialmente importante para capitalizar o potencial. Tome-se a evolução de Luis Suárez, por exemplo. Ainda um jovem jogador no Nacional de Montevideo (valor de mercado (VM) do clube: 16,8 milhões de libras), ele foi comprado pelo Groningen (VM: 20,53 milhões) por 680 mil libras. Aos vinte anos, chegou ao Ajax (VM: 102,9 milhões) por 6 milhões. Tendo em conta o peso econômico do futebol holandês, o clube reteve máximo valor ao vender Suárez, já aos 24 anos, para o Liverpool (VM: 329 milhões), em 2011, por 22,7 milhões, sempre em libras. Numa liga mais forte e num clube com grande capacidade financeira, as atuações de Suárez aumentaram seu valor de mercado na mesma proporção. Em 2014, ele havia alcançado seu auge e foi comprado pelo Barcelona (VM: 643 milhões) por 69 milhões. A carreira do atacante uruguaio é um exemplo perfeito de Investimento Financeiro em Crescimento Potencial. Como sua performance cresceu em plataformas mais badaladas (concomitantemente com seu desenvolvimento natural), o mesmo aconteceu com valor de mercado e preço de transferência, gerando lucro para todos os clubes.

1. Investindo em potencial: os superclubes

Clubes que adotam políticas conscientes para ter sucesso no mercado de transferências podem fazê-lo porque no topo da cadeia alimentar capitalista está sempre um proprietário disposto a gastar em excesso, seja para marcar posição ou exercitar o ego. Roman Abramovich no Chelsea, Suleyman Kerimov no Anzhi, Florentino Pérez no Real Madrid, Nasser Al-Khelaïfi no PSG e Sheikh Mansour no Manchester City têm

---

[8] NORBÄCK, P; OLSSON, M; PERSSON, L. *The Emergence of a Market for Football Stars: Talent Development and Competitive Balance in European Football.* Research Institute of Industrial Economics, 2016, p. 1.126.

A ESCOLA EUROPEIA

investido pesadamente desde 2005. Empresários chineses foram incentivados pelo presidente Xi Jinping, em 2015, a transformar o país numa potência do futebol, adquirindo ativos a qualquer custo. Para esses homens, nenhum preço é alto demais. As ondas que criam nos escalões abaixo deles são surfadas por donos de clubes em outros lugares.

Nesse ecossistema de clubes e ligas com faturamentos variados, é importante para uma instituição saber em que nível se encontra. No topo estão os superclubes obrigados a fazer compras caras e acumular dívidas na busca do sucesso. São menos propensos a investir em potencial e preferem comprar astros prontos com evidente talento — tanto de fato quanto de marketing. O Real Madrid, exemplo mais acabado desse alto escalão, quebrou cinco vezes consecutivas o recorde mundial para o valor de uma transferência, com Luís Figo, Zinedine Zidane, Kaká, Cristiano Ronaldo e Gareth Bale.

Simon Kuper e Stefan Szymanski calcularam, em *Soccernomics*, que, caso os dois maiores clubes da Espanha revissem suas prioridades e deixassem de gastar com jogadores, isso afetaria negativamente suas posições na liga: "Se o Barcelona quisesse maximizar os lucros, teria que passar a mirar o 15º lugar da tabela, pois precisaria cortar salários. Um Real Madrid movido a lucratividade teria de reajustar suas expectativas para não mais que uma 17ª colocação". Um tema recorrente em *Soccernomics* é o de que todo clube que aspira a ganhar títulos incorre em dívida ao fazê-lo. E o faz de bom grado. Para se manter competitivo, um clube precisa gastar, sob pena de que dirigentes em outros lugares invistam e o deixem para trás.[9] São os clubes "motivados pelo sucesso", no topo da pirâmide capitalista.

Esses superclubes se veem obrigados a comprar jogadores no auge de seu valor de mercado e retê-los durante os anos em que estão em melhor forma. O Barcelona registrou prejuízo de 35 milhões de euros com Zlatan Ibrahimović, em negociação que envolveu os dois clubes de Milão. O clube nem pensou duas vezes. O prejuízo foi compensado por prêmios em dinheiro e faturamento comercial e com a conquista de dois títulos da Champions League, um antes e

---

[9] KUPER, S; SZYMANSKI, S. *The Worst Businesses in the World. In: Soccernomics.* 3 ed. Great Britain: Harper Sport, 2012, p. 74-5.

DANIEL FIELDSEND

outro depois da contratação (15 milhões de euros em prêmios, além de ganhos com patrocínio estimados em 244 milhões de euros pela Deloitte). Os catalães puderam se dar ao luxo de errar no negócio. O Real Madrid trouxe ao futebol a benção da primeira equipe Galáctica, campeã da Champions League de 2002. Financeiramente, cresceu como marca global naquele período, mas, ao assinar com jogadores em seu auge, teve prejuízo no mercado de transferências. (A possibilidade de compensação pelo faturamento comercial talvez se torne improvável no futuro, com a introdução das regras de fair play financeiro.)

Eis alguns exemplos dos prejuízos sofridos naquela era:

Nome	De	Por (em libras)	Para	Por (em libras)
Luís Figo	Barcelona	37 mi	Internazionale	7 mi
Zinedine Zidane	Juventus	62,48 mi	(aposentado)	0
David Beckham	Manchester United	31,8 mi	LA Galaxy	0
Walter Samuel	Roma	19,55 mi	Internazionale	15,3 mi
Ronaldo	Internazionale	38,25 mi	Milan	6,38 mi
		Total 189,08 mi		Total 28,68mi
		Prejuízo de 160,4 mi		

Tabela 1. Com exceção de Walter Samuel, todos os jogadores ficaram nos clubes nos anos em que estavam em melhor forma.

2. *FIPG: Pesos pesados — Exemplos espanhóis*

A seguir vêm os clubes que ficam espremidos entre os estratos da pirâmide. Para eles, o objetivo é investir em jogadores que tenham mostrado grau consistente de evolução, com potencial natural para atingir um patamar de interesse para os superclubes. Compram esses jogadores (de ligas menos valorizadas) com o propósito de também aumentar seu status como clubes, mas estão numa posição privilegiada de barganha ao revendê-los aos superclubes (ou a quem se

A ESCOLA EUROPEIA

disponha a pagar) por sua estabilidade financeira quando as ofertas aparecem. Enrique Cerezo, presidente do Atlético de Madrid, disse sobre o assunto: "O Atlético é um clube que compra... Existem equipes que pagam muito mais [aos jogadores] e eles vão embora... Não é um problema que me preocupe. Jogadores com características semelhantes chegam e podem ter um desempenho ainda melhor".[LVII]

O Atlético está no limiar de se tornar um superclube, tendo chegado em 2016 ao sétimo lugar no ranking de valor de mercado (Deloitte). Antes da estreia de Fernando Torres, no entanto, o clube definhava na segunda divisão espanhola. El Niño, o menino (como é conhecido), tornou-se capitão do time aos dezenove anos e foi a peça central no retorno ao campeonato espanhol. Após sua venda, em 2007, para o Liverpool, o presidente Cerezo conseguiu implementar uma estratégia de investir em jogadores de ataque potencialmente valiosos:

Nome	De	Por (em libras)	Para	Por (em libras)
Fernando Torres	*base*	0	Liverpool	26 mi
Sergio Agüero	Independiente	18,5 mi	Manchester City	34 mi
Radamel Falcao	Porto	34 mi	Monaco	37 mi
Diego Costa	Braga	1,28 mi	Chelsea	32,3 mi
A. Griezmann	Real Sociedad	25,5 mi	*	*
Mario Mandžukić	Bayern de Munique	18,7 mi	Juventus	16,15 mi
Jackson Martínez	Porto	31,15 mi	Guangzhou	35,7 mi
Fernando Torres	Milan	0	*	*

O processo culminou nas duas vezes em que o Atlético quase ganhou a Champions League, o que só não ocorreu pela afluência

DANIEL FIELDSEND

de seu vizinho mais comercial e movido a grandes gastos, o Real Madrid. Da mesma forma, hoje em dia é improvável que o torneio seja vencido por um Estrela Vermelha de Belgrado, um *outsider*, como em 1991, quando o clube derrubou paradigmas predeterminados, como o de que ter menos dinheiro significa não poder ser campeão. Na sequência do triunfo iugoslavo, a regra de que os clubes ricos são geralmente mais propensos ao sucesso do que aqueles menos abastados se provou verdadeira. No entanto, uma política que leve em conta o FIPG permite que clubes mais pobres se tornem ricos ao longo do tempo e, portanto, passem a ter mais chances de triunfar. O Sevilla é um exemplo disso, e outra história de gata borralheira espanhola, tendo passado de um clube de estivadores da Andaluzia, sempre à sombra dos vizinhos do Betis, a vencedor mais frequente da Copa da Uefa e primeiro time a conquistar um troféu europeu por três anos seguidos desde o Bayern de Munique de Beckenbauer (1974 a 1976).

O arquiteto da era de ouro do Sevilla não foi um treinador ou um jogador, e sim um diretor. Monchi assumiu a função em 2000, quando o clube flertava com endividamento e rebaixamento. Ele explicou sua estratégia: "Dezesseis pessoas cobrem uma série de ligas. Nos primeiros cinco meses de campeonato, assistimos a muito futebol, mas sem objetivo específico: estamos apenas acumulando informação. Todos os meses a gente escala o time titular ideal para cada liga. Aí, a partir de dezembro, começamos a assistir aos jogadores atuando regularmente em diferentes contextos — em casa, fora, quando convocados para suas seleções —, de modo a montar o perfil de equipe mais abrangente possível". Monchi cria um banco de dados com mais de duzentos alvos em potencial a cada temporada. "Se um jogador vem dizer: 'O Chelsea me quer', eu respondo: 'E para que então você precisa falar comigo?'. Mas, se o Swansea ou o Spurs é que estão interessados, vamos conversar." É um diretor totalmente ciente do nível hierárquico do Sevilla. Algumas das transações mais lucrativas que obteve estão listadas a seguir:

A ESCOLA EUROPEIA

Nome	De	Por (em libras)	Para	Por (em libras)
Christian Poulsen	Schalke	0	Juventus	8,29 mi
Seydou Keita	Lens	3,4 mi	Barcelona	11,9 mi
Dani Alves	Bahia	468 mil	Barcelona	30,18 mi
Adriano	Coritiba	1,79 mi	Barcelona	8,08 mi
Gary Medel	U. Católica	2,55 mi	Cardiff	11,05 mi
G. Kondogbia	Lens	3,4 mi	Monaco	17 mi
Jesús Navas	*base*	0	Manchester City	17 mi
Álvaro Negredo	Real Madrid	12,75 mi	Manchester City	21,25 mi
Federico Fazio	Ferro	680 mil	Tottenham	8,5 mi
Ivan Rakitić	Schalke	2,13 mi	Barcelona	15,3 mi
Alberto Moreno	*base*	0	Liverpool	15,3 mi
Aleix Vidal	Almería	2,55 mi	Barcelona	14,45 mi
Carlos Bacca	Club Brugge	5,95 mi	Milan	25,5 mi
Kevin Gameiro	**PSG**	6,38 mi	A. de Madrid	27,2 mi
G. Krychowiak	Reims	4,6 mi	**PSG**	28,56 mi
		Total 46,65 mi		Total 259,56 mi

Assinar com um jogador que não consegue se adaptar é um problema em qualquer transferência. Clubes inteligentes, como o Barcelona, identificam alvos em ambientes que cultivam estilos como o seu — por exemplo, no Sevilla: Keita, Daniel Alves, Adriano, Rakitić e Vidal. Criar coesão deveria ser o objetivo de toda compra.

DANIEL FIELDSEND

3. Contrate-os ainda jovens

Os clubes que mais notoriamente sabem como explorar o mercado de transferências são Porto e Benfica. Portugal oferece uma atmosfera de boas-vindas aos jogadores das Américas que querem se estabelecer na Europa. Culturalmente, funciona como um agradável porto de chegada, com seu clima quente e descontraído, especialmente em Lisboa; como praticamente inexiste regulamentação quanto a autorizações de trabalho para jogadores estrangeiros, o que não se encontra em outros lugares, e ainda por terem vigorado em certo momento as negociações envolvendo propriedade de terceiros, Porto e Benfica conseguiram contratar jogadores do mundo todo. Os clubes espanhóis só podem manter, simultaneamente, até três jogadores de fora da União Europeia. Os italianos têm autorização para contratar apenas um por temporada. Uma Premier League que não conte com a União Europeia ainda está para acontecer, mas autorizações de trabalho são obrigatórias. Em Portugal, no entanto, não existem tais regulamentações. Uma vez dentro do país, jogadores sul-americanos podem entrar com pedido de passaporte europeu, já antevendo a próxima transferência.

Exemplo I: Porto

Seixo Alvo é uma praça sonolenta na qual o ritmo da vida cotidiana é ditado por gatos de movimentos lentos. Na praça há um ponto de ônibus, uma padaria e uma barbearia. É ali também que fica Porto Gaia, complexo que visitei em fevereiro. Ao meio-dia, enquanto os sinos da igreja ecoavam distantes, os velhos na barbearia, virando para a janela, viam passar os carrões esportivos. "Lá vai o Casillas", apontou um deles. "Não, era o Héctor [Herrera, meia mexicano]. Você está cego!" Desde a inauguração de Porto Gaia, rua acima, em 2002, aqueles velhos viram muitos carrões passando pela praça: neles iam Falcao, Hulk, James, Pepe e Carvalho, para citar apenas alguns.

A fachada da barbearia e, na verdade, da maioria das casas e igrejas do Porto, parece feita de fina porcelana azul, com milhares de azulejos a formá-las — uma noção arquitetônica importada do Brasil no século XIX. É a cidade onde Portugal começou. Seu porto foi usado pelo rei para a exploração das Américas. O Porto naturalmente tem

A ESCOLA EUROPEIA

ligação histórica forte com o Brasil, o que se reflete, na atualidade, nos recrutamentos de seu clube de futebol.

Depois de passar pelos regimes de treinamento da PT, os jogadores evoluem até se aproximar de seu potencial máximo, para então serem vendidos a mercados mais ricos. Antero Henrique, diretor do Porto, explicou há alguns anos que o clube tem mais de trezentos olheiros no mundo todo, trabalhando em vários níveis hierárquicos, que ajudam a compilar um "duplo" do time, com jogadores disponíveis para contratação imediata, caso um dos atuais titulares seja vendido.

Conversei com Tom Kundert, da revista *World Soccer*, sobre a estratégia de venda à queima-roupa do Porto, montando um plantel para ser negociado. "O clube contrata esses jogadores na América do Sul, jovens e talentosos, cuida de sua evolução até se tornarem jogadores de primeiro nível mundial, usa muito bem seus serviços e os revende com lucro enorme. Os preços são altos porque o clube construiu uma reputação de ter jogadores de qualidade, de modo que o comprador sabe que está negociando com o melhor do mercado." O escritor John le Carré escreveu, certa vez, que, quanto mais caro um quadro, independentemente da qualidade, menos propenso estará o comprador a duvidar de sua autenticidade. Em outras palavras, se custa muito, deve ser por um bom motivo. A ideia se aplica ao futebol. Alguns clubes se dispõem a gastar generosamente com os astros do Porto porque, em tese, eles vêm com selo de garantia. Mas jogador nenhum tem garantia de encaixe perfeito, assim como quadro nenhum garante lucro na revenda.

A próxima tabela mostra vendas de mais de 10 milhões de libras desde o triunfo do clube na Champions League de 2004 (até 2017). Quase metade dos jogadores vendidos era agenciada por Jorge Mendes, ex-dono de boate, e, dos oito primeiros, sete eram jogadores portugueses. À medida que o jogo se tornou mais globalizado, diminuiu o número de portugueses comprados e vendidos — foram apenas três dos dezesseis negociados a partir de 2009. A maioria passou a ser trazida das Américas.

DANIEL FIELDSEND

Nome	Preço (em libras)	De	Para	Ano	Por (em libras)	Idade
Ricardo Carvalho	n/a	Porto B	Chelsea	2004	22,5 mi	26
Deco	6 mi	Benfica	Barcelona	2004	15,75 mi	26
Paulo Ferreira	1,5 mi	Vitória	Chelsea	2004	15 mi	24
Maniche	0	Benfica	Dynamo Moscow	2005	12 mi	26
Anderson	3,75 mi	Grêmio	Manchester Utd	2007	26,63 mi	18
Pepe	1,5 mi	Marítimo	Real Madrid	2007	22,5 mi	23
Quaresma	4,5 mi	Barcelona	Internazionale	2008	18,45 mi	24
José Bosingwa	750 mil	Boavista	Chelsea	2008	15,38 mi	25
Lisandro López	1,73 mi	Racing Club	Lyon	2009	18 mi	25
Lucho González	7,7 mi	River Plate	O. Marselha	2009	14,25 mi	27
Aly Cissokho	225 mil	Vitória	Lyon	2009	12,15 mi	21
Bruno Alves	750 mil	AEK	Zenit	2010	16,5 mi	28
Raul Meireles	0	Boavista	Liverpool	2010	10 mi	26
Falcao	4,07 mi	River Plate	A. de Madrid	2011	30 mi	24
Hulk	14,25 mi	Verdy	Zenit	2012	41,1 mi	26
James Rodríguez	1,88 mi	Banfield	Monaco	2013	33,75 mi	21
João Moutinho	8,25 mi	Sporting	Monaco	2013	18,75 mi	26
Eliaquim Mangala	5 mi	S. Liège	Manchester City	2014	30 mi	23
Fernando	540 mil	Vila Nova	Manchester City	2014	11,25 mi	26
Juan Iturbe	3 mi	Quilmes	Verona	2014	11,25 mi	20
Jackson Martínez	6,67 mi	Jaguares	A. de Madrid	2015	27,83 mi	28
Danilo	9,75 mi	Santos	Real Madrid	2015	23,65 mi	23

Nome	Preço (em libras)	De	Para	Ano	Por (em libras)	Idade
Alex Sandro	7,2 mi	Maldonado	Juventus	2015	19,5 mi	24
Giannelli Imbula	15 mi	O. Marselha	Stoke City	2016	18,19 mi	23
	Total 104,02 mi				Total 476,13 mi	

A idade média dos jogadores no momento da venda é de 24,3 anos. Quanto mais velhos, menor o valor de mercado, naturalmente. Uma das razões pelas quais o Porto consegue vender por preços tão altos é o fato de ter participado da fase de grupos nas últimas 22 edições consecutivas da Champions League — feito igualado apenas pelo Real Madrid e pelo Barcelona (2017). No entanto, a compra do goleiro campeão do mundo Iker Casillas, de 34 anos, do Real Madrid, que fez dele o jogador mais bem pago da história do clube, sinalizou um desvio na política do FIPG e minou uma década de prosperidade. A idade e o salário de Casillas significavam que não havia ali potencial de revenda — o Porto teria de ficar com ele. Um ano depois, o clube foi advertido por fiscais das regras de fair play financeiro.

Mas os investimentos do presidente Jorge Nuno da Costa, primeiro em José Mourinho, vindo do Leiria, depois em André Villas-Boas, da Académica, ambos ex-funcionários de menor escalão no próprio Porto, são uma das grandes histórias do futebol moderno. O complexo Porto Gaia é um marco de sua liderança como presidente. Quando Nuno da Costa chegou ao clube como diretor esportivo, em 1976, os rivais locais do Boavista ofereciam mais atrativos aos jogadores. O Porto, naquele ano, tinha apenas cinco campeonatos nacionais, o último vencido dezessete anos antes, em 1959. Como diretor e depois presidente, Nuno da Costa criou uma dinastia — nos quarenta anos entre sua chegada e 2016, o Porto acumulou mais 27 títulos da liga e dois europeus.

DANIEL FIELDSEND

Exemplo II: Benfica

Os Águias Gloriosas, sendo um clube que vivia no limbo de não investir nem em compras nem em suas categorias de base, quase perderam sua identidade na virada do milênio. Em 2010, porém, o Benfica passou a imitar o modelo FIPG do Porto, usando o lucro extra para melhorar suas instalações (conforme descrito anteriormente). Mais tarde, adotou uma estratégia fundada nas categorias de base. Seu presidente, Luís Filipe Vieira, explicou o modelo de redução da dívida: "Um paradigma pelo qual damos oportunidades a nossos jovens de trabalhar e evoluir com o time de cima". Uma vez verificada essa evolução, são vendidos com lucro.

Nome	De	Por (em libras)	Para	Por (em libras)	Idade
Ramires	Cruzeiro	6,38 mi	Chelsea	18,7 mi	23
David Luiz	Vitória (BA)	425 mil	Chelsea	21,25 mi	23
Ángel Di María	Rosario	6,8 mi	Real Madrid	28,05 mi	22
Fábio Coentrão	Rio Ave	765 mil	Real Madrid	25,5 mi	23
Javi García	Real Madrid	5,95 mi	Man City	17,17 mi	25
Axel Witsel	S. Liège	7,65 mi	Zenit	34 mi	23
Nemanja Matić	Chelsea	4,25 mi	Chelsea	21,25 mi	25
Bernardo Silva	base	0	Monaco	13,39 mi	20
Jan Oblak	Olimpija	1,45 mi	A. de Madrid	13,6 mi	21
Enzo Pérez	Estudiantes	2,04 mi	Valencia	21,25 mi	28
Lazar Marković	Partizan	8,5 mi	Liverpool	21,25 mi	20
João Cancelo	base	0	Valencia	12,25 mi	20
Ivan Cavaleiro	base	0	Monaco	12,75 mi	20
André Gomes	base	0	Valencia	17 mi	21

A ESCOLA EUROPEIA

Nome	De	Por (em libras)	Para	Por (em libras)	Idade
Rodrigo	Real Madrid	5 mi	Valencia	25 mi	24
Nico Gaitán	Boca Juniors	7,14 mi	A. de Madrid	21,25 mi	28
Renato Sanches	*base*	0	Bayern	29,75 mi	18
		Total 56,35 mi		Total 332,16 mi	

A idade média de venda desde 2010, no Benfica, é de 22,5 anos, mais uma prova da valorização dos jovens.

4. Pesos médios

Um clube de vendas de nível intermediário está ciente de sua posição. Sabe que, abaixo deles, há clubes com menos cacife dos quais contratar e, acima, clubes com mais cacife para os quais vender. A Udinese é o melhor exemplo dessa categoria. Era para ser um clube pequeno, situado numa cidade de apenas cem mil habitantes perto de Liubliana. Mas, sob o comando da família proprietária, os Pozzo, passou de peixe pequeno na Europa a *habitué* das competições continentais. Conseguiu isso com o trabalho afiado de olheiros e uma excelente política de vendas. A Udinese mantém na folha de pagamento cinquenta profissionais de recrutamento no mundo todo, principalmente na América do Sul, na África e no Leste Europeu: lugares baratos. "Nosso segredo no mercado de transferências internacionais é simples — ou pelo menos soa simples quando dito assim: temos que chegar antes de todo mundo, ou certamente antes de clubes com mais dinheiro e prestígio que nós", explicou o chefe da equipe de recrutamento, Andrea Carnevale.[LIX]

A Udinese contrata jogadores jovens e os retém de duas maneiras: ou emprestando-os (é o clube italiano com mais jogadores cedidos por empréstimo) ou vendendo-os para clubes irmãos. Gino Pozzo, formado em Harvard, é dono também do Granada, da primeira divisão espanhola, e do Watford, da Premier League inglesa — o que lhe permite fazer transferências de jogadores em triangulação entre os clubes.

DANIEL FIELDSEND

A estratégia FIPG tem sido essencial para a evolução observada em Udine. Apenas 30% da arrecadação com direitos de televisão são redistribuídos aos clubes na Série A italiana — a Juventus fica com a maior parte do restante — de modo que se torna necessário encontrar outras formas de receita. A Udinese faturou cerca de 215 milhões de libras com transferências em uma década. Entre 2006 e 2017, contratou uma média de 23,6 jogadores por temporada. Assim que um jogador é negociado, o dinheiro da venda é reinvestido no clube. Pozzo gastou 25 milhões de libras para modernizar o Stadio Friuli para a temporada de 2015.

Abaixo, uma relação de todas as transferências com valores maiores que 5 milhões de libras (vale notar a variedade de clubes, vários obscuros, com os quais a Udinese faz negócios). "[O clube] montou ao redor do mundo uma rede de olheiros [que] se concentram especialmente em jovens de nações com ligas intermediárias" (*The Independent*, 2011).

Nome	De	Por (em libras)	Para	Por (em libras)
Sulley Muntari	Liberty Ghana	0	Portsmouth	8,5 mi
Vincenzo Iaquinta	Castel di Sangro	180 mil	Juventus	9,61 mi
Asamoah Gyan	Liberty Ghana	0	Rennes	6,8 mi
Andrea Dossena	Treviso	340 mil	Liverpool	7,65 mi
Fabio Quagliarella	Sampdoria	6,21 mi	Napoli	15,3 mi
A. Luković	Estrela Vermelha	2,3 mi	Zenit	5,95 mi
Simone Pepe	Palermo	2,13 mi	Juventus	6,38 mi
Cristián Zapata	Deportivo Cali	425 mil	Villarreal	7,65 mi
Gokhan Inler	Zurique	850 mil	Napoli	15,3 mi
Alexis Sánchez	Cobreloa	2,55 mi	Barcelona	22,1 mi
Mauricio Isla	U. Católica	446 mil	Juventus	11,82 mi

A ESCOLA EUROPEIA

Nome	De	Por (em libras)	Para	Por (em libras)
Samir Handanovič	Domzale	0	Internazionale	12,75 mi
Kwadwo Asamoah	Bellinzona	850 mil	Juventus	12,75 mi
Andrea Candreva	Ternana	425 mil	Lazio	6,97 mi
Mehdi Benatia	Clermont Foot	0	Roma	11,48 mi
Juan Cuadrado	A. Nacional	680 mil	Fiorentina	17 mi
Matěj Vydra	Baník Ostrava	2,55 mi	Watford	7,14 mi
Luis Muriel	Deportivo Cali	1,28 mi	Sampdoria	8,93 mi
A. Peñaranda	Dep. La Guaira	655 mil	Watford	9 mi
Allan	Granada	2,55 mi	Napoli	9,78 mi
Roberto Pereyra	River Plate	1,7 mi	Juventus	12,75 mi
Nico López	Roma	3,4 mi	Internacional	7,72 mi
Piotr Zielinski	Lubin	85 mil	Napoli	11,9 mi
		Total 29,61 mi		Total 245,23 mi

5. Pesos leves: os holandeses

Os principais fatores numa avaliação de mercado são a competitividade da liga, as receitas de televisão, o valor do clube, o endividamento e a duração do contrato.[10] Mas, independentemente de limitações de tamanho, é sempre possível ter lucro, não importa se um clube é grande ou insignificante. Heerenveen é a menor cidade a contar com um representante na Eredivisie na história da primeira divisão holandesa. São apenas 30 mil habitantes na cidade, a maioria agricultores que preservam uma língua própria. Em termos esportivos e econômicos, o clube local tem desempenho astronomicamente acima de seu tamanho.

[10] FEESS, E; MUEHLHEUSSER, G. "The Impact of Transfer Fees on Professional Sports: An Analysis of the New Transfer System for European Football". *The Scandinavian Journal of Economics*, n. 10, v. 1, 2003, p.139-54.

DANIEL FIELDSEND

A estratégia de transferências que adota, assim como a de seu grande rival do norte, o Groningen (os dois fazem o chamado "Derby van het Noorden"), tem lhe proporcionado ganhos marginais consistentes na Eredivisie, permitindo-lhe reinvestir tanto em instalações quanto em melhores jogadores. É uma estratégia de longo prazo que demorou muitos anos para dar resultados, mas que fez aumentar o valor de mercado de ambos os clubes. Os lucros obtidos com a venda de jogadores foram investidos no treinamento de jovens, na expansão dos estádios e, claro, num cassino no Euroborg, estádio do Groningen. Vejamos as principais vendas do clube na última década:

Nome	De	Por (em libras)	Para	Por (em libras)
Luis Suárez	Nacional	680 mil	Ajax	6,38 mi
Bruno Silva	Danubio	170 mil	Ajax	3,19 mi
Filip Kostic	Radnicki	1 mi	Stuttgart	5,1 mi
Virgil van Dijk	Willem II	0	Celtic	2,55 mi
Dušan Tadić	Vojvodina	935 mil	Twente	4,6 mi
Tim Matavz	Gorica	950 mil	PSV	5,95 mi
Marcus Berg	Gotemburgo	3,4 mi	Hamburgo FC	8,5 mi
		Total 7,14 mi		Total 36,27 mi

E, abaixo, as maiores transferências do Heerenveen no mesmo período:

Nome	De	Por (em libras)	Para	Por (em libras)
Alf Finnbogason	Lokeren	425 mil	Real Sociedad	6,8 mi
Daley Sinkgraven	*base*	0	Ajax	5,95 mi
Filip Djuricic	Radnicki	0	Benfica	6,8 mi

A ESCOLA EUROPEIA

Nome	De	Por (em libras)	Para	Por (em libras)
Bas Dost	Heracles	2,34 mi	Wolfsburg	5,95 mi
Danijel Pranjić	Dinamo Zagreb	425 mil	Bayern	6,5 mi
Miralem Sulejmani	Partizan	221 mil	Ajax	13,81 mi
Afonso Alves	Malmö	3,85 mi	Middlesbrough	14,45 mi
Klaas Huntelaar	PSV	765 mil	Ajax	7,6 mi
Oussama Assaidi	De Graafschap	1,02 mi	Liverpool	3,4 mi
		Total 9,05 mi		Total 71,26 mi

A estratégia dos pesos leves adeptos do FIPG é comprar jogadores de clubes menores (tanto financeiramente quanto em termos competitivos), oferecer a esses jovens uma plataforma e depois vendê-los a clubes mais ricos.

6. O negócio das categorias de base

Se aplicado corretamente, em algum momento o FIPG gerará lucros que podem ser reinvestidos nas categorias de base, de modo que o clube passe a ter condições de produzir talentos próprios, alinhados com sua filosofia de jogo. Os centros de formação também são negócios, com um custo anual a ser bancado pelo conselho do clube. Essas despesas devem ser justificadas. Portanto, somente os talentos mais destacados, com potencial de ter impacto sobre o time de cima, serão mantidos. Todos os outros ficam disponíveis para venda. Se as categorias de base do time X custam 2 milhões de libras por temporada, deve-se conseguir negociar um jogador ou jogadores nesse valor, no período, de forma que o negócio seja sustentável.

Embora não ocupe a base da pirâmide dos "desenvolvedores de talentos", o Ajax é o exemplo mais proeminente de clube que usa a formação de jovens para se sustentar economicamente. A estrutura do time de cima e o caminho a ser percorrido até lá funcionam como uma correia de transmissão com resultados consistentes. Se, por exemplo, um jogador é vendido, um talento pode emergir da base para preencher a vaga. O coletivo é mais importante do que qualquer peça individual. Assim, se Christian Eriksen vai embora, Davy Klaassen é promovido. É uma estufa de jogadores. Cerca de 30% do material humano da Eredivisie são formados pelo Ajax.

Nome	Para	Por (em £)
Viktor Fischer	Middlesbrough	4,25 mi
Daley Blind	Manchester Utd	14,88 mi
Siem de Jong	Newcastle	7,4 mi
Christian Eriksen*	Tottenham	15,3 mi
Toby Alderweireld	A. de Madrid	8,5 mi
Jan Vertonghen	Tottenham	12,75 mi
Vurnon Anita	Newcastle	5,1 mi
G. van der Wiel	PSG	7,65 mi
M. Stekelenburg	Roma	6,23 mi
Thomas Vermaelen	Arsenal	10,2 mi
John Heitinga	A. de Madrid	8,5 mi
Wesley Sneijder	Real Madrid	22,95 mi
Ryan Babel	Liverpool	14,25 mi
		Total **206,14 mi**

* Comprado para as categorias de base.

As estatísticas do Football Observatory apontam o Ajax como o principal formador de talentos da Europa. Os números mostram que 77 jogadores das trintas principais ligas do continente passaram pelo clube.[LX] Sustentar essa reputação não sai barato, mas tem suas vantagens a longo prazo. Wim Jonk, diretor do centro de formação do Ajax em 2014, pediu um adicional de 1,8 milhão de euros para gastar com treinadores e infraestrutura de elite, mas o conselho administrativo não estava disposto a oferecer mais do que 900 mil. Os consultores financeiros independentes do Boston Consulting Group foram então chamados pela diretoria para resolver a divergência — são poucos os clubes que dão essa importância a questões

A ESCOLA EUROPEIA

relativas à formação de jogadores. "A base do Ajax é considerada a melhor há décadas", concluiu Jonk. "Muitos clubes tentam copiar o que é feito aqui. Não tem muito segredo. [São] os detalhes e as pessoas [que] fazem a diferença."[LXII] Daí ele dar tanto valor aos técnicos.

Vários fatores garantem ao Ajax a posição perfeita para ter nos jovens sua base de sustentação, uma vez que essa estratégia não seria viável em outros lugares. Primeiramente, o nível da liga é menos desafiador do que nas cinco melhores da Europa, o que permite lançar novos jogadores em condições de competir. Segundo, a sociedade holandesa valoriza tanto a juventude quanto pensadores e inovadores e aprecia a inclusão de jovens futebolistas. Em outros lugares haveria menos tolerância com atuações ruins de jogadores da base. Por conta das exigências de sobrevivência na Premier League (a partir de 2017, os clubes do campeonato inglês passaram a receber cerca de 100 milhões de libras em direitos de tevê — os da segunda divisão, em contraste, ganham em torno de 3 milhões), nenhum conselho administrativo vai deixar que um técnico confie muito nos jovens da base. A Holanda oferece um clima fértil para a formação de jogadores. Quanto aos principais contraexemplos — os superclubes Barcelona e Bayern de Munique —, embora ambos contem com jovens talentosos, não colocam grande peso neles; ao contrário, mantêm equipes B que permitam a evolução desses jovens até que cheguem aos padrões exigidos. Ao mesmo tempo, lacunas no elenco são preenchidas contratando os melhores jogadores do mundo.

Não há regras definitivas para o investimento em talentos potenciais; trata-se mais de parâmetros com os quais os clubes europeus trabalham. A ideia é criar um ambiente "propício para que os jogadores se saiam bem e evoluam", de acordo com Monchi, do Sevilla. Os exemplos mencionados destacam essas fronteiras e apontam para os métodos pelos quais os clubes sobrevivem organicamente em vários níveis. São eles:

- Evitar comprar jogadores com mais de 26 anos. Talentos mais jovens têm mais potencial e maior valor (Porto e Benfica).
- Não ir atrás de jogadores que estejam "sob os holofotes", e sim identificar nomes obscuros (Udinese).

DANIEL FIELDSEND

- Não comprar jogadores da mesma liga com salários altos (Heerenveen).
- Não comprar jogadores de ligas mais valorizadas, a menos que ainda não tenham se firmado ou ninguém os queira (Sevilla e Udinese).
- Identificar talentos com ambição atuando em ligas menos valorizadas. Não importa em que nível jogue um clube, sempre haverá um nível abaixo.
- Mudar a mentalidade e a noção de sucesso, da conquista de troféus para os ganhos de capital.

Apesar dos benefícios óbvios de se investir em potencial para depois vender, é Monchi, mais uma vez, quem conclui que, em algum momento, a maximização de lucros precisa se transformar em maximização de vitórias, à medida que os dirigentes pouco a pouco ajustam sua estratégia. "Ninguém leva para o estádio faixas com dizeres como 'que grande faturamento!'", comentou ele — com conhecimento de causa.

15.
AVENTURAR-SE NO DANÚBIO
PARTE I:
VIENA E UM AMOR PELA CIDADE

O rio Danúbio flui e corre entre fronteiras sem se importar com quem sejam seus senhores. Sobe pela Floresta Negra e do alto jorra, às vezes vira um córrego, passando por Áustria, Eslováquia, Hungria, Croácia, Sérvia, Romênia, Bulgária, Moldávia e Ucrânia até desaguar no Mar Negro. Por sua largura, foi outrora tido como uma fronteira entre os territórios do Império Romano e os das tribos germânicas ao norte — os arqueólogos até hoje buscam fortificações ao longo das margens. Houve um tempo em que nele navegavam tanto navios comerciais quanto de guerra.

Na "Rota dos Imperadores e Reis", os viajantes apreciam os palácios e residências históricas da família dos Habsburgo, construídos pela afluência do Império Austro-Húngaro. Além da tensão e do comércio, a história da rota inclui também o futebol. Anos após a dissolução, Otto von Habsburg, remanescente da linha sucessória do império, quando informado de uma partida entre a Áustria e a Hungria, perguntou: "E contra quem jogamos?". Os clubes austríacos, húngaros e checos competiram todos os anos, de 1897 a 1911, na Challenge Cup; o mais bem-sucedido deles foi o Wiener AC. Vamos explorar um percurso já mapeado ao longo da Rota dos Imperadores e Reis, o do futebol atual, tendo como plataforma de partida Viena e terminando a viagem, alguns dias mais tarde, em Budapeste.

DANIEL FIELDSEND

Viena abraçou o futebol apaixonadamente na década de 1920. O esporte foi adotado pelas classes trabalhadoras, como na Grã-Bretanha, por sua simplicidade e potencial como espetáculo comunitário, mas também atraiu as classes médias, fascinadas pelo aspecto tático e estratégico do jogo. Foram esses estudiosos que teorizaram e reconstruíram um estilo que se contrapunha aos sistemas da época.

As comunidades judaicas burguesas e os treinadores locais, tanto na Áustria quanto na Hungria, desenvolveram um estilo de futebol do Danúbio cuja teorização acontecia nos cafés locais. Em *A pirâmide invertida*, Jonathan Wilson descreve esses pontos de encontro culturais de Viena nos quais o fenômeno do futebol ganhou corpo:

> Os cafés floresceram perto do final do Império Habsburgo, transformando-se em salões públicos [...], lugares que passaram a ser notados especialmente por seu aspecto artístico, boêmio. As pessoas liam jornais ali [...], jogavam cartas e xadrez. Políticos utilizavam o espaço para encontros e debates, enquanto grupos de intelectuais discutiam os grandes assuntos da época: arte, literatura, teatro e, cada vez mais nos anos 1920, futebol.[1]

Eram, em essência, fóruns informais de discurso público. Na Grã-Bretanha contemporânea, muitos *pubs* mantêm uma identidade e atraem clientela por isso. Em Viena, naquela época, os cafés tinham identidades variadas, alguns conhecidos pela discussão política, outros por abrigar debates filosóficos, outros ainda pela música. O Ring Café era originalmente o ponto de encontro para conversas sobre críquete, mas também atraía teóricos do futebol. Um importante personagem daquela cena, Hugo Meisl, viria a treinar a seleção nacional, incorporando uma formação disposta em campo no 2-3-5 nascida do clima de debate dos cafés, esquema no qual os jogadores exibiam "a graça do balé... carinhosamente chamado pelos torcedores vienenses de estilo Scheiberl".[2] Vitórias contra um orgulhoso time escocês em

[1] WILSON, J. *A pirâmide invertida*. Campinas: Grande Área, 2015.

[2] HESSE-LICHTENBERGER, U. *Tor!: The Story of German Football*. Londres: WSC Books, 2002.

A ESCOLA EUROPEIA

1931 (5 × 0) e, depois, contra a vizinha Alemanha (6 × 0) colocaram a Áustria entre os times favoritos para a Copa do Mundo de 1934, justificando o apelido daquela equipe, *Wunderteam*.

Com o talismã Matthias Sindelar, "a sociedade vienense dos cafés finalmente tinha um jogador e um estilo à sua própria imagem e semelhança: culto, intelectualizado, cerebral até, atlético, mas gracioso ao mesmo tempo", escreveu David Goldblatt.[3] Na altura de 1938, porém, tanto Meisl quanto Sindelar estavam mortos. O filho indesejado da Áustria, Adolf Hitler, foi quem deu cabo dos anos de glória do país, tanto na vida social quanto no futebol. Atribui-se seu ódio aos judeus, entre vários outros fatores, ao tempo que passou em Viena como sem-teto e aspirante a pintor quando tinha 25 anos, o que teria estimulado sua crença de que os judeus controlavam o mercado de arte e eram, portanto, responsáveis por seu fracasso. Por conta de suas inadequações artísticas e sociopatia em geral, Hitler massacrou comunidades judaicas por toda a Europa. Sua máquina de guerra deixou o futebol no continente em suspenso, prejudicando principalmente a Áustria. Pensadores judeus fugiram do país e Sindelar — que jogava pelo clube da burguesia judaica, o Austria Viena, tinha uma namorada judia e se opunha abertamente ao nazismo —, apareceu morto, misteriosamente, na noite em que se constatou seu "suicídio".

Quase um século depois, tive um único dia na capital — tempo nunca suficiente para apreciar plenamente qualquer cidade, em especial uma cidade tão rica em cultura quanto Viena. Entrei em contato com um clube de peso contemporaneamente — o Austria Viena de Sindelar — que, bem mais recentemente, descobriu e formou um notável talento, David Alaba, já atuando pelo Bayern de Munique; um jogador dotado de tamanha habilidade que talvez possa chegar a rivalizar com Sindelar pelo título de maior jogador austríaco de todos os tempos.

Naquela manhã, no complexo de treinamento, um sol fraco brilhou, iluminando brevemente o orvalho prateado da manhã e oferecendo otimismo, até que nuvens cinzentas engolissem o momento e condenassem o dia à desolação. Viena, no entanto, era qualquer coisa menos

---

[3] GOLDBLATT, D. *The Ball Is Round.* Londres: Penguin, 2007.

uma cidade sombria. Se o sucesso de um time de futebol refletisse a beleza dos arredores, o Austria Viena seria uma das melhores equipes do mundo, páreo na "liga da beleza" para Gotemburgo, Bologna, Nice, Club Brugge, Thun, Maastricht e um time amador qualquer de padeiros-futebolistas que San Marino fosse capaz de reunir para botar em campo.

Os cidadãos de Viena continuam a impressionar como sempre. Apegam-se à cultura histórica da cidade com bravura. Ouve-se música por toda parte, o que convida casais a saírem valsando espontaneamente (acontece com mais frequência do que se possa esperar). Mais tarde, em frente à Ópera, grupos de pessoas acomodadas em cadeiras sob cobertores quentinhos e o céu noturno apreciavam a facilidade com que a Filarmônica local mantinha o equilíbrio entre metais, cordas e sopros como teriam feito seus antepassados do século XIX. Tudo isso é admirável; afinal, uma cidade não passa de ruas e edifícios — até que sua gente lhe confira valor.

Posições

Ralf Muhr veio ao portão me dar as boas-vindas quando cheguei. Ele é o diretor das categorias de base do Austria Viena e criou a filosofia na qual Alaba foi formado. Até hoje os treinadores comentam o talento do homem do Bayern de Munique: "Esse vai se dar bem — senão, que esperança pode ter qualquer outro jogador?", era o que diziam uns aos outros depois dos treinos. Uma das coisas que mais impressionam em Alaba, para além de sua habilidade técnica, é a compreensão de jogo. Sua inteligência é tal que ele é capaz de atuar em qualquer posição — defesa, meio-campo ou ataque; pela esquerda, centralizado ou pela direita — e dar a impressão de que o faz naturalmente. "David Alaba é nosso deus. Já jogou em quase todas as dez posições", foi como Pep Guardiola aclamou um jogador sem pontos fracos.[LXIV] No Austria Viena ele, e na verdade todos os outros jovens formados na base, aprendeu a jogar em qualquer lugar do campo, inclusive no gol: "É parte da nossa filosofia não formar para uma posição apenas", explicou Muhr. "Com os pequenos, não temos goleiros; precisamos ter um jogador como os outros ali, porque é importante que ele saiba jogar [com os pés]."

A ESCOLA EUROPEIA

Alaba jogou como meia ofensivo nas categorias inferiores, mas fez sua estreia no profissional, aos dezesseis anos, na lateral esquerda. "É essa a função que ele faz agora, no Bayern de Munique [assim como a de zagueiro central, sob o comando de Guardiola], porque na base tentamos formar jogadores que possam atuar na maioria das posições." Há uma teoria segundo a qual variar as posições dos jogadores durante seus anos de formação não permite que eles sejam capazes de se especializar em alguma delas. Numa conferência em 2015, o diretor de um centro de formação da Premier League contou à plateia sobre como matou um menino. Não literalmente (o garoto continua vivo e jogando futebol), mas metaforicamente — sobre o que fez para matar-lhe o talento. Era um atacante tão bom que os treinadores passavam horas ponderando sobre como poderiam melhorá-lo ainda mais. Decidiram ensiná-lo a jogar mais recuado, onde pegaria mais na bola, melhorando seu repertório de habilidades. Com isso, o rapaz se tornou um bom camisa 10, mas quando, por fim, retornou à função original de centroavante, já não era tão diferenciado. Acabou dispensado depois de dois anos. O palestrante considerava que, ao lado de outros fatores, o problema havia sido privá-lo das horas de especialização na função de origem, o que teria limitado seu crescimento.

Embora às vezes isso aconteça, o jogo hoje em dia é tão fluido, com posições tão intercambiáveis, que ensinar várias funções aos jovens os ajuda na compreensão tática como um todo e, por sua vez, também o conjunto a ser melhor taticamente. "Um zagueiro central deveria ser capaz de jogar no meio, assim como um ala precisa aprender a atuar tanto defensiva quanto ofensivamente", comentou Muhr. No Monaco, Arsène Wenger converteu o jovem Lilian Thuram de meio-campista em defensor e fez o oposto com Emmanuel Petit — ambos foram campeões do mundo com a França jogando em suas novas posições.

Teorias da especialização
Mudanças de posição são consideradas prática comum no jogo europeu moderno. Há muitos exemplos, como os de Petit e Thuram, e certamente o de David Alaba, de jogadores que se adaptaram a uma nova função e ali se destacaram. Um desses jogadores, Javier

DANIEL FIELDSEND

Mascherano, que fez a carreira toda como volante, foi reposicionado como zagueiro central no Barcelona e assim jogou e venceu duas Champions League. Johan Cruyff escreveu no *De Telegraaf*, em 2014, que o atacante Dirk Kuyt mostrou-se "taticamente abençoado" por ter atuado como lateral esquerdo na Copa do Mundo.[LXV] E, quando o laborioso lateral direito Philipp Lahm se adaptou bem ao meio-campo, seu treinador, Guardiola, disse: "Philipp talvez seja o jogador mais inteligente que treinei na vida. Seu nível é outro".[LXVI]

São várias as teorias sobre mudanças de posição e como essa estratégia de tirar um jogador de sua função natural para outra com a qual não está familiarizado proporciona que ele tenha um bom desempenho. O que se deve levar em conta é o fato de que, durante uma partida, o cérebro de um futebolista usa vários mecanismos complexos que lhe permitem fazer seu trabalho. Para começar, ele geralmente toma decisões com base no que apreende via lobo occipital. Sua rapidez de pensamento ao tomar decisões, considerando percepção espacial e ambiente ao redor, começa ali. Em seguida, o sistema límbico atua para regular as reações emocionais e assegurar a manutenção do pensamento racional. O cerebelo tem um papel na coordenação e no movimento, enquanto o lobo temporal abre a mente para a linguagem e a memória, o que permite ao jogador receber instruções táticas.

Mas os dois mecanismos que têm mais peso para um jogador que se adapta a uma nova posição são o lobo frontal e os fluxos dorsal/ventral. Os movimentos e ações exigidos numa nova função, como a ultrapassagem para um lateral, são organizados no lobo frontal. O fluxo dorsal é, por sua vez, o processo pelo qual se aprende a jogar, com o fluxo ventral responsável pela consolidação na nova posição. "Ficou demonstrado que especialistas usam diferentes áreas do cérebro ao tomar decisões no esporte, independentemente de a decisão se dar na modalidade em que se destacam ou em outra com a qual não estejam familiarizados", escreveu a dra. Zoe Wimshurst em 2012.[4]

Criar um método de treinamento que combine essas áreas específicas do cérebro é difícil. Recomenda-se que os jogadores, especialmente

---

[4] WIMSHURST, Z. *Visual Skills in Elite Athletes*, 2012. Disponível em: <http://epubs.surrey.ac.uk/791906/1/Wimshurst2012.pdf>.

A ESCOLA EUROPEIA

os mais jovens, possam experimentar e ter um gostinho das várias posições, de modo a abrir o lobo frontal e estimular o fluxo ventral. Para auxiliar jovens futebolistas no que pode ser uma missão desafiadora, o psicólogo Chris Harwood criou o modelo dos 5 Cs: Comprometimento, Comunicação, Concentração, Controle e Confiança. São os comportamentos que Harwood descreve como característicos de "jogadores mentalmente resistentes e emocionalmente inteligentes". Mas é um dos Cs em particular, a Concentração, que tem mais relação com um jovem se adaptando a uma nova posição. Como guia estruturante, perguntar a um jogador, em intervalos regulares, numa sessão de treinamento ou numa partida, o que ele estava "pensando, fazendo ou prestes a fazer naquele exato momento" reforça a concentração.[5] O Austria Viena faz isso ao longo de todo o treino e, em jogos com atletas mais jovens, realiza pausas regulares para perguntar a um meio-campista de sete anos, por exemplo, o que pensa quando está atuando na defesa. Também é prática comum no clube rodar os jogadores por diferentes posições, durante as partidas, para que experimentem o jogo em sua totalidade. Isso os prepara para o futuro. Por exemplo, ao se colocar um jovem zagueiro na lateral e pedir a ele para driblar, isso lhe dá mais confiança para avançar levando a bola da defesa ao meio-campo, à medida em que amadurece como jogador. Depois de treinos e jogos, os analistas mostram vídeos aos jovens, destacando seu posicionamento e questionando sobre como raciocinaram.

O fato de David Alaba ter sido levado a desenvolver, no Austria Viena, sua compreensão cognitiva e motora do futebol permitiu que adquirisse uma noção completa do jogo — tanto que, ao ser colocado para jogar em novas posições no Bayern, teve bom desempenho. "Vou jogar onde puder ajudar o time", declarou ele, humildemente, aos repórteres, antes de ser aclamado por seu técnico, Guardiola: "Ele é simplesmente incrível. É capaz de atuar em absolutamente todas as posições". Muhr acredita que os jogadores resultam mais completos e com uma maior compreensão do jogo quando testados em várias

---

[5] HARWOOD, C. *Integrating Sport Psychology into Elite Youth Soccer: Player, Coach and Parent Interventions*. Disponível em: <http://www.innovatefc.com/members/resources>. Acesso em: 31 dez. 2016.

DANIEL FIELDSEND

posições. Ficará a critério de cada treinador, no entanto, se deseja formar um jogador versátil ou especializado.

Nadando contra a corrente

Alaba ganhou catorze títulos, incluindo cinco da Bundesliga e um campeonato europeu, em suas seis primeiras temporadas no Bayern. A Press Agency o elegeu o jogador austríaco do ano cinco vezes consecutivas, embora ele tivesse apenas 24 anos de idade. No entanto, em que pese todo o seu fenomenal talento nato, Alaba é um produto do ambiente no qual foi formado. Conforme explicou Muhr, trata-se de alguém inteligente: "Temos um treinador que acompanha a evolução mental e trabalhamos em estreita colaboração com a escola, com aulas extras para as crianças de ciência esportiva e assuntos relacionados ao futebol"; de ótima condição atlética: "Procuramos treinar com os mais jovens o desenvolvimento físico"; e um rapaz local: "Nosso objetivo é promover, das nossas equipes juvenis para o time de cima, jogadores que sejam de Viena. Temos quatro ou cinco jogadores de outras regiões, mas o grupo principal tem a possibilidade de continuar morando na casa dos pais". O Austria Viena quer ser um centro de formação para as pessoas da cidade. "Temos muitos clubes locais menores que sabem formar jogadores bem e buscamos incorporar os melhores desses clubes. É uma via de mão dupla, pois mais tarde também lhes damos jogadores em troca."

O diretor do centro de formação se recosta na cadeira e pondera, pensativo, sobre as perguntas que lhe faço. No escritório há um grande quadro branco com os compromissos e resultados da equipe sub-18. Há fotos de Alaba por todo lado. Em algumas delas, ele aparece com o uniforme de jogo, enquanto em outras posa com troféus. "Comecei no clube em 1994 como técnico da base. Trabalhei com o sub-8 para, depois de quatro anos aqui, me tornar diretor do centro de formação. É atípico no futebol que eu continue há tanto tempo." Conforme disse certa vez o grande filósofo Rocky Balboa: "Se a gente fica num mesmo lugar por bastante tempo, acaba se transformando naquele lugar". Muhr se transformou no Austria Viena. Ele chuta cada bola e leva cada carrinho. Fica frustrado por ver o clube lutando por

A ESCOLA EUROPEIA

ganhos marginais. "É muito difícil [manter os jogadores]: perdemos um cara há seis meses para o Middlesbrough. Normal, pois temos jogadores muito bons que atuam nas seleções nacionais. Embora sejamos grandes na Áustria, somos pequenos na Europa." O dinheiro do continente e o chamariz do sucesso são tentações grandes demais para os jovens vienenses. "A maioria dos times de primeira linha sabe formar jogadores, inclusive o Middlesbrough, mas lá é muito difícil chegar ao time de cima. Aconselhamos os jogadores a completar sua formação conosco. Precisamos de jovens atuando no profissional, e aqui eles terão essa oportunidade."

Em 2016, a cidade de Viena ocupou o alto do pódio num estudo socioeconômico da Mercer sobre qualidade de vida. De acordo com o resultado, era a melhor do mundo para se viver, mas ainda assim os jogadores optam por partir para lugares menos privilegiados. Muhr admite entredentes que outros clubes têm melhor infraestrutura e, portanto, são mais atraentes. Os problemas enfrentados pelo Austria Viena são típicos da liga como um todo — os melhores jogadores querem ir embora — e, portanto, ele se fia no longo prazo: "O mais importante é incentivar mais centros de formação. Começamos em 2000 a profissionalizar o trabalho com os jovens, trazendo treinadores e cientistas do esporte profissionais, e isso foi o mais importante para o desenvolvimento de melhores jogadores."

Os clubes austríacos miram o futuro. O objetivo deles é reinvestir o dinheiro das vendas na base a fim de formar jogadores de melhor padrão e mais valorizados. "Todos os atuais jogadores da seleção passaram por centros de formação daqui, e não da Alemanha ou da Inglaterra, como antes. Foram formados aqui, e acho que é muito importante para o nosso futebol investir mais nesse status, de modo a nos tornar uma liga propícia à evolução dos jovens e mostrar aos clubes maiores que temos grandes jogadores que eles podem comprar."

Talvez a lástima maior seja essa. Pode ser que a Áustria, outrora o grande império da Europa, do qual emergiu um time de valor, nunca mais volte a ser uma potência competitiva. Muhr e seu país de centros de formação são obrigados a colocar os jovens nessa espécie de vitrine e esperar por uma guerra de lances para comprá-los. Vão muito

DANIEL FIELDSEND

longe os dias do *Wunderteam*, uma época em que a inovação podia triunfar. Agora só se pode copiar ou comprar. Os prédios na área da Ringstrasse — o parlamento, os museus e os antes movimentados cafés — são belos invólucros vazios. Nada além de monumentos para um tempo esquecido. Mas são visíveis alguns sinais de progresso. Passaram-se setenta anos entre a Áustria de Sindelar e a de Alaba. Os austríacos veem o surgimento deste último como um acontecimento significativo. Muhr encontra otimismo nas pequenas melhorias em andamento. Talvez daqui a vinte anos surja outro Alaba que dedique a carreira a proporcionar melhor sorte a seu clube local, uma ideia nobre, porém improvável.

16.
AVENTURAR-SE NO DANÚBIO PARTE II: A HISTÓRIA DO HONVÉD

"Estradas de ferro são da terra os veios,
Que cultura e progresso fazem prosperar,
Elas, por onde passam, pulsam no ar,
Com a grandeza das nações ao seio."

Sándor Petőfi
Poeta húngaro e revolucionário liberal, 1842

A enormidade do Império Austro-Húngaro acabou, de certa forma, esquecida com o tempo. Entre suas cidades, a Hungria contava Zagreb e Bratislava, assim como Budapeste, enquanto a Áustria incluía Viena, Praga, Trieste e Cracóvia. A aristocracia se esforçava por apaziguar as muitas etnias de uma região que se estendia da Itália à Transilvânia. As autoridades tentavam fechar as rachaduras causadas por tensões nacionalistas usando a construção de estradas de ferro como distração, mas a turbulência política terminou levando à Primeira Guerra Mundial. A Hungria teve uma dura existência desde então. Guerras, perda de território, a Grande Depressão, o Holocausto, o stalinismo e o comunismo total se seguiram. Nos passos de Petőfi, visitei Budapeste à procura do futebol — a única coisa a se manter verdadeiramente constante. Foi minha segunda e última parada na Rota dos Imperadores e Reis.

DANIEL FIELDSEND

Até hoje a Hungria é mais conhecida por muitos por sua Geração de Ouro dos anos 1950. Enquanto a Áustria jamais se recuperou da decadência de seu *Wunderteam*, o futebol húngaro prosperou sob o comunismo; não graças ao socialismo de Estado, mas sim como uma reação a ele e à opressão do nacionalismo húngaro. Treinada pelo sindicalista Gusztáv Sebes, a Geração de Ouro venceu 42 vezes entre 1950 e 1956, jogando numa revolucionária formação, o 2-3-3-2. Fez a Inglaterra passar vergonha no Jogo do Século, em 1953, e perdeu apenas uma partida: a final da Copa do Mundo de 1954, para a Alemanha Ocidental. A maior parte do elenco foi recrutada pelo Estado para jogar pelo Honvéd, de Budapeste, o time do exército, no qual os atletas ganharam fama por mérito próprio. Sebes conseguiu usar o Honvéd como base, de modo a poder treinar sua equipe o ano todo, o que contribuiu para que fossem bem-sucedidos.

No entanto, durante a turnê de 1956 por Itália, Espanha, Portugal e Brasil, organizada pelo técnico do Honvéd, Béla Guttmann, os estudantes em Budapeste armaram protestos contra o domínio soviético. Um foi morto a tiros pela polícia do Estado e se tornou um mártir da causa. Quando a notícia da morte se espalhou, milhares se organizaram em milícias e assim iniciaram a Revolução Húngara. Alguns jogadores da Geração de Ouro se recusaram a voltar ao país natal. Sándor Kocsis e Zoltán Czibor, do Honvéd, ficaram na Espanha para jogar pelo Barcelona, ao passo que o célebre talismã da equipe, Ferenc Puskás, assinou com o Real Madrid. A Hungria e o Honvéd decaíram bastante após a desmontagem daquela equipe; nem o clube nem o país voltaram à elite do futebol desde então.

Os trilhos sobre os quais escreveu o revolucionário Sándor Petőfi continuam em uso, aparentemente, na Hungria moderna, ainda que caindo aos pedaços. Cruzando a fronteira a partir da Áustria, a sensação é de ter viajado no tempo para uns trinta anos atrás. A pintura dos carros estacionados junto a jardins de mato alto é rústica e descascada; as casas não têm cor; os homens usam bigodes. É tudo muito "pós-comunista", o que é uma pena para quem vive ali, vítimas indefesas de decisões governamentais equivocadas. Independentemente disso, são pessoas que tiram o máximo proveito do que têm.

A ESCOLA EUROPEIA

É a Hungria que passa batida para os turistas. Nosso trem parou na estação de Győr, cujas plataformas, sinistras em sua quietude, bem poderiam ter servido de cenário para um faroeste bem cafona. Enquanto os passageiros aguardavam, vários trens de carga passavam ruidosamente rumo à capital. Tudo segue rumo à capital.

Budapeste é a cidade mais populosa da Hungria. O país se recupera gradualmente da má gestão comunista sob a liderança firme do primeiro-ministro Viktor Orbán. Após a queda do comunismo, em 1989, as pessoas não sabiam o que fazer. O primeiro homem a perceber o potencial da situação foi György Szabó, ou George F. Hemingway, como mais tarde ele veio a ficar conhecido. Tendo estudado em Nova York e Los Angeles durante anos, Hemingway compreendia o funcionamento do capitalismo. Ao voltar para casa, abriu franquias de Pizza Hut e KFC e rapidamente se tornou um dos homens mais ricos do país (e provavelmente o primeiro milionário local). A aquisição do Honvéd veio em 2006, momento em que o clube penava. Apenas três temporadas antes, tinha sido rebaixado à segunda divisão, entrando em falência no ano seguinte. O clube tinha uma dívida na casa das dezenas de milhares, e seus proprietários italianos, os Pini, pensavam numa fusão com o Dunaújváros, um clube do interior, para onde o Honvéd se mudaria também. Mas, como diz o ditado, só em tempos de crise aparece um salvador. Para a comunidade torcedora do bairro de Kispest, foi exatamente esse o caso com Hemingway. Depois da compra pelo milionário, o clube voltou a ter estabilidade.

Preso entre duas eras

Abel Lorincz trabalhou para o Honvéd por dois anos. Marcamos encontro em frente à movimentada estação Keleti, no meio de uma multidão de turistas, e tomamos um táxi para o Kispest. O bairro fica nos arredores de Budapeste e cresceu na era socialista, quando a legislação previa que as pessoas precisavam de um passe para entrar na cidade; empresários construíram fábricas ali para escapar às autoridades comunistas. Sem ter que considerar mais essa precaução contra o Estado, deixaram o Kispest para trás e hoje em dia se concentram

DANIEL FIELDSEND

dentro dos limites de Budapeste. De dentro do táxi, as torres de apartamentos bloqueavam a pouca luz do dia, até que finalmente viramos uma esquina e chegamos ao bem iluminado estádio Bozsik, do Honvéd. "O Clube de Puskás", lia-se numa placa à entrada.

Abel, um ambicioso analista de futebol, foi meu guia ao longo do dia e começou me mostrando o campo onde joga o time de cima. Tufos de grama brotavam entre os degraus de cimento na geral do estádio, atrás de um alambrado à esquerda, geralmente ocupada pelas organizadas locais. Adesivos desbotados e já descolando adornavam as cercas ali dentro, marcas deixadas por torcidas visitantes: as mais recentes, de FK Vojvodina e Anzhi Makhachkala — as lembranças das noites de confrontos contra adversários europeus habitando um passado já quase remoto. Devagar os jogadores começaram a chegar para o compromisso daquela noite contra o Videoton — alguns deles de carona — e os carros eram estacionados na grama crescida do campo de treinamento, para grande aborrecimento do jardineiro do clube. Uma quadra para jogos de cinco contra cinco ficava à esquerda desse gramado de treinos, com um cemitério à direita. "Quando um jogador chuta a bola por cima do muro e ela cai entre as sepulturas, ele tem que ir lá buscar", explicou Abel, rindo. Mais de uma centena de jovens jogadores da base vivem dentro do complexo. Do lado de fora das janelas dos escritórios do clube, o ar da tarde estava tomado por nuvens de fumaça das fábricas.

Os corredores no interior do estádio tinham aparência decadente. Peças de equipamentos, canos e coisas do tipo tinham sido deixados junto às paredes para que outra pessoa os tirasse dali. A mobília era gasta, sem cor. Mas, apesar disso, a atmosfera amistosa do lugar fazia com que parecesse simples, charmoso e, definitivamente, nem um pouco monótono. Chegando à porta da sala do dono, Abel bateu várias vezes. Nenhuma resposta. Por fim, uma recepcionista entrou no escritório para nos anunciar e o sr. Hemingway veio até nós. Corpulento, figura épica com o aperto de mão de um urso, ele nos conduziu porta adentro.

Se comparada aos corredores pelos quais tínhamos acabado de passar, a sala de Hemingway era Nárnia. Quadros a óleo preenchiam as paredes ao redor de sua mesa de carvalho; no meio do cômodo, um tapete alto cobria o assoalho, cercado de cadeiras vermelhas em pelúcia para os convidados. O sujeito de sotaque americano apontou os assentos e nos acomodamos para conversar. Difícil não sentir admiração imediata por ele. *O que faz um proprietário de clube?*, perguntei, ligando meu gravador. "Tenho que definir uma visão de longo prazo e aprovar todas as principais decisões financeiras", ele respondeu com franqueza. "Preciso dar o.k. no orçamento e aval para nossas vendas e aquisições. Não me envolvo na administração do dia a dia nem na montagem do time." Para isso, Hemingway conta com um diretor administrativo. A parte esportiva é deixada nas mãos do pessoal do futebol, ou pelo menos deveria ser assim.

A certa altura, seu diretor foi um italiano, Fabio Cordella, que administrava uma parceria com uma marca de vinhos e contava entre seus clientes Wesley Sneijder, Antonio Conte e Roberto Mancini. Sob Cordella, o Honvéd se tornou uma pequena Itália e trouxe para o elenco Davide Lanzafame, Andrea Mancini (filho de Roberto), Emanuele Testardi, Emiliano Bonazzoli e o adolescente Arturo Lupoli, ex-protegido do Arsenal. Também ficou perto de assinar com Fabrizio Miccoli e Alessandro Del Piero, para quem prometeu a aposentada camisa 10 de Puskás, mas a cidade de Sydney mostrou ter mais atrativos para o atacante italiano. Cordella convenceu o zagueiro campeão do mundo Pietro Vierchowod a assumir o cargo de treinador no clube, mas os resultados não vieram e a parceria foi encerrada. O negócio mais obscuro dessa era italiana, porém, foi a nomeação do desconhecido técnico Marco Rossi — demitido um ano antes pelo Cavese, clube de nível regional que ele havia levado à lanterna do campeonato. No momento da minha visita, Rossi estava de volta ao clube para um segundo período como treinador; Cordella e os outros italianos tinham todos ido embora.

Órion

O céu noturno é tão vasto e sempre tão mutante que as estrelas tendem a se extraviar. Agricultores e poetas contemplaram a cobertura negra da Terra por mil anos até que dali emergissem formas cintilantes. As constelações na verdade não existem, mas são usadas como símbolos mnemônicos pelos astrônomos na tentativa de localizar

DANIEL FIELDSEND

estrelas individuais. É somente por seu alinhamento perfeito que as constelações podem ser vistas. Sem esse alinhamento absoluto de estrelas, Órion não formaria seu cinturão. Para a Hungria brilhar, categorias inferiores e times de cima também precisam se alinhar. Significa que o estilo de jogo deve seguir a mesma linha da base ao profissional, tanto nos clubes quanto em nível nacional, conforme se discute no Bayern. No Honvéd, quando lá estive, isso não acontecia.

Marco Rossi era o técnico do clube e adotava um conservador 5-3-2 italiano, com pouca construção de jogadas a partir da defesa. Sua filosofia de futebol estava em contraste direto com a das categorias de base, nas quais o holandês Jasper de Muijnck instruía os jogadores a sair jogando desde o goleiro, num dinâmico 4-3-3. "Trouxemos da Holanda um diretor para o centro de formação só pela certeza de que vamos fazer aqui as mesmas coisas que o Ajax ou o PSV fazem lá", explicou Hemingway em seu escritório, embora ele talvez tivesse feito melhor trazendo um diretor da Itália. "Temos o melhor centro de formação do Leste Europeu. Dezesseis dos nossos 26 jogadores [do time de cima] saíram dali, e o centro foi inaugurado apenas em 2007." O Sparta de Praga e o Dynamo Kiev discordariam, mas Hemingway tem razão em se mostrar orgulhoso. Todos os anos, o time jovem do Honvéd enfrenta o Real Madrid no Troféu Puskás, e geralmente vence. A questão para o clube era ter dois estilos contrastantes, na base e no profissional. O contraste óbvio significava que jovens talentosos, uma vez promovidos ao time de cima, tendiam à estagnação.

A questão

O primeiro encontro de Jasper de Muijnck com o Honvéd acontecera vários anos antes. Ele vinha trabalhando com Louis van Gaal na seleção holandesa e viajou a Budapeste para dar uma espiada no futebol húngaro. Chegando ao estádio, perguntou: "Como faço para assistir os juniores do MTK contra os do Honvéd?" A pessoa na recepção esboçou para ele um mapa que envolvia percorrer uns trilhos de trem, passar sob uma ponte e descer uma colina na direção de um campo com mato alto. "É daí que vem esse meu sentimento romântico em relação ao futebol do Leste Europeu. Aqueles eram

A ESCOLA EUROPEIA

times dos dois maiores centros de formação da Hungria e se enfrentavam num campinho", lembrou ele. Jasper é um verdadeiro fã de futebol. Só mesmo um purista para achar essa faceta do jogo tão cativante quanto os holofotes sob os quais se joga em outros lugares. Quando o Honvéd demitiu Pietro Vierchowod, Jasper assumiu o posto de treinador principal por um mês. "Foi incrível para mim andar nas pegadas de Puskás." Como diretor do centro de formação, ele usava as histórias do grande homem para inspirar seus jogadores.

Desde a saída de Cordella, porém, perdera-se o elo entre a base e o time de cima. "É difícil porque não temos um diretor esportivo. A política parece ser apenas sobreviver na primeira divisão, mas em algum momento vamos abandonar essa mentalidade", comentou Jasper. O Honvéd tinha mais de trinta jovens jogadores das seleções de base praticando um jogo ofensivo, de marcação por pressão, mas a equipe principal atuava segundo o conservadorismo italiano da velha guarda. "[Temos] duas escolas de pensamento totalmente contrastantes. O dono do clube me contratou para garantir que as categorias de base adotassem o estilo holandês. Não dá para formar um garoto que sabe jogar entre as linhas para depois, no time de cima, ele ser proibido de fazer isso. Até conseguir se adaptar ao profissional, esse jogador vai ter 23 anos, quando já deveria estar adaptado aos dezessete."

Por conta dessas diferenças de filosofia, time profissional e base eram administrados como duas organizações distintas. "Ter como horizonte o próximo jogo é um grande problema", disse Jasper. Para ele, conta como vitória criar elos com centros de formação estrangeiros que se interessem por seus jogadores. Tinha mandado um jogador seu para o Ajax e, quando retornou, o rapaz pôde ver o abismo de nível entre os dois países e a dedicação necessária para subir de patamar. Jasper continua tendo um pensamento progressista nesse sentido. Sua compreensão da sociedade na qual se radicou o levou a ser nomeado para uma função em tempo parcial como diretor técnico da Associação Húngara de Futebol.

"No ano passado, jogamos um torneio na Holanda contra todos os mais importantes centros de formação do mundo, como os do PSV e da Inter de Milão; e até mesmo os novos times de categorias

DANIEL FIELDSEND

inferiores vindos da China. Conseguimos bons resultados contra todos eles e terminamos em quarto lugar, no controle das partidas e jogando um bom futebol. A qualidade de treinamento na Hungria é baixa porque a formação dos técnicos costumava ser muito ruim. O país sempre teve jogadores talentosos, mas os exercícios que faziam não desenvolviam resistência nem eram realistas, no sentido de se adaptarem a situações reais de jogo." Jasper acredita que isso tenha a ver com a história e a sociedade locais: "Quando o comunismo foi adotado aqui, deixou de haver interesse por se destacar; era mais fácil se manter na linha e ser normal, então todas as pessoas criativas foram embora do país. Pergunto para todo mundo: 'Qual é o estilo de jogo húngaro?'. Mas ninguém sabe me responder. Eles costumavam ser excelentes nas transições por todo o campo, com posições intercambiáveis, mas agora não sabem mais qual estilo praticam. Passaram a ser iguais a qualquer time pequeno: recuam o máximo que podem e contra-atacam".

O mesmo acontece no Honvéd. De acordo com Jasper, o horizonte de Rossi é sempre a partida seguinte, não há interesse em desenvolver um legado quanto ao modelo de jogo. "Com dois jogadores nascidos depois de 1996 atuando a partida inteira, o clube recebe dinheiro do governo, que incentiva a formação de jovens." Jasper contou que Rossi recebeu treze novos talentos da base, mas não os queria. "Ter como horizonte o próximo jogo é um grande problema. Preciso proteger os jovens e não entregá-los [a Rossi] cedo demais, porque aí os perderemos; eles vão parar de evoluir." Se um jogador bem-sucedido consegue enfim uma vaga no time de cima, mas é muito jovem, o perigo é que, se não render imediatamente, não venha a ter uma segunda chance. Pode, então, perder a autoconfiança e deixar de tentar fazer o tipo de jogada que permitiu que ele se profissionalizasse. Essa é uma questão para todos os clubes do continente.

O olheiro

Jovem analista de apenas vinte anos, Abel Lorincz viaja pelo continente (às próprias custas) descobrindo os métodos de maior pioneirismo em seu campo. A análise em futebol ainda engatinha na Hungria;

A ESCOLA EUROPEIA

na verdade, o futebol ficou de tal forma datado no país que há muitos anos Abel não assiste a um jogo televisionado da liga húngara. Por que estudar uma abordagem arcaica? Enquanto esperávamos por Hemingway, mais cedo naquele dia, uma tevê num canto da lanchonete passava Arsenal contra Watford. Abel discorreu rapidamente sobre as formações das duas equipes e ainda comentava o equilíbrio proporcionado por Alex Iwobi ao time de Londres quando, no meio do elogio, o jovem jogador marcou.

Abel tinha visitado o Leicester City alguns meses antes, pondo-se a par do que já era realizado no clube "antes da fama". Comparou seu trabalho ao do analista do time profissional inglês: "Na visita, aprendi algumas novas noções sobre análise pós-jogo. Por exemplo, Rob McKenzie, analista de recrutamento do Leicester, falou da importância do envolvimento dos jogadores no processo. Estou mais focado em perguntar aos rapazes como encararam determinadas situações e o que poderia ser melhorado — no que eles pensam. O jogador talvez me diga que tem uma ideia de como se sair melhor, mas não tem certeza. Se há esse envolvimento, os atletas aprendem mais do que num ambiente de tipo escolar, onde só ficam ouvindo palestras e caindo no sono."

Se o Leicester tinha um orçamento modesto, por comparação o Honvéd seria um clube miserável, mas as restrições financeiras do departamento de análise não preocupavam Abel. Ele não acredita que a qualidade da tecnologia seja o mais importante, mas sim como é usada, e que "80% ou 90% das análises podem ser feitas com tecnologia barata", como a de câmeras que permitam criar destaques. "O que mais importa é o que nós e os treinadores conhecemos de futebol, não o dinheiro." No Honvéd, parecia haver uma divisão entre a base e o time de cima que não poderia se sustentar a longo prazo. Eram dois clubes diferentes, algo que se refletia no laboratório: o centro de formação demandava que Abel trabalhasse incansavelmente para os jovens, enquanto a equipe principal nem um analista de desempenho tinha.

Não é de surpreender a capacidade de Abel para fazer os dois trabalhos, o que se tornou patentemente óbvio quando perguntei sobre as diferenças nas análises para as categorias de base e para o profissional. "Claro que os objetivos são diferentes, pois para o time

DANIEL FIELDSEND

de cima o resultado é a coisa mais importante, enquanto as equipes jovens podem perder jogos — contanto que os jogadores continuem a evoluir, o objetivo terá sido alcançado." O foco, na base, é mais nos jogadores, individualmente, ao passo que o trabalho na equipe principal se concentra sobretudo na análise pré-jogo da parte coletiva, visando o compromisso seguinte, e não na análise pós-partida usada para acompanhar a evolução dos jogadores. "No centro de formação, estamos mais preocupados com o detalhamento pós-jogo, com menos ênfase no próximo adversário e como não o deixar jogar."

O que Abel enfatiza para seus jogadores é a responsabilidade que têm na própria evolução. "Falo sobre as análises e incentivamos que eles venham até mim e perguntem sobre situações de jogo; ou caso sintam que estão em falta com algum aspecto. Os mais talentosos também são incluídos num plano de desenvolvimento que dura três ou quatro meses. São eles que têm de decidir qual tipo de auxílio precisam dos treinadores." Para ter um entendimento completo de como ajudá-los, Abel se impregnou do estilo de futebol jogado pelas categorias de base, de forma a atuar como um discreto conselheiro que reforça o modelo de jogo junto aos jovens. "Os times das categorias inferiores jogam um futebol de posse de bola. Queremos ter o controle e o domínio do jogo e recuperar a bola o mais rápido possível. É um estilo muito agressivo, no qual começamos a defender ainda no campo do adversário." Nesse sentido, não poderia ser mais holandês.

Jogando com a política

Como homem de negócios, Hemingway é inteligente. Sabe que o Honvéd está a apenas uma ótima temporada de se tornar um clube de sucesso. Está tudo pronto para isso, exceto por alguns fatores óbvios, mas ele sente o potencial do projeto. "Em 2006, quando compramos um clube que havia falido dez anos antes, fizemos tudo para reconstruí-lo. Vamos erguer um novo estádio no ano que vem e queremos estar à frente de um renascimento do futebol húngaro." Não é o único clube a fazer parte desse renascimento. O Ferencváros conta com igual prestígio (se o Honvéd ostenta Puskás, o rival tem Florián Albert) e inaugurou um estádio novíssimo de 22 mil lugares:

A ESCOLA EUROPEIA

o Groupama Arena. Além de Ferencváros e Honvéd, o Debrecen domina o futebol húngaro desde a virada do milênio e já dá as caras em competições europeias.

Mas o time mais propenso a impulsionar o renascimento da Hungria ainda estava, àquela altura, na segunda divisão. A Puskás Akadémia (Centro de Formação Puskás) não tinha completado dez anos, mas já possuía as melhores instalações para categorias de base do país. São obra do primeiro-ministro Viktor Orbán — um ávido fã de futebol — e ficam no vilarejo de Felcsút, onde ele nasceu. Apesar de haver apenas cerca de mil pessoas vivendo ali, um estádio moderno, com capacidade para 3.500 torcedores, foi construído em Felcsút em 2014. A Pancho Arena (assim batizada em homenagem ao apelido de Puskás no Real Madrid) é uma das mais interessantes estruturas físicas do futebol, semelhante a um cenário da Terra Média, com dez campos de treinamento a serviço dos jovens jogadores mais talentosos da Hungria.

Como é típico no Leste Europeu, sua construção foi controversa. Com o padrão de vida em queda no país, os críticos exigiram saber por que 13 milhões de euros saídos dos cofres públicos foram gastos num sonho pessoal de Orbán. "O presidente Hollande não mandou construir um campo de rúgbi nem David Cameron um de críquete", argumentou a oposição.[LXVIII] Simultaneamente ao sonho realizado com o Centro de Formação Puskás, Orbán planejava introduzir cartões de identificação e revista eletrônica no acesso às partidas. "A paixão não é mais bem-vinda: querem que a gente bata palmas educadamente e compre bebidas caras no intervalo, como se estivesse no teatro", comentou um integrante de torcida organizada do Ferencváros.

O público nos estádios diminuiu como consequência tanto da modernização de Orbán quanto da qualidade futebolística em exibição. No entanto, as medidas tomadas pelo primeiro-ministro foram bem recebidas pelos proprietários dos clubes. Questionado sobre se estava seguro de seu investimento para o futuro, Hemingway mencionou favoravelmente as iniciativas de Orbán: "Acho que, se esse governo for mantido, logo devemos ter uma Era de Prata no futebol húngaro. Não uma Era de Ouro, porque esta foi na década de 1950.

DANIEL FIELDSEND

Temos muitos jovens talentos; a seleção nacional passou, no intervalo de uns poucos anos, da 77ª para a 18ª posição no ranking da Fifa. É a primeira vez em muitos anos que voltamos a ficar entre os vinte primeiros. Queremos ocupar um lugar entre os clubes médios mais fortes da Europa, como os da Holanda e da Bélgica".

Umas duas mil pessoas compareceram à partida daquela noite. No intervalo, Hemingway entrou em campo para discursar aos torcedores. Era o dia do aniversário de Puskás; seu legado é tal que todos os anos a data é celebrada. O discurso de dez minutos do dono do clube prestou homenagem ao Major Galopante, com elogios à sua dedicação ao Honvéd. Mais cedo, eu havia perguntado a Hemingway sobre o peso da história e sobre como o clube consegue equilibrar o que aconteceu no passado com sua visão de futuro: "Nenhum outro time húngaro é tão conhecido fora do país quanto o Honvéd". Ferencváros e Debrecen são grandes na Hungria, acredita o empresário, mas a fama do Honvéd transcende o país. Talvez ele esteja certo, e foi essa a razão para ter retomado o nome Honvéd para o clube, que passara a se chamar Kispest FC.

Hemingway sabe que apenas ostentar um nome célebre não adianta. No futebol moderno, o fator decisivo é a riqueza. Em 2013, o Honvéd enfrentou o super rico Anzhi Makhachkala, clube do Daguestão praticamente sem torcida, história ou fama, bancado por Suleyman Kerimov, bilionário local que se tornou seu proprietário; e, diante de 5 mil torcedores, levou 4 × 0 dos visitantes, liderados pelo superastro Samuel Eto'o. Aquele, para Hemingway, foi um momento de revelação. "Nossa história é determinante. Por causa dela, nos últimos dez anos, o estilo que desenvolvemos é ofensivo", mas o desempenho em campo o desmentia. Marco Rossi capitaneava um estilo lento e defensivo. Se futebol ofensivo pode ser definido como movimentação sem bola, velocidade ao avançar, passes em profundidade, combinações e chegadas ao terço final do campo, a estratégia do Honvéd era tudo menos isso. Mais tarde, saindo do estádio para a noite escura de Budapeste, a frase de Bill Shankly sobre a "Santíssima Trindade" num clube me veio à mente. Todos ali amam o Honvéd, mas de um jeito diferente.

Nove meses depois...

E então veio a virada. Liguei para Abel no mês de abril seguinte, depois de descobrir que o Honvéd disputava o título com o Videoton. "O que está acontecendo?", perguntei, ao mesmo tempo confuso e feliz. "A presença de público nos jogos é a melhor que eu já vi", ele me contou, enquanto vinha à minha cabeça a imagem do estádio Bozsik com musgo pelas arquibancadas. Hemingway, surfando a onda da Era de Prata de Orbán, tinha até apresentado planos para um novo estádio de 8 mil lugares. "Também trouxemos de volta o Davide Lanzafame, um jogador excepcional para o nível do campeonato", continuou Abel. O atacante italiano já havia sido descrito como "Cristiano Ronaldo de Bari" pelo seu treinador à época, Antonio Conte, até que um escândalo de manipulação de resultados ameaçou encerrar sua carreira. Na Hungria, como consolo, vinha marcando gols com facilidade. "E ele sabe administrar o jogo estrategicamente. Sabe quando desacelerar, quando ir para cima, quando ficar com a bola e deixar o relógio correr. Ninguém mais no nosso time consegue fazer isso, e nunca tínhamos sido capazes de jogar assim", disse Abel.

Mas o fato de a sorte ter virado não deveria ser creditado a um só jogador. Hemingway decidira alinhar a filosofia do clube segundo uma escola de pensamento. E escolheu a italiana — Jasper foi embora, substituído por um amigo de Rossi contratado como analista. Olhando para os resultados desde então, a decisão havia sido correta. Não importa se a metodologia é italiana, holandesa, espanhola ou alemã — é preciso que seja uniforme, do jeito de jogar dos sub-6 ao dos sub-23. Hemingway poderia ter escolhido adotar de vez o jeito holandês e o efeito ser o mesmo. De todo modo, a recuperação do Honvéd, tanto em desempenho quanto na atmosfera dentro do campo, é a prova, como fosse se necessário provar, de que uma filosofia coerente é crucial no jogo moderno.

A boa impressão em relação a um estabelecimento (seja um *pub*, um restaurante ou um clube de futebol) só pode vir de experiências com pessoas. O Honvéd seria apenas mais um clube que visitei, não fosse pelas personalidades de Hemingway e Jasper e pela presteza de Abel. Pela garrafa de vinho tinto e pela camisa do time que este

DANIEL FIELDSEND

último me ofereceu de presente; pela aura da Era de Ouro, pelas histórias de Puskás e pela sensação de estar revivendo a história; pela mistura de amadorismo e profissionalismo; por tudo isso, para sempre vou guardar um pouco do Honvéd no coração. Espero que você, leitor, possa compartilhar desse afeto.

17.
CAVALEIROS DA MURALHA AMARELA: RENÂNIA DO NORTE-VESTFÁLIA

De Budapeste a Praga, depois Nurembergue e Dortmund. Saíam os campos, entravam as fábricas. O futebol transborda da Alemanha Ocidental. São treze clubes profissionais que, juntos, têm 22 títulos da liga, dezoito copas nacionais e cinco triunfos europeus. Os troféus se dividem entre Bayer Leverkusen, Schalke 04, Colônia, Fortuna Düsseldorf, Rot-Weiss Essen, Borussia Dortmund e Borussia Mönchengladbach. Neste capítulo, relato minha viagem de trem pela região, investigando como a Alemanha se tornou campeã mundial. Parto de Colônia e chego a Gelsenkirchen.

DANIEL FIELDSEND

Chegando aqui

Foi na região da Renânia do Norte-Vestfália que o futebol alemão começou a renascer. Ou ao menos em parte. Em 1998, Berti Vogts, treinador da seleção nacional e nativo da região, chamou atenção para o declínio da Alemanha, especificamente para o fato de que o estilo físico de jogo que algum dia havia sido o motor das vitórias alemãs não se aplicava mais a esse novo esporte, agora mais técnico. Propôs um programa para a formação de talentos voltado a revelar jovens habilidosos, mas o projeto não chegou a ver a luz do dia. Quem inadvertidamente inspiraria a Alemanha a criar tal programa seria o sucessor e conterrâneo de Vogts, Erich Ribbeck. Sua seleção que disputou a Eurocopa de 2000, lenta, pesada e com média de idade de 31,5 anos, foi eliminada na fase de grupos, o que resultou num período em que o país parecia dominado pela raiva.

A *Kicker*, revista de futebol mais respeitada da Alemanha, dedicou dezessete páginas às deficiências do chamado *Die Mannschaft*, o escrete nacional, depois de Portugal ter despachado a seleção de volta para casa. A confederação alemã, DFB, se reuniu com os clubes da Bundesliga para montar um plano e, em 2001, surgiu o Programa Estendido de Promoção de Talentos (ETPP, na sigla em alemão), o qual pretendia ser, essencialmente, um esquema para garantir que o constrangimento da Eurocopa de 2000 jamais voltasse a acontecer.

O ETPP exigiu de clubes e associações que investissem em formação, afirmando que, caso não se fizesse uma transformação na base, o topo continuaria na mesma. A DFB adicionou uma cláusula aos contratos de todos os clubes da Bundesliga — se quisessem permanecer na primeira divisão, precisariam construir centros de excelência. "A regra especificava quantos jogadores convocáveis para uma seleção de base precisavam compor os times [nesses centros], quantos treinadores e fisioterapeutas o clube era obrigado a empregar, de que maneira tinha que interagir com as escolas locais e assim por diante", explicou Uli Hesse. "Quem não fizesse isso teria sua licença cancelada. Falando de forma simples, os clubes receberam as instruções do que fazer, sob pena de rebaixamento para a liga amadora."

E relutaram, em sua maioria, por causa do custo do projeto — 48 milhões de euros por ano —, mas não tiveram muita voz. A realidade era aquela e eles tinham que aceitar. Logo apareceram anúncios de tevê em cadeia nacional com o slogan: "*Unsere Amateure, Echte Profits*" ("Nossos Amadores, Profissionais de Verdade"). No total, 54 centros de "alto desempenho" foram instalados por clubes em todo o país atendendo à DFB, e acabaram por se tornar bases de recrutamento onde se podia acumular muita informação sobre os melhores talentos jovens do país. "Se o jogador do século vier à luz numa pequena aldeia atrás das montanhas, nós o descobriremos", profetizou o diretor do ETPP, Jörg Daniel. Desde então, jovens talentosos têm a obrigação de jogar pelas categorias de base de seu clube e fazer um treino de duas horas uma vez por semana na escolinha da DFB, ou *Stützpunkte*, mais próxima. Os melhores entre eles, selecionados para jogar pela seleção, são então convocados nessas escolinhas, não nos centros de formação dos clubes.

Além dessa reestruturação do futebol de base com centros de alto desempenho, a DFB e a Bundesliga decidiram que o futebol juvenil amador também precisava ser melhorado em todos os vilarejos e cidades por um processo de educação. As vans do projeto DFB Mobil visitam clubes amadores semanalmente oferecendo aos treinadores várias sessões instrutivas para alinhá-los com os requisitos da filosofia que forma jogadores com apurada técnica "alemã". Cerca de 22 mil jogadores são treinados e depois analisados pela equipe da *Sporthochschule* de Colônia, suas performances revistas ao longo do ano. Tudo isso se somou na Alemanha para que emergissem Mesut Özil, Toni Kroos e Mario Götze — jogadores habilidosos que desempenhariam um papel central na vitória da seleção campeã do mundo em 2014. Ao iniciar as atividades em um dos 387 acampamentos realizados todos os anos, os treinadores da federação dizem aos meninos: "Você é um membro da DFB, o que significa que é um campeão mundial!". Para esses treinadores, todo garoto é um astro internacional em potencial. Foi por essa Alemanha que viajei, uma nação consciente de seus jogadores, de seus torcedores e de seu espetáculo.

A viagem

Na manhã de 7 de abril de 2016, por volta das 9h30, um trem da DB partia da estação central de Colônia para a de Dortmund com

DANIEL FIELDSEND

trezentos torcedores a bordo, alguns vestidos de vermelho, mas a maioria de amarelo e preto. Naquele dia haveria trens fazendo o mesmo percurso a cada vinte minutos. À noite, o Borussia Dortmund enfrentaria o Liverpool pelas quartas de final da Copa da Uefa, no que o jornal *Bild* batizou de "O Retorno do Rei" (o monarca, no caso, era Jürgen Klopp).

Um conhecedor de futebol teria achado a viagem das mais agradáveis. A Renânia do Norte-Vestfália é uma região interessante. Estado mais populoso da Alemanha, é conhecido localmente como *"das Land von Kohle und Stahl"* ("Terra do Carvão e do Aço"). Tornou-se a força motriz da reconstrução da Alemanha das cinzas da Segunda Guerra Mundial. Ali, sob o céu que havia se tornado sombrio pela fumaça das fábricas no pós-guerra, os clubes começaram a montar elencos vencedores. Um pano de fundo muito parecido com o do Celtic de Glasgow que prosperou no século xx: "As pedras úmidas e frias do sucesso", conforme descreveu o *Herald*.

Historicamente, o fato de a região ter abrigado tantos clubes de futebol se deveu à pesada industrialização da Alemanha Ocidental já no início do século xx. Conforme escreveu Sean Brown: "A história do lugar é uma história de migração contínua".[1] Com a emergência e a expansão da produção industrial, surgiu uma grande demanda por operários. Migrantes chegavam de toda a Europa, particularmente de lugares que tinham pertencido à Prússia. A palavra alemã para a Prússia, *Borussia*, viria a identificar vários clubes fundados nessa época: Borussia Dortmund e Borussia Mönchengladbach são dois exemplos bem conhecidos. Assim como acontecera na Grã-Bretanha anos antes, com o advento do tempo livre para os trabalhadores, o futebol apareceria como um ativo comunitário e seria adotado pela população masculina de toda metrópole, cidade e subúrbio da região.

A popularidade do jogo aumentou dramaticamente na Alemanha durante o Terceiro Reich. Em 1936, o Schalke (também conhecido como S04), clube da Renânia, reuniu 75 mil torcedores numa partida contra o Nuremberg FC em Stuttgart. É interessante que um clube do

---

[1] BROWN, S. *Football Fans Around the World: From Supporters to Fanatics.* Nova York: Routledge, 2013, p. 62.

A ESCOLA EUROPEIA

subúrbio da cidade da siderurgia, Gelsenkirchen, cultural e economicamente menos privilegiada que Essen, Duisburg e Dortmund, tenha conseguido atrair tantos torcedores de toda a Alemanha naquele momento. E isso aconteceu graças a seu estilo, conhecido como *Schalker Kreisel*, o perfeito jogo de triangulações — o que transformou o clube em base para a seleção nacional. Sua popularidade também teve a ver com o ambiente político da época. O Partido Nazista havia destruído os movimentos socialistas e trabalhistas e, consequentemente, ambas as forças sociais careciam de um núcleo organizacional. "Nesses círculos, mostrar simpatia pelo Schalke 04 significava apoiar o extinto movimento trabalhista",[2] constataram Tomlinson e Young, especialmente porque o Schalke era considerado um clube operário.

9h32

A Catedral de São Pedro é atualmente o cartão-postal mais famoso de Colônia. Alta e sinistra, com suas torres gêmeas enegrecidas, é o ponto turístico mais visitado da Alemanha — a cada dia 20 mil pessoas cruzam a porta de entrada. Nos séculos XVIII e XIX, as igrejas tinham que ser as edificações mais altas de um lugar, sua projeção em direção ao céu um tributo a Deus. Mas, à medida que a sociedade evoluiu, as prioridades mudaram. Atualmente, os arranha-céus de instituições financeiras são os edifícios mais altos, com arenas esportivas frequentemente ocupando o segundo lugar. Para muitos, no mundo moderno dinheiro e esporte importam mais do que religião. A catedral de Colônia, no entanto, fazendo sombra aos trens que saem da estação ao lado, é uma contradição vultosa. Eleva-se a 157 metros, ao passo que o RheinEnergieStadion, casa do clube local, tem (apenas) pouco mais de trinta metros de altura.

A prática do Colônia de receber inquilinos pode ser usada como ferramenta para examinar as relações entre torcidas na Alemanha. Enquanto a rivalidade é o que de forma mais óbvia liga os clubes no futebol inglês, na Alemanha eles mantêm relações de amizade com equipes de sua própria região e na liga que disputam. O Borussia Dortmund, por exemplo, tem como um de seus clubes amigos o

---

[2] TOMLINSON, A; YOUNG, C. *German Football: History, Culture, Society.* Nova York: Routledge, 2006, p. 8.

DANIEL FIELDSEND

Colônia, que por consequência incorpora a rivalidade do Dortmund com o Schalke 04. Ao mesmo tempo, alimenta a rivalidade com o Gladbach, que remonta a disputas por hegemonia entre os dois clubes nos anos 1970 e convive sob tensão com o Fortuna Düsseldorf, uma vez que se trata das duas maiores cidades da região em termos de poder econômico. O Bayer Leverkusen, sendo um clube com sólido suporte financeiro da empresa farmacêutica homônima, é odiado por torcedores da Renânia e alhures. Mas, por conta de sua proximidade geográfica, Colônia e Leverkusen se odeiam ainda mais. No entanto, para que uma partida seja classificada como dérbi, conforme descobriu Ruud Hans Koning, precisa ser competitiva. Nenhum clube da região tem particular antipatia por Bochum ou Paderborn porque, apesar de vizinhos, não competem no mesmo nível dos demais.

9h40

Da janela do trem eficientemente alemão, naquela manhã, viam-se pilhas de tijolos e paletes sem uso, com chaminés cuspindo fumaça e o céu cinzento ao fundo. Quando a composição chegou a Leverkusen, casa do Bayer, a atmosfera era ainda mais densa. Fundado por trabalhadores da empresa química cujo logotipo (aquele das embalagens de aspirina) ilumina a cidade a partir de uma torre de fábrica, o clube definhava nas divisões inferiores da Alemanha até 1980. Como ostenta a marca da empresa no uniforme e Bayer no nome, o Leverkusen tem sido historicamente vilanizado. A ascensão do Hoffenheim, um clube de vilarejo bancado pelo próspero Dietmar Hopp, entretanto, além do patrocínio da Volkswagen ao Wolfsburg, acabou por fazer com que muitos torcedores alemães preocupados com fair play financeiro e esportivo esquecessem um pouco o Bayer. Com a chegada do Red Bull Leipzig à Bundesliga, em 2016, o clube de Leverkusen até passou a ser visto como tradicional.

Seu ponto alto mais recente foi em 2002, quando, com Lúcio na defesa e o autoproclamado garoto de ouro de sua geração, Michael Ballack, no meio-campo, chegou à final da Champions League, derrotando primeiro o Liverpool, depois o Manchester United. Em abril de 2002, o Leverkusen estava na rota da tríplice coroa (Bundesliga,

A ESCOLA EUROPEIA

Copa da Alemanha e Champions League), mas chegou ao final de maio com mãos vazias. No que seria o verão mais decepcionante de sua carreira, Ballack perdeu até a final da Copa do Mundo para o Brasil. O Leverkusen entrou numa espiral de desempenho medíocre durante muitos anos, até 2014, quando contratou Roger Schmidt. A diretoria, invejando o modelo criado em Dortmund, decidiu que seria necessária uma identidade de jogo marcante para o crescimento do clube. Viram a performance do Red Bull Salzburg, notadamente contra o Ajax na Copa da Uefa, e contrataram Schmidt pelo tipo de método que praticava.

O treinador implementou um 4-2-4, mais pela alta octanagem de sua marcação por pressão do que pelo tradicional propósito ofensivo. Numa liga de Klopps e Guardiolas, fez do Leverkusen o melhor clube do campeonato nas transições de jogo. Em janeiro de 2017 era a equipe com mais gols de contra-ataque (43) nas cinco principais ligas da Europa (melhor performance no quesito desde julho de 2012). "É um dos melhores e mais intensos times da Alemanha", cravou Guardiola.

Mas, em 5 de março de 2017, Schmidt foi demitido (mais uma vítima da regra de Béla Guttmann).[3] "Vejo Roger Schmidt como um treinador absolutamente de ponta. Mas temos que tomar uma decisão agora, senão perderemos de vista nossos objetivos", comentou o diretor esportivo do Leverkusen, Rudi Völler. Àquela altura, no entanto, o estilo de jogo de Schmidt tinha se disseminado por todos os clubes do país, de acordo com o jornalista Tobias Escher, do site Spielverlagerung.de. "A marcação alta e estruturada é uma tendência universal. Todos eles [clubes] seguem o modelo tático de Schmidt. Tem um monte de times jogando assim, até os da Red Bull. Quando Guardiola chegou, o novo conceito do *Juego de Posición* foi implementado e Thomas Tuchel o adaptou ao Dortmund, de modo que agora há duas escolas de pensamento em disputa entre si." *Mas Klopp e Schmidt não inventaram a marcação por pressão, certo?* "Não. Cada jogador deve trabalhar defensiva e ofensivamente ao mesmo tempo, e isso começou na década de 1930, com Otto Nerz e Sepp

---

[3] O grande treinador austro-húngaro disse certa vez: "O terceiro ano é fatal. Se um técnico permanece no clube mais tempo que isso, seus jogadores tendem a se entediar ou ficar complacentes e os adversários começam a descobrir por onde atacar". Certamente sabia do que falava. Guttmann treinou 25 times em quarenta anos de carreira, incluindo Porto, Benfica, Milan, São Paulo e Honvéd.

DANIEL FIELDSEND

Herberger. Não é preciso dizer a um atacante alemão para manter a pressão sobre o contra-ataque adversário, ele sabe que tem que fazer isso. Klopp e Schmidt simplesmente modificaram o estilo."

Na Alemanha, os jogadores são tecnicamente sólidos, mas taticamente excepcionais. *Existe um diferencial na educação desses jovens para que se desenvolvam dessa forma?* "Sim, mas temos que voltar no tempo para os anos 2000. Ficamos complacentes depois de 1990, quando vencemos a Copa do Mundo, numa época em que os centros de formação estavam mudando. Havia a marcação por pressão de Sacchi e a ideia de jogo de Cruyff e, ao mesmo tempo, as categorias de base se desenvolviam. Na Alemanha, no entanto, isso não acontecia. Quando fomos eliminados na fase de grupos da Eurocopa de 2000, tudo mudou." A DFB foi à Holanda, à França e à Espanha para descobrir como se formavam talentos por lá e criou o modelo ETPP. "Praticamente inauguraram o trabalho de base ali, naquele momento, e hoje a gente tem essa situação de regulamentação rigorosa. Se um clube quiser obter a licença da Bundesliga, precisa ter um certo número de campos de treino para as equipes juvenis e até mesmo um determinado sistema de iluminação. Cada clube é obrigado a reservar um tanto de vagas no time de cima para jogadores de sua própria base, e agora temos muitos treinadores falando o jargão tático já a partir da categoria sub-10. Nessa idade, os meninos desenvolvem a fome pelo aprendizado de novas ideias. É uma mudança cultural, porque na década de 1990 sistemas táticos não eram assunto, ao passo que os jogadores de hoje se veem constantemente confrontados por esse aspecto."

10h03

Vinte e três minutos depois, na estação de Düsseldorf, mais uma centena de torcedores se perfilava, a maioria de vermelho. Düsseldorf é a capital da Renânia do Norte-Vestfália e abriga o terceiro aeroporto mais movimentado da Alemanha. Ali pousaram os voos com torcedores do Liverpool, que ficaram hospedados na cidade e contribuíram com uma atmosfera própria ao embarcarem no trem — para grande aborrecimento do condutor.

A ESCOLA EUROPEIA

Meia hora de carro a oeste de Düsseldorf e merecedora de uma visita, embora fora da rota do trem, fica Mönchengladbach. Com uma população de 250 mil habitantes, a cidade é pouco mais do que um transbordamento de lugares próximos. Seu clube local, o Borussia, porém, tem uma história fantástica. Até 1959 jamais disputara nada além da Oberliga Oeste, uma divisão amadora, mas passou a contar, em 1963, com um talentoso jovem local de dezenove anos chamado Günter Netzer, e com ele vieram as vitórias. Em 1966, junto com seus futuros rivais, o Bayern de Munique, o Gladbach foi promovido à Bundesliga. Munique era uma região de grande peso financeiro, ao contrário de Mönchengladbach. O clube não tinha muitos recursos para investir. Assim, o que fez foi promover jovens da base, como Berti Vogts e Jupp Heynckes.

Netzer era o astro do time e se tornou um ícone do Borussia como Franz Beckenbauer era do Bayern. Ambos os jovens logo passaram a símbolo da agitação sociopolítica e do sistema de valores ocorrida na Alemanha a partir de 1968. Tinham nascido em famílias simples, no ano em que a guerra acabou, e jogavam em clubes próximos de suas cidades. "[Netzer] virou o queridinho dos intelectuais de esquerda, que viam nele alguém que rompia com tradições conservadoras dentro e fora do campo", escreveram Tomlinson e Young.[4] Antes de assinar com o Real Madrid, o meio-campista, que costumava desfilar em carros esportivos, teve sobre o Gladbach a mesma influência do jovem Cruyff sobre o Ajax.

O técnico do clube à época, Hennes Weisweiler, hoje dá nome ao centro de desenvolvimento de treinadores (*Sporthochschule*) onde ele mesmo foi instrutor. Trata-se de uma escola de aperfeiçoamento em Colônia (sede do departamento de análise da DFB) para os melhores pensadores do futebol na Alemanha, incluindo, muito recentemente, Roger Schmidt, que durante dez meses conciliou o estudo com as atividades de engenheiro mecânico e treinador do Preußen Münster; e Joachim Löw, que, no tempo que passou lá, desenvolveu a filosofia de treinamento que levou a Alemanha ao triunfo no Mundial de 2014. A história costuma se repetir. Cinquenta anos antes, Sepp Herberger, tendo pouco antes conquistado a Copa do Mundo com a Alemanha

---

[4] TOMLINSON, A; YOUNG, C. *German Football: History, Culture, Society*. Nova York: Routledge, 2006.

DANIEL FIELDSEND

Ocidental (um time de jogadores amadores), procurou a *Sporthochschule* em busca de um potencial sucessor para o cargo de técnico da seleção. O pessoal da escola falava entusiasmado de Hennes Weisweiler, jogador do Colônia, como o melhor de oitenta alunos então fazendo o aperfeiçoamento para treinadores; e, assim como mais tarde Jürgen Klinsmann faria com Löw, Herberger chamou Weisweiler para ser seu assistente, preparando-o para assumir a seleção.

Mas Weisweiler preferiu ficar perto do ninho. Não queria trabalhar em outro lugar que não fosse a Renânia, de modo que, em 1958, aos 38 anos, tornou-se diretor da *Sporthochschule*. Dedicou todo seu talento a treinar as gerações futuras de treinadores, bem como os clubes locais, em vez da equipe nacional. Trabalhou como treinador do Colônia e dos rivais do Viktoria Köln antes de se transferir ao Borussia Mönchengladbach, em 1964. Seu estilo de jogo no clube, mantido ao longo dos anos com jogadores como Igor Belanov e Marco Reus, consistia em atacar e contra-atacar. Muitos na Alemanha continuam a chamar um gol marcado no contra-ataque de Gladbach.

Em Niederrhein, Weisweiler montou um time técnico que ele próprio descreveu como "forte no contra-ataque e focado em resultados".[5] As ideias que sistematizou como diretor da *Sporthochschule* eram inovadoras, o que havia de melhor na Alemanha, talvez em toda a Europa (na maior parte dos países não se estudavam técnicas de treinamento à época), e Weisweiler descarregou tudo o que aprendeu — psicologia, exercícios de treino e noções táticas — no pequeno Gladbach. O clube foi campeão alemão em 1970, 1971, 1975, 1976 e 1977 — comandado no ataque pelo dinamarquês Allan Simonsen, ganhador do Ballon d'Or —, e venceu ainda a Copa da Uefa em 1975 e 1979.

Mas o dinheiro fala mais alto. Ou ao menos passou a falar com os anos. Foi-se o tempo do "que vença o melhor", veio a era do "que vença o mais rico". A época de ouro do Gladbach terminou naturalmente; os adolescentes Berti Vogts e Jupp Heynckes viraram veteranos, ganharam qualificação como treinadores e se aposentaram. Foram substituídos por novos prodígios, mais especificamente por um rapaz chamado Lothar Matthäus, mas ele era da Baviera, e não

[5] WEISWEILER, H. *Der Fussball. Taktik, Training und Mannschaft*. Schorndorf, 1980.

A ESCOLA EUROPEIA

da Renânia, de modo que, quando o Bayern ofereceu um valor recorde para levá-lo, aos 23 anos, o garoto prodígio se foi. O futebol se tornara grande demais para cidadezinhas, e o Gladbach ficou para trás.

Em Colônia, em 1983, vinte mil pessoas compareceram ao funeral de Weisweiler. A cerimônia aconteceu na Catedral de São Pedro — apenas dois outros homens tiveram tal honra na história — e a *Sporthochschule* foi posteriormente rebatizada, em gesto muito apropriado, com o nome de seu ex-diretor. Atualmente, no complexo, a Bundesliga e a DFB unem forças para criar um esquema de formação para todos os treinadores das quatro principais divisões. "A Federação Alemã de Futebol está convencida, hoje, da necessidade de aumentar o grau de formação de modo a atender às exigências com que se deparam treinadores no mais alto nível", afirma o site oficial da entidade. "A Liga Alemã de Futebol (DFL) compartilha essa opinião, razão pela qual a licença de instrutor de futebol é agora um pré-requisito para a função de *Cheftrainerpost* na Bundesliga e na 3ª liga." Reconhecidos como técnicos com qualificação superior à exigida pela Uefa ao conceder suas licenças, os treinadores alemães de elite podem se tornar "instrutores de futebol" na escola de Colônia, como foi Hennes Weisweiler.[6]

10h21

Dezoito minutos depois de sair de Düsseldorf, o trem chegou a Dortmund. "*Oh, when the Reds!*", eram os gritos que vinham em uníssono do outro extremo da plataforma, enquanto torcedores de Borussia e Liverpool caminhavam juntos. Aquele seria um dia de festividades, de novas amizades iniciadas dos dois lados. Os clubes contavam de antemão com algumas semelhanças: ambos têm uma arquibancada que chamam de Kop — a do time alemão é consideravelmente maior, a do clube inglês, mais famosa — e ambas as torcidas cantam para seus jogadores versões de *You'll Never Walk*

---

[6] A qualidade de treinamento na Alemanha é complementada pela quantidade de potenciais treinadores. De acordo com a Uefa, são 28.400 no país com a licença do tipo B, comparados a apenas 1.759 na Inglaterra. Um contra-argumento diria que, por isso, é mais difícil para os técnicos alemães chegar ao futebol de elite, daí Schmidt ter sido obrigado a ir trabalhar na Áustria antes de chegar ao Leverkusen, mas, tratando-se de uma nação competitiva, há um efeito cascata que leva a um amadurecimento qualitativo da elite às categorias amadoras.

DANIEL FIELDSEND

Alone. A banda local Pur Harmony gravou em 1996 a versão que é tocada no Westfalenstadion antes dos jogos, mas a canção surgiu pela primeira vez num estádio alemão em 1977, cantada pelos fãs do Borussia Mönchengladbach depois de tê-la aprendido com nativos de Liverpool em bares e restaurantes de Roma, por ocasião da final da então chamada Copa dos Campeões daquele ano. Uma amizade começou naquela semana de maio e prosseguiu ao longo dos anos, o que trouxe muitos torcedores do Gladbach para Dortmund a fim de rever velhos amigos; suas bandeiras se misturaram ao vermelho que tomava toda a *Alte Market*.

A praça vibrava. Era ali que torcedores tanto de vermelho quanto de amarelo se reuniam para beber e cantar. Faixas pendiam de cada árvore e cada poste, algumas já conhecidas, outras mais novas — muitas delas criadas especialmente para o evento do dia, com imagens combinadas do rosto de Jürgen Klopp e das cores da bandeira tricolor da Alemanha: a *Bundesdienstflagge*. Quinze anos antes, na última visita do Liverpool a Dortmund para a final da Copa da Uefa, não se viam o preto, o vermelho e o amarelo das bandeiras alemãs, apesar de o clube inglês ter no elenco, à época, Christian Ziege, Markus Babbel e Didi Hamann. Essa moderna admiração anglófona pela Alemanha, por seu futebol e sua cultura, é um fenômeno alimentado pela desilusão. Os torcedores britânicos vêm anualmente e em massa ao país para revisitar o jogo que um dia conheceram: assistindo de pé, cantando e bebendo cerveja sem criar confusão.

Como torcedor do Liverpool e alguém que escreve sobre a Bundesliga, Chris Williams conhece bem ambas as equipes. Ele viaja a Dortmund com frequência e estava em seu elemento quando nos encontramos na praça. Vermelho e amarelo se misturavam na fumaça dos sinalizadores e nas bolas de futebol lançadas ao ar. *Por que os britânicos agora buscam o futebol alemão?*, perguntei. "É muito parecido, um esporte da classe trabalhadora vivido com uma paixão semelhante", ele respondeu. "Acho que o frisson de assistir futebol na Alemanha é algo que não consigo mais ter na Inglaterra. Não é um jogo de noventa minutos; começa no minuto em que o cara acorda, e aí ele encontra os amigos no *pub* e seguem juntos para o estádio. Na

A ESCOLA EUROPEIA

Alemanha, é uma atmosfera que entra nos estádios, mas infelizmente não mais nos estádios ingleses. Aqui continua existindo aquele caso de amor entre torcedor e clube, uma relação que não foi corroída pela busca por extrair o máximo de dinheiro dos torcedores. Os clubes ainda fazem parte da comunidade aqui."

Certa apreciação do futebol jogado na Alemanha floresceu na Grã-Bretanha graças à (por falta de melhor palavra) "britanicidade" por excelência do jogo alemão. Aquela confraternização Liverpool–Dortmund foi também, mais do que um gesto de reconhecimento entre times de futebol similares, uma demonstração de como progrediu a sociedade europeia. Quatro mil pessoas foram mortas em Liverpool durante a Blitz — menos destrutiva apenas que a sofrida por Londres — lançada pela Luftwaffe alemã. Como troco, os Aliados destruíram 54% de Dortmund (assim como 64% da vizinha Düsseldorf e 61% de Colônia). A horripilante baixa de vidas se deu em ambos os lados. Mas agora, naquela manhã de abril, as cidades de Liverpool e Dortmund se misturavam e bebiam juntas, cantando as músicas e usando as cores uma da outra. Não havia xenofobia nem medo do outro, tampouco alguém pensou na guerra ou a mencionou. Mais do que uma ocasião esportiva, era um evento que maravilhosamente promovia a paz.

O clube que veio a concentrar a afeição britânica, o Borussia Dortmund, é mais sedutor para os torcedores ingleses do que qualquer outro time da Alemanha. Suas cores, a dedicação fervorosa de sua torcida, o estilo de jogo atraente, a cerveja — o Dortmund é "bacana" por definição. Alguns clubes têm várias dessas características — o Ajax tem estilo, o Besiktas tem atmosfera, o Barcelona tem jogadores —, mas o Borussia é uma mistura fantástica de todas essas coisas legais. E o poder de atração é ainda reforçado por uma camada adicional de mistério, esse traço essencial que Albert Einstein descreveu como "a fonte de toda arte e ciência verdadeiras". Por conta do mistério que o envolve, de seus esquemas táticos de difícil análise e de sua esquecida história de lutas, o Borussia Dortmund se tornou um ímã para os torcedores da Grã-Bretanha.

DANIEL FIELDSEND

O dia seguinte

Há uma quadra de futebol cinzenta na Olga *Straße*, em Gelsenkirchen, onde os filhos de imigrantes locais costumam jogar bola. İlkay Gündoğan foi um deles, Mesut Özil, outro — ambos típicos da cidade e de sua região metropolitana. Durante o período de apogeu industrial da Renânia do Norte-Vestfália, os imigrantes foram convidados a vir da Turquia como "trabalhadores convidados" ou *gastarbeiters*. Mas, quando as minas fecharam e a indústria se mudou, esses convidados foram ficando e sua integração virou um problema. O elemento de coesão social, como tantas vezes acontece, foi o futebol. Pequeno, mas esperto, sempre jogando contra garotos mais velhos, Özil atuou pelos clubes de bairro Teutonia, Falke e Rot-Weiss até que o gigante local, Schalke 04, tão onipresente ali quanto a sombra das chaminés industriais, o descobriu e levou para suas categorias de base.

Com sua aparência distópica — uma bolha branca cercada pelas árvores de um bosque e fábricas ao longe —, o centro de formação do Schalke, Knappenshmiede, que se pode traduzir como "forja dos mineiros", parece o cenário de um romance de Suzanne Collins. O complexo vive sob o peso da história. O Schalke foi o melhor clube da Alemanha nos anos 1930 e 1940, e isso não se esquece. Ali há padrões a seguir, um desejo de vitória que faz de Knappenshmiede um dos melhores centros de formação da Alemanha. Além de Özil, a Alemanha campeã do mundo em 2014 pôde contar com Manuel Neuer, outro formado no Schalke e premiado como Luva de Ouro naquela Copa, e Benedikt Höwedes, que jogou cada minuto da campanha vitoriosa. Todos os três jogadores são produto do modelo ETPP e desde meninos jogaram juntos pela seleção alemã.

O S04 também acolhe aspectos sócio-históricos da região. O túnel de saída para o gramado, na Veltins-Arena, objetivo em direção ao qual os jovens da base progridem, é um corredor temático simulando um poço de mina, com iluminação fraca e paredes de carvão de ambos os lados. Quando garimpa talentos, o Schalke lança mão dessa história a fim de atrair os jovens para o seu elenco. A região do clube é uma das mais competitivas do mundo, com Dortmund, Gladbach e Leverkusen disputando todas as ligas de categorias inferiores. Mas

A ESCOLA EUROPEIA

competir faz bem. Ajudou o clube a formar Max Meyer, Joël Matip, Leroy Sané, Kaan Ayhan e Julien Draxler. Não ter concorrência regular e dura pode ser um obstáculo, conforme constatamos com a Juventus, em Turim.

Treinador do time sub-19, Norbert Elgert explicou à BBC World Service que são cinco os pilares que sustentam a filosofia de trabalho em Knappenshmiede e segundo os quais os jogadores são avaliados:

1. Técnica, espaço e tempo para o jogador da bola.
2. Inteligência de jogo e tática.
3. Capacidade atlética, especialmente velocidade de movimentação.
4. Força mental e resiliência.
5. Aptidão/adequação para atuar no time de cima.

Com a indústria local em dificuldades, Knappenshmiede prova ser uma contradição em termos de negócios. A Associação de Clubes Europeus, com mais de duzentos clubes-membros, envia delegados ao Schalke todos os anos para aprender com suas práticas. Um tópico sempre discutido é: "Quais são os mecanismos bem-sucedidos de cooperação entre o time de cima e as categorias de base?". Manter o centro de formação custa 3 milhões de euros por ano, de modo que o Schalke precisa justificar o gasto, seja retendo esses jovens como profissionais, seja tornando-os vendáveis. A transferência de Leroy Sané para o Manchester City por 40 milhões de euros provavelmente cobriu os custos de Knappenshmiede por uma década. O ponta é mais um jogador tecnicamente talentoso formado no ETPP. Quando menino, frequentou os centros de formação de Leverkusen e Schalke antes de se decidir pelo último. Era levado no carro da família para treinar tanto no clube quanto na escolinha local da DFB.

Em 2015, fez sua estreia na seleção principal, como esperado. Não por seu pai ter jogado no Freiburg ao lado de Joachim Löw — o treinador do selecionado nacional é amigo íntimo da família —, mas porque, estando a par do desenvolvimento dos melhores jovens do país, a DFB transformou Sané num jogador técnico de estilo alemão.

DANIEL FIELDSEND

À medida que crescia, ele treinava sob o mesmo guarda-chuva de estilo de seus futuros companheiros de Alemanha, o que tornou suave a transição. "Vemos nele um tremendo potencial", comentou Löw antes da estreia do jogador, falando em nome da DFB. A história de Sané começou na Renânia do Norte-Vestfália, mas o que caracteriza o ETPP é que, fosse o ponto de partida Brandemburgo ou a Saxônia, ou mesmo uma pequena cidade em Mecklenburg-Vorpommern, como aquela da qual saiu Toni Kroos, o final da história seria o mesmo. Canto nenhum fica sem ser vasculhado.

18.
EFEITO MINA DE OURO: O FEYENOORD DE ROTERDÃ

A viagem de uma estação de nome bem alemão, Herzogenrath, a outra de nome bem holandês, Heerlen, leva doze minutos. Cruzando a fronteira, a vida não muda em nada. A moeda continua a mesma; as pessoas parecem iguais e, o que é bizarro levando-se em conta a barreira da língua, os sotaques são semelhantes. Num dia de céu claro na Holanda, a vista se estende por quilômetros ao redor. A maior parte do país fica abaixo do nível do mar e estaria sujeita a inundações não fosse por um sistema inteligente de diques e represas. O leitor que quiser fazer um roteiro extenso pela Europa atrás de futebol, como o deste livro, deve começar com uma exploração concentrada da Holanda. Os trens InterCity partem de Maastricht com escalas em Eindhoven, Breda, Roterdã, Haia, Amsterdã e Alkmaar. Os clubes dessas cidades são bastante acolhedores e, ao longo da temporada, oferecem seminários sobre seus métodos. Pelo caminho, tulipas de todas as cores se enfileiram umas ao lado das outras. Vacas pastam, rios serpenteiam e incontáveis moinhos de vento giram com a brisa suave. O mais recorrente na paisagem, no entanto, são os campos de futebol; eles surgem ao lado de igrejas e fazendas, em lugares nos quais simplesmente não deveriam estar.

Existem mais de três mil clubes amadores de futebol no país. As famílias convivem nos clubes locais, onde passam os sábados assistindo a pais e filhos jogarem para, no fim do dia, fazer o trajeto de volta para casa em suas bicicletas. Ao contrário do futebol amador na Grã-Bretanha, com seus vestiários gelados e espírito machão, os clubes holandeses oferecem sedes confortáveis e campos de grama artificial. O jogo também é diferente. O futebolista amador holandês joga com a bola no chão, tentando usar os espaços. Seus pares britânicos se valem de inclinações masculinas, agressividade e chutões para a frente, em geral porque o campo é tão pantanoso que torna impossível dar um passe. Na versão holandesa, o que se vê são períodos longos e controlados de posse de bola, ao passo que na Grã-Bretanha há uma alternância rápida da posse. Nos próximos capítulos, sobre Feyenoord e Ajax, você vai descobrir grandes linhas paralelas de desenvolvimento do futebol na Holanda. Dois métodos contrastantes de se formar jogadores que, para o bem do futebol holandês, têm sido obrigados a convergir. Ambas as metodologias, dependendo da estação, podem ser replicadas na Grã-Bretanha e também em outros lugares.

Motivação intrínseca

Antes de sua contratação como diretor esportivo do Brentford, o dinamarquês Rasmus Ankersen escreveu *The Goldmine Effect*, livro no qual trata dos segredos do desempenho de ponta no esporte. Em suma, Ankersen passou sete meses viajando pelo mundo para conhecer as "minas" de onde saem os talentos. Os lugares que visitou incluíram, entre outros: Bekoji, um vilarejo na Etiópia onde surgem os melhores corredores de meia distância do mundo; o clube de atletismo MVP, em Kingston, na Jamaica, ninho dos melhores velocistas; Iten, uma aldeia queniana que revela excelentes corredores de longa distância; e o Brasil, de cujas favelas emergem jogadores excepcionais. Ao identificar e reconhecer ambientes assolados pela pobreza como minas de ouro que não apenas produzem talentos, mas os sustentam, Ankersen contraria a crença de que atletas de elite precisam de infraestrutura idem para chegar ao ápice. Em vez disso, segundo a tese exposta em *The Goldmine Effect* com base numa rica coleção de outros achados, o desejo interior de um atleta — sua motivação intrínseca — é mais importante do que o grau de afluência de seu meio.

Até o lançamento do livro de Ankersen, pensava-se que Usain Bolt e Asafa Powell, e na verdade outros velocistas de nível mundial da Jamaica, tinham à disposição o melhor da ciência do atletismo contemporânea, o que lhes permitiria seu desempenho de alto nível. O que Ankersen encontrou em Kingston, no entanto, foram um campo de piso seco e duro, uma pista de grama gasta e uns pesos enferrujados do lado de fora de um galpão. Algo que o fundador do clube, Stephen Francis, disse a Ankersen é revelador da filosofia das minas de ouro: "Um ambiente voltado à performance não deve ser projetado para oferecer conforto, mas para abrigar trabalho duro. Serve para mostrar que o caminho para o sucesso é longo e desconfortável".[1]

O perigo de oferecer aos atletas o melhor em termos de instalações, patrocínio e elogios é que eles podem se fiar nesses fatores extrínsecos e acabar induzidos a um estado de complacência: o conforto circundante tem o potencial de colocar o esforço em segundo

---

[1] ANKERSEN, R. *The Goldmine Effect*. Londres: Icon Books, 2012.

DANIEL FIELDSEND

plano. O futebol está repleto de histórias de jovens jogadores que tiveram muita coisa cedo demais. As viagens de Ankersen revelaram que qualquer pessoa pode criar uma mina de ouro, desde que inspire os atletas ali a acreditarem. Conforme escreveu o autor: "Tem mais a ver com capacidade de capitalizar sobre o talento que já existe. Minas de ouro não são descobertas. São reveladas".

A primeira impressão que se tem do complexo esportivo do Feyenoord, usado conjuntamente pelo time de cima e pelos da base, em Roterdã, é de uma mina de ouro exaurida. A visita começa ao se desembarcar do bonde no ponto junto ao De Kuip, o imponente, intimidador e histórico estádio do clube, forjado em ferro corrugado e concreto. Para quem está de passagem e se depara com o estádio, parece muito feio, mas, para os fãs de futebol, é lindo. O rosto sorridente de Dirk Kuyt surge num outdoor ao lado do de Giovanni van Bronckhorst — o treinador nascido em Roterdã. Para além do estádio, pela mesma rua e por entre algumas árvores, aparece uma série de campos de futebol. O complexo Varkenoord, do Feyenoord, é tão humilde que compartilha a mesma entrada com uma garagem de carros e tem junto a seus portões um pequeno riacho cheio de lixo. Fica aberto ao público (e aos patos) e, num pavimento aqui e ali, o musgo aparece entre as pedras. À primeira vista, Varkenoord dá a impressão de ser um amontoado de canchas para torneios de domingo, não fosse a profusão de placas de patrocínio da Opel. São, na verdade, dezenove campos de treinamento de diferentes tamanhos.

Num deles, um grupo de adolescentes com seus moletons de capuz bate uma bola, até que o único segurança na área chega para tirá-los dali. O equipamento de treino é guardado dentro de contêineres enferrujados com a pintura do escudo do Feyenoord já desbotando. "De mãos dadas", são os dizeres logo abaixo. É impossível não se encantar com a atmosfera toda. O campo mais distante da entrada, no qual treina o time de cima, tem cinco linhas pintadas no chão para marcar zonas e permitir que os jogadores percebam onde está havendo sobreposição numérica. Mas até para chegar ao treino dos profissionais é preciso percorrer uma alameda de concreto cheia de musgo.

"Quando chove, isto aqui inunda. Fico vendo os pais vindo do trabalho, com seus melhores ternos e sapatos, sendo obrigados a

A ESCOLA EUROPEIA

andar na lama. A gente dá risada, mas é o que torna este clube especial", explica Glenn van der Kraan, diretor de desenvolvimento e pesquisa de talentos. "Não temos um ginásio onde possamos treinar. A gente vai até a praia para correr na chuva com vento na cara. Os rapazes crescem como pessoas. A vida não é um caminho desimpedido que leva para onde a gente queira ir; é preciso lutar." O Feyenoord acredita que em Varkenoord se forma o caráter. "Nossos torcedores não querem um atacante comprado por 30 milhões de euros, querem ver um jogador formado pelas nossas categorias de base. É incrível!"

De fato, ele tem razão. O clube é especial por ser moldado pelas pessoas da cidade. Roterdã tem uma população operária e resiliente. Abriga o maior porto da Europa, transformado em terra arrasada pelos bombardeios da Segunda Guerra Mundial. O orgulho cívico ali é forte, uma insularidade construída ao longo dos anos. Enquanto Amsterdã sonha, Roterdã trabalha, é o dito popular. É preciso ser um tipo de jogador casca-grossa para jogar no Feyenoord, de modo que os treinadores do clube formam mais do que apenas profissionais técnicos.

A mensagem de van der Kraan se alinha perfeitamente com a do livro de Ankersen: "No resto do mundo, e especialmente na Inglaterra, o pessoal faz de tudo para formar os próprios talentos e, quando se olha para os centros nesses outros lugares, é uma loucura! Dizemos às crianças aqui que elas têm que fazer passo a passo o caminho até o time de cima. Não podemos dar tudo o que querem de imediato; cabe a elas fazerem por si mesmas. Tem muitas que, aos 15 ou 16 anos, já têm agentes e contratos de patrocínio quando, no fim das contas, o que importa é chegar à equipe principal". Um dos livros favoritos de van der Kraan é *O animal social*, de David Brooks, que trata de mobilidade social e ambição; o tema de instigar a vontade de vencer em crianças ressoa particularmente. "Grande parte da vida é fracassar, quer a gente reconheça isso ou não, e o destino será profundamente moldado pela eficácia com que a gente aprenderá com os fracassos e se adaptará a eles", escreve Brooks. Sem perceber, o Feyenoord, com seus campos de treinamento alagados, ajuda a moldar mais destinos do que clubes em outros lugares.

DANIEL FIELDSEND

"Nós" mais do que "eu"

A maioria dos centros de formação tende a se concentrar na evolução do indivíduo que se esforça para chegar ao time de cima (o Ajax dita a tendência), mas o Feyenoord não é como os outros clubes. Ali, o objetivo é a evolução de cada time (por exemplo, a equipe sub-15), não apenas do indivíduo que joga nele. "Se o cara não é capaz de jogar coletivamente, não vai conseguir chegar no profissional. Todos os clubes que visito falam dos quatro vértices — físico, mental, técnico e tático — e nunca da capacidade de jogo coletivo", comentou van der Kraan. "Se a gente pega o Luis Suárez, por exemplo: no Liverpool, ele se destacava individualmente, e as pessoas duvidavam que pudesse continuar a se destacar no Barcelona, mas ele se adaptou de forma a jogar para o time. É o que fazemos com nossos meninos. Queremos que os melhores do grupo joguem juntos. Eles sabem com quem podem jogar, e é por isso que nossa mentalidade de equipe é importante, uma vez que, embora seja essencial desenvolver a capacidade técnica, no fim das contas é preciso ser capaz de jogar coletivamente. É preciso trabalhar duro pelo outro, e esse é o caminho no Feyenoord."

O diretor do centro de formação do clube, Damiën Hertog, nascido em Roterdã, concorda que o foco no coletivo é peculiar às categorias de base do Feyenoord, mas insiste que não se trata de negligenciar o indivíduo: "Seria um mal-entendido achar que não buscamos também o desenvolvimento individual. Formamos indivíduos capazes de atuar no coletivo, o que é diferente. Mas, sim, o cara com maior chance de chegar ao time de cima é aquele que entende o valor de fazer parte de uma equipe."

Em 1992, o Manchester United tinha um grupo de jovens jogadores que vinham jogando juntos desde a base e chegaram ao profissional. David Beckham, Nicky Butt, Ryan Giggs, Gary Neville, Phil Neville e Paul Scholes se tornaram o próprio material de que era feito o clube. O Ajax venceu a Champions League, em 1995, com um grupo semelhante de jogadores da base formados todos no mesmo ambiente. Edwin van der Sar, Edgar Davids, Clarence Seedorf e Michael Reiziger conheciam o jogo um do outro de trás para frente, enquanto o resto da Europa os desconhecia. A história do futebol

A ESCOLA EUROPEIA

está repleta de triunfos de equipes caseiras, do time do Celtic conhecido como os Leões de Lisboa ao Barcelona de 2010. E, no entanto, hoje é improvável que jovens jogadores subam juntos para o profissional via categorias inferiores, uma vez que a ênfase é na evolução do indivíduo. O Feyenoord poderia se provar a exceção: "Queremos que todos acreditem no mesmo sonho. Quando eles estão treinando, se olharem para a esquerda, conseguem ver o estádio, e todos sabem que têm chance de ser jogadores do Feyenoord, porque muitos outros garotos conseguiram passando pela base", diz Glenn.

Dentro de um prédio de blocos de concreto, todos os jovens treinadores do Feyenoord se sentam em torno de uma grande mesa e discutem sobre os jogadores de seu grupo, mesmo os casos que não lhes dizem respeito. O treinador do sub-16 fica sabendo tudo sobre os jogadores do sub-6 e vice-versa. Há uma unidade, um espírito de "nós contra o mundo", que mantém a união de todos que trabalham no complexo. Fomentar esse espírito é crucial: "Nosso slogan é 'não falar, apenas agir', e é isso que queremos em campo. Queremos que o cara se desdobre para ser um jogador de primeiro nível. Queremos que ele trabalhe duro para não deixar seus companheiros na mão. Isso é o fundamental pra gente. É por isso que vejo o Feyenoord como um clube familiar; fazemos as coisas juntos aqui", explicou Glenn.

O espírito de que ele fala tem sido uma constante no Feyenoord desde que o clube foi à falência em 2007. Naquele momento, dirigentes, treinador e torcedores decidiram unanimemente concentrar esforços na base em vez de gastar com jogadores de fora. A partir daí, o Feyenoord revelou Jordy Clasie, Stefan de Vrij, Bruno Martins Indi, Leroy Fer, Daryl Janmaat e Gini Wijnaldum. Na Copa do Mundo de 2014, no Brasil, havia mais jogadores saídos dali do que de qualquer outro centro de formação no mundo. Damiën Hertog trouxe para o clube o prêmio Rinus Michels (dado às melhores categorias de base dos Países Baixos) por cinco anos seguidos. "É a nossa identidade. São as pessoas que tornam o Feyenoord especial, algo que não dá para descrever, é simplesmente uma coisa que se sente assim que se chega aqui. Começa às 8h30, no primeiro treino da manhã, e termina às 20h30, quando a última sessão da noite é encerrada. Se

DANIEL FIELDSEND

você perguntar ao van Persie ou ao Jordy Clasie, eles vão dizer que sempre se sentiram acolhidos aqui, e é isso que queremos oferecer aos jogadores", garante Glenn, e é verdade. A equipe proporciona o acolhimento que as instalações não oferecem; o centro não tem campos cobertos, de modo que, se chove ou o granizo cai pesado e frio, os jovens ficam sob a intempérie. É preciso ser duro, tanto no campo quanto no coração.

Uma mentalidade vencedora

Uma série de fotos emolduradas de jogadores formados no centro dá as boas-vindas aos visitantes no corredor do prédio de blocos de concreto. Os jovens mais recentemente promovidos ao profissional, Sven van Beek e Tonny Vilhena, abrindo a galeria, com Royston Drenthe e Jonathan de Guzmán fechando. Damiën Hertog, de moletom preto com capuz, debatia a mentalidade vencedora das categorias de base do Feyenoord. "É uma questão de desenvolver resiliência ao longo do tempo de formação. Durante as sessões de treinamento, raramente apitamos falta, dizemos aos rapazes para parar de reclamar e seguir jogando. Nas competições, jogamos para ganhar. Os treinos funcionam à base de recompensas e punições. Cabe ao treinador decidir o tipo de penalidade, pode ser algo engraçado ou então pagar flexões ou corrida. Às vezes, os punidos podem ser obrigados a limpar o vestiário ou carregar alguma coisa." Naquele dia, na cantina, três garotos derrotados numa sessão de treinamento serviam o resto do time, levando e trazendo comida e se certificando de que todos tinham água. Os três estavam odiando aquilo, o que os faria mais determinados a não perder no treino seguinte.

Em muitos centros de formação britânicos, os pais não podem falar. Os jovens futebolistas jogam em campos exuberantes com uma atmosfera de teatro. Talvez seja a maneira correta de fazê-los evoluir, sem pressões externas, embora sair desse ambiente de serenidade para um jogo profissional sob o rugido de milhares de torcedores possa se revelar, do ponto de vista social, uma passagem difícil. O jogador fica nervoso, naturalmente, e pode atuar abaixo de seu padrão, o que o deixa exposto a abusos verbais por parte da torcida e à possibilidade

A ESCOLA EUROPEIA

de ser substituído pelo treinador, que possivelmente estará menos propenso a escalá-lo novamente no futuro.

O Feyenoord sabe que seus jovens jogadores precisam que sua exposição a esse grau de volatilidade seja gradual, de modo que possam progressivamente aprender a lidar com a situação. Glenn explica: "É tudo uma questão de como se comportar no erro. O comportamento das crianças vem de dentro. As emoções são algo com que elas precisam lidar. Se nunca passaram por situações de exposição, por exemplo, nós as trazemos de um clube amador para disputar um torneio contra clubes ingleses, para que elas tremam. É por isso que jamais dizemos aos pais que não podem vir assistir". Os pais são, na verdade, incentivados a fazer parte da experiência. "O garoto precisa saber que está no melhor clube da Holanda, jogando sob a orientação dos melhores treinadores. Tem que ser capaz de, chegando sábado, jogar seu jogo e não se preocupar com quem está assistindo — precisa lidar com as situações às quais se vê exposto."

As crianças começam treinando em disputas de dois contra dois ou três contra três, com penalidades para o time perdedor, o que promove uma cultura vencedora. O Feyenoord também entende que crianças aprendem umas com as outras e resolveu que, em vez de mantê-las no clube, como fazem Juventus, Honvéd, Benfica e outros centros de formação, mandaria seus jovens jogadores a uma escola para atletas de elite. "Eles entram numa turma com nadadores que saem da cama às 4h45 e ficam na piscina das seis às nove horas da manhã. Quando chegam aqui, nossos meninos já estão trabalhando há três horas. Serve para abrir os olhos deles àquilo que outros precisam fazer para chegar ao seu melhor", diz Glenn. Além de conviver com crianças praticantes de diferentes modalidades, os jogadores das categorias de base do clube também fazem seu aprendizado com crianças de outras idades. O Feyenoord tem um sistema de camaradagem que permite a meninos de sete, oito e nove anos treinar com os de onze e doze. "A gente coloca um ala esquerda de seis ou sete anos para treinar com o sub-11 ou o sub-12. Os mais velhos mostram liderança, enquanto o mais novo fica de olho, observando o que é preciso para chegar a um nível mais alto."

DANIEL FIELDSEND

Esforço

Em maio de 1940, a Luftwaffe bombardeou Roterdã durante a invasão do exército alemão que forçou os holandeses a se renderem. Milhares de pessoas inocentes morreram. Para os habitantes locais, o sofrimento continuou quando os nazistas assumiram o controle do porto, bombardeado pelas forças aliadas pelos cinco anos seguintes. Roterdã foi destruída; virou uma camada achatada de escombros. Os sobreviventes reconstruíram a cidade e desenvolveram a mentalidade de resistência que permeou as gerações subsequentes. A moderna Roterdã é um lugar arquitetonicamente diversificado, onde abunda o design futurista. Prédios metálicos de aspecto peculiar lançam o reflexo do sol sobre os bondes que passam. Imagem tipicamente holandesa, os ciclistas, numa via exclusiva para eles, se mantêm à velocidade dos bondes. Um canal adornado por tulipas de todas as cores ocupa a faixa central da rua. É a maneira que a prefeitura encontrou de fazer Roterdã parecer uma cidade tradicionalmente holandesa, como Haia ou Utrecht, mas, sob essa aparência, há uma dureza nascida da adversidade; um orgulho cívico e o sentimento de ser diferente. Quando os moradores locais se tornam uma multidão no De Kuip, a atmosfera não tem rival. Poucos lugares conseguem ser tão intimidadores.

Mark Lievisse Adriaanse, torcedor do Feyenoord, reconhece, no entanto, que a imagem casca-grossa do clube de Roterdã é recente. "Dos anos 1910 ao início dos 1960, éramos vistos pelo resto do país como um clube afeito à estética do jogo, a um futebol bonito e avançado. Isso mudou durante a década de 1970. A identidade do time se tornou mais a de uma classe trabalhadora que priorizava o trabalho duro em lugar da beleza." Mark considera essa identidade mais recente perigosa, pois jogadores do tipo puxador de carroça acabam sendo mais populares entre os torcedores do que aqueles de raça puro sangue, embora isso não necessariamente torne a equipe mais forte. "Roterdã em si também está mudando rapidamente. Prédios são construídos e demolidos com a mesma rapidez, os bairros mudam constantemente. As docas foram transferidas do centro da cidade para os arredores, com muitos empregos perdidos para a automação. A população ainda é basicamente de baixa escolaridade, mas não trabalha mais no porto.

A ESCOLA EUROPEIA

Além disso, vem ocorrendo uma valorização imobiliária muito, muito veloz. Isso certamente altera a identidade local."

Nascido na cidade, Damiën Hertog entende de sua composição social contemporânea. Como certa vez afirmou Ernst Happel, um dos ídolos do Feyenoord: "Um dia sem futebol é um dia perdido". O dito se aplica totalmente aos habitantes de Roterdã. Hertog sabe como deve ser um jogador do Feyenoord, tanto em termos de personalidade quanto de mentalidade: "Quem vai aos jogos e, de forma geral, as pessoas que vivem aqui sabem o que significa trabalhar duro para ter uma renda. Se o cara se esforça durante os noventa minutos, se disputa cada centímetro do campo, é o que os espectadores mais vão apreciar. Se não fizer isso, ele não será aceito. Os torcedores querem ver um time que lute, os jogadores jogando uns pelos outros, e não como indivíduos. Os dizeres do clube, 'de mãos dadas', são algo em que o Feyenoord acredita. É a cultura do clube, e precisamos levá-la aos nossos jovens jogadores, falando dos atributos que temos de desenvolver, os quais obviamente incluem os aspectos técnico, mental, físico e táctico".

Ironicamente, o jogador que melhor representa esses valores é Dirk Kuyt, criado na cidade litorânea de Katwijk, no sul da Holanda, a um mundo de distância de Roterdã. Lá, no entanto, ele cresceu num ambiente puro, com uma dieta à base de peixe e leite. Viu o quanto o povo trabalhava e teria sido pescador, não fosse pelo futebol: "Mas, quando eu tinha onze anos, meu pai disse que eu devia ficar em terra e tentar ser jogador", lembrou ele. Kuyt sabe o valor do trabalho duro e, por isso, tornou-se capitão do Feyenoord. Não apenas isso: é o garoto de ouro do futebol holandês que retorna, como um cavaleiro, para salvar o jogo local da ruína na qual já resvala. É muito irônico, considerando sua aparência e sua técnica, mas os holandeses amam Kuyt. Foi quem mais trabalhou pela seleção, sempre valorizando seu lugar. O futebol é historicamente um esporte masculino, e jogadores da estirpe de Kuyt mantêm apelo entre os torcedores.

Em épocas passadas, os futebolistas do país iam embora para jogar no exterior, frequentemente no Milan ou no Barcelona, mas sempre voltavam a fim de ajudar uma nova geração de talentos a amadurecer.

DANIEL FIELDSEND

Essa era a cultura holandesa. Johan Cruyff fez isso por Ruud Gullit, em 1983; Frank Rijkaard, por Dennis Bergkamp, em 1993; e até mesmo Edgar Davids, por Wesley Sneijder, em 2006. Agora, no entanto, com o declínio da Eredivisie, a primeira divisão do país, os astros internacionais não querem voltar para casa. Inspirados por Gheorghe Hagi, Wesley Sneijder e seu vizinho Robin van Persie se mudaram para a Turquia; Clarence Seedorf, criado no Suriname e casado com uma brasileira, foi se aposentar no Brasil; e Rafael van der Vaart optou por se estabelecer no Real Betis por causa de sua família espanhola.

Kuyt voltou à Holanda e é inspiração para todos no país. "Dirk tem 36 anos de idade e jogou em duas Copas do Mundo, numa delas a final. Ganhou muitos títulos e teve grandes conquistas na carreira. Não há ninguém tão capaz quanto ele de explicar a um jovem por que trabalhar duro nos treinamentos — Kuyt é realmente um exemplo", comenta Hertog. No Feyenoord, o sistema de camaradagem começa com Kuyt. Glenn van der Kraan reconhece a falta de exemplos em nível nacional: "É preciso que os jovens de dezoito anos estejam recebendo conselhos de jogadores na casa dos trinta que fizeram grandes carreiras. É algo que mudou aqui e um grande problema para nós. Nossa juventude não é mais tão autocrítica. Depois de um jogo ruim, esses jovens não dizem mais: 'O.k., preciso melhorar minhas atuações'; é fácil culpar o técnico ou outros fatores externos. Tem agentes que ficam dizendo para seus clientes, crianças de catorze anos de idade, que eles são o máximo. Essa geração quer atenção e elogios o tempo todo". É por isso que um profissional com a criação pura de Dirk Kuyt é inestimável para o Feyenoord.

Um jogo jogado no andar de cima

Glenn van der Kraan tinha dezenove anos e treinava a base do Anderlecht quando, num torneio em sua terra natal, a Holanda, enfrentou o Feyenoord. Stanley Brard (ex-diretor do centro de formação) e Gerard Rutjes (ex-chefe do departamento de desenvolvimento de talentos) o ouviram falar e foram conversar com ele depois da partida. Quando convidado a trabalhar no Feyenoord, Glenn inicialmente relutou. Seu irmão, James, já atuava no clube como chefe do

A ESCOLA EUROPEIA

recrutamento e os dois haviam decidido que não trabalhariam juntos se a ocasião aparecesse. Mas Brard foi convincente e Glenn assumiu como treinador do sub-10. Agora ele dirige as equipes do sub-6 ao sub-12, além de ter implantado no clube o programa Soccer Lab.

Trata-se de um sistema de dados que reúne informações sobre os jovens — sobre como treinaram e jogaram — fornecidas pelos treinadores e a partir das quais Glenn pode estabelecer um cronograma de treinamento. Mais interessante ainda é a pesquisa que Glenn fez em colaboração com as universidades de Amsterdã e Tilburg sobre desenvolvimento de talentos. "Descobri que tomada de decisão é algo realmente importante para a evolução dos jogadores. Os melhores são aqueles que tomam decisões mais rápidas. Hoje em dia, o mundo inteiro sabe disso, mas o que eu queria fazer era descobrir como podemos melhorar nesse quesito. Juntos, eu e um de nossos mais sofisticados professores da área de ciência do movimento humano criamos um teste para determinar para onde o cara olha quando está jogando. Nossa conclusão foi que os melhores jogadores sabiam o ponto exato a que bola chegaria dois segundos antes de o passe ser feito. Meu objetivo era, depois de obter todos esses dados, descobrir o que as crianças fazem na mesma situação e como podemos ajudá-las a se aperfeiçoar. Por exemplo, agora, nos treinos de três contra três, não usamos mais coletes. Algumas sessões são com luzes, para treinar a percepção dos nossos jogadores. Passamos a iniciá-los nessas práticas mais jovens, com quatro, cinco ou seis anos de idade — é nisso que somos bons. Meu papel é tentar encontrar os métodos de treinamento certos para essas crianças mais novas, para que possam trabalhar nessas habilidades."

A pesquisa de Glenn sobre o lobo pré-frontal revelou atributos que podem ser desenvolvidos em crianças de cinco e seis anos de idade. "O que descobrimos foi que os meninos saem das sessões de treinamento e simplesmente pegam uma bola e vão jogar futebol de novo. Dá para ver aí uma mentalidade vencedora. Costumamos dizer aos nossos olheiros que tudo é subjetivo — todo o trabalho deles é subjetivo, desde que vejam o garoto brincar; observem como ele é antes e depois do treino, porque ali é que vão saber com que tipo de ser humano estão lidando. Afinal, não se trata de um jogador de futebol

DANIEL FIELDSEND

apenas, mas de uma pessoa, e é possível perceber, mesmo aos quatro ou cinco anos, se o garoto tem uma mentalidade vencedora."

Horas de rua

Quando estava em Lyon, assisti a meninos de todas as idades batendo bola numa quadra poeirenta sob a ponte Guillotière. Eram jovens artistas urbanos, os Zidanes e Riquelmes do bairro. A Holanda se assemelha à Grã-Bretanha e, na verdade, à maior parte do Ocidente, pelo fato de que suas crianças são quase reclusas sociais. Os jovens já não jogam futebol tanto quanto antes, o que faz secar as fontes de talento das quais os clubes profissionais costumavam se alimentar. O Feyenoord (leia-se Glenn) pesquisou o número de horas que seus meninos gastavam com futebol fora dos treinamentos. A soma era de apenas nove horas por semana. Na América do Sul, é o dobro disso. O que o clube decidiu fazer foi oferecer às crianças oportunidades para que aumentassem esse número de horas não estruturadas jogando futebol. Ficou decidido que, se um treino começasse às dezessete horas, os treinadores distribuiriam umas cinquenta bolas uma hora antes e diriam aos meninos que brincassem com elas, simplesmente. "Então a gente tem mais de uma centena de crianças jogando durante uma hora, três vezes por semana, com outras de diferentes idades, sem regras. Ao longo de um ano, essas três horas semanais somam 150 horas, o que esperamos que inspire os meninos a continuar jogando quando voltarem para casa", explicou Glenn. O Feyenoord quer construir, em seu novo complexo, um playground de futebol com diferentes obstáculos de jogo, permitindo que as crianças sejam criativas e se divirtam. "A estrutura vai permitir partidas de dois contra dois ou qualquer outra coisa que os meninos queiram fazer." Brincadeiras não estruturadas proporcionam às crianças evoluir tecnicamente e em termos de sociabilidade. É ali que surgem os líderes e é também onde os treinadores podem observar quem demonstra esportividade e certo grau de organização.[2]

---

[2] O Feyenoord difere do Ajax na estruturação dos treinos. Enquanto no segundo os coletivos são em campo reduzido, permitindo às crianças dar muitos toques na bola, no primeiro se trabalha com campos maiores, tentando replicar um jogo real. Glenn explica: "Queremos que nossos meninos tenham visão de jogo ampla e treinem com mais jogadores de cada lado, para que desenvolvam maior capacidade de jogar juntos e uma percepção da profundidade total do campo. É uma noção diferente, mas não existe uma maneira pré-definida para se tornar um jogador profissional".

A ESCOLA EUROPEIA

Hertog concorda que o declínio do futebol de rua é um problema. "Não é algo novo, mas também nos preocupa. Se a gente for levar em conta as horas de treinamento em casa, há uma diminuição geral significativa, de modo que muitos centros de formação vão compensar essas horas no clube, para onde se tenta trazer as crianças mais cedo, pelo dia inteiro; ou talvez se use o modelo de La Masia, onde os jogadores ficam para dormir."

Ele acredita que os meninos e seus pais precisam assumir, em certa medida, o controle sobre suas ambições. Sente necessidade de falar abertamente com os jogadores a respeito, na esperança de que eles encontrem tempo para enfrentar o tema: "Nós os incentivamos a jogar mais, treinar por conta própria, e explicamos que o período que passam aqui não é suficiente. O cara não vai querer gastar tempo de treino qualificado praticando passar a bola com os dois pés — isso ele deveria fazer em casa, especialmente aos dezoito ou dezenove anos. O treinamento precisar girar em torno da tomada de decisão e da ocupação de espaços no campo, e não de exercícios de passe. Se um dos meninos ainda precisa desse tipo de prática, tem que usar o próprio tempo para treinar, caso queira mesmo dar certo como jogador".

Lendas holandesas como Johan Cruyff e Dennis Bergkamp tratavam a rua como sua melhor amiga. Jogavam peladas com os colegas e, depois de todo mundo ter ido para casa, ficavam sozinhos chutando uma bola contra a parede, avaliando o efeito que podia tomar e aprendendo a controlá-la quando voltava a seus pés em diferentes velocidades. Mas tal dedicação, de passar horas sozinho com uma bola de futebol, não deveria deixar de acontecer quando um jogador se profissionaliza.

Hertog me pergunta se assisti à entrevista de Robin van Persie falando sobre Bergkamp. Assisti. Nela, van Persie descreve a dedicação do colega veterano a seu ofício: "Não acho palavras que possam descrever. Certa vez, terminei meu treinamento cedo e fiquei só observando da minha *jacuzzi*. Ele tinha acabado de voltar de uma lesão e estava fazendo um exercício no qual passava e chutava usando pranchas e manequins. Esperei sentado que cometesse um erro — não aconteceu. Eu já com as mãos enrugadas de ficar imerso na banheira.

299

DANIEL FIELDSEND

Ele fez aquele exercício por mais de 45 minutos e não cometeu um único erro. Para mim aquilo era arte".[LXXIII]

Hertog sorri pensando nisso. "Por que julgar um jogador aos quinze anos de idade por estar treinando a 70% de sua capacidade, se até mesmo van Persie só aprendeu mais velho? Tem jogadores que querem trabalhar duro em todas as sessões de treinamento, enquanto outros gostam mais da bola e são relaxados, mas realmente talentosos e criativos, apenas menos esforçados. Talvez esse jogador se toque ao ver Dirk Kuyt treinar, como aconteceu com van Persie vendo Bergkamp."

Timing

Com tantos fatores a ser considerados, como Hertog sabe o momento em que um jogador está pronto para o time de cima? "Nunca dá para ter certeza. A gente se baseia em expectativas e na experiência anterior para comparar com jogadores que um dia passaram pela nossa base, como Clasie, de Vrij e Wijnaldum, de modo que raramente erramos ao julgar que um garoto está pronto." É importante para Hertog não enviar um jogador à equipe principal cedo demais, pois o risco de prejudicar seu desenvolvimento é grande. "Mas a gente conhece os atributos e as habilidades deles e sabe quando estão preparados. Os treinadores conversam muito sobre os jogadores e são muitos olhos a observá-los. Também temos técnicos no centro de formação que jogaram no mais alto nível, o que ajuda na hora de tomar essas decisões."

No Feyenoord, Roy Makaay é um desses treinadores. O Ajax, igualmente, conta com Bergkamp e Winston Bogarde para treinar atacantes e defensores. Quem visita o pacato retiro do PSV, numa área de floresta nos arredores de Eindhoven, talvez dê de cara com Boudewijn Zenden, Andre Ooijer e Mark van Bommel. É a metodologia holandesa para aperfeiçoar não só os jovens jogadores, como também os treinadores, que têm a possibilidade de trabalhar com profissionais aposentados e aprender com eles. "Acho bom ter diversidade entre os treinadores da base", explica Hertog. "A importância de um treinador que jogou no mais alto nível é que ele sabe o que é preciso para atuar lá, de modo que pode contar aos nossos jovens jogadores detalhes que

A ESCOLA EUROPEIA

só se veem no primeiro escalão do futebol mundial. É importante compartilhar esse conhecimento. Mas temos treinadores que nem sequer jogaram profissionalmente e, no entanto, se relacionam bem com os jogadores, têm paciência e são mais capazes de estimulá-los a ter um bom desempenho. São caras que há anos trabalham como professores, com especialização para tal, e por isso sabem se comunicar com as crianças. É preciso mais do que um conhecimento do jogo em alto nível para ser um bom treinador."

19.
ENTENDENDO O AJAX DE AMSTERDÃ: LITERATURA

A maneira como joga a maioria das equipes na era moderna pode ser rastreada até o Ajax. Arrigo Sacchi, depois de ter passado duas décadas vendendo sapatos, assistia a fitas de vídeo antigas de jogos do time holandês na década de 1970 e, a partir daí, formulou um sistema de jogo que transformou o futebol italiano. "Só houve uma verdadeira revolução tática, e ela aconteceu quando o futebol deixou de ser um jogo individual para ser um jogo coletivo", disse Sacchi. "Aconteceu no Ajax."[LXXIV] O Milan de Sacchi, o Barça de Guardiola, o Borussia de Klopp — todos os pioneiros do futebol moderno foram influenciados pelo Ajax.

Amsterdã é um dos centros criativos do mundo e um terreno fértil para o desenvolvimento do futebol. O Ajax, clube da cidade, é um inovador perene; na era da televisão, muitas equipes bebem de seus métodos e os copiam. Por causa disso, os holandeses precisam constantemente se reinventar, criando diversos jeitos de formar jogadores talentosos a intervalos de poucos anos. Não se sabe como, eles conseguem permanecer sempre à frente. Está no DNA do Ajax ser pioneiro; faz parte da cultura do clube jogar um futebol atraente. Suas diretrizes incorporam uma sensibilidade artística: tem que ser no 4-3-3, tem que incluir jovens excepcionais, tem que haver posse de bola. No entanto, a paixão pelo Ajax por parte de seus ex-jogadores e diretores é tal, e tamanho seu valor como uma instituição nacional, que divergências sobre os rumos do clube são tão comuns quanto tulipas amarelas na Holanda. Os últimos anos foram bastante agitados. Para ter uma apreciação dos métodos em voga no Ajax hoje, precisamos remontar a seus primórdios.

A ESCOLA EUROPEIA

Roterdã trabalha, Amsterdã sonha. Mas é preciso ter cuidado para não sonhar demais ao visitar a cidade. Canais e cafés, bicicletas e casinhas de boneca; depois de um tempo, no nevoeiro, tudo se parece. Amsterdã é a capital cultural da Holanda, mesmo que Haia ocupe o posto de capital política. Sessenta anos atrás, a cidade era muito diferente da movimentada Amsterdã festiva e intelectual de hoje. Na era do preto e branco, o pessoal podia parar durante anos assistindo à mesma chuva cair sobre os mesmos canais. Aquela água negra agora espelha as sombras da iniquidade; num tom a meio caminho entre o liberal e o bruto, dependendo de quem olhe. No entanto, misturado aos turistas de mau gosto, ainda bate um profundo coração filosófico. As ruas mais silenciosas e afastadas da Centraal Station exibem maior sofisticação. O dinheiro arrecadado pela prefeitura com o turismo da maconha é doado a museus, galerias, teatros e salas de concerto.

Os holandeses começaram a construir sua identidade moderna na década de 1960. Dormente durante a ocupação alemã, uma cultura jovem dos estratos menos privilegiados despertou. Essa geração pós-guerra de hippies abatidos e cansados do conflito se espalhou pelo mundo ocidental, num dos primeiros exemplos de uma consciência global unificada. Os estudantes de Amsterdã tornaram a cidade uma meca para hippies viajantes, beatniks e *provos*. Enquanto isso, a maior parte da nação permaneceu (e na verdade continua a ser) conservadora, apesar de seu epicentro cultural ter se tornado mais e mais uma metrópole tolerante.

Como tantas vezes costuma acontecer, o futebol veio a espelhar a sociedade. O Ajax, então um dos maiores times da cidade, apesar de não ser particularmente bem-sucedido, se tornaria uma extensão dessa era do pensamento progressista vivida por Amsterdã. O inglês Vic Buckingham combinou uma formação tradicional, o WM, com sua crença de que a bola deveria rodar entre os companheiros de equipe (noção pioneira na época). "O negócio é manter a posse", ele disse a David Winner em *Brilliant Orange*, "e não dar chutão".[1] Antes de ir embora do então amador Ajax, Buckingham apresentou ao mundo um rapaz local, magrinho, originalmente do leste da cidade. A mãe

[1] WINNER, D. *Brilliant Orange: The Neurotic Genius of Dutch Football*. Londres: Bloomsbury, 2001.

305

DANIEL FIELDSEND

de Johan Cruyff trabalhava como faxineira no estádio De Meer, e ele entrou para o clube quando tinha dez anos. Com seu cabelo comprido, comportamento arrogante e fumando um cigarro atrás do outro, Cruyff parecia um *provo*. Não era; era um rebelde, mas compartilhava da mesma crença de que era possível mudar o mundo e, como os *provos*, pretendia mudá-lo. Seu estilo de jogo fluido, tão diferente de tudo que se vira até então, somado ao jeito franco de ser, transformou Cruyff num símbolo de sua geração. Mas, apesar de todo o seu talento, ele só foi explodir feito um bigue-bangue no Ajax quando um mestre-escola, Rinus Michels, assumiu como treinador. Foi com ele, e mais alguns outros garotos talentosos dos bairros da cidade (Piet Keizer, Ruud Krol e Sjaak Swart), que Cruyff conduziu o Ajax de clube comunitário semiprofissional a campeão europeu em uma década.

"Michelsianismo"

A escola jc Amman para surdos, em Amsterdã, foi uma das primeiras do tipo no mundo, inaugurada em 1912. A ideia da instituição era identificar e educar crianças surdas o mais cedo possível, acolhendo alunos, já aos três anos de idade, que ali pudessem superar suas dificuldades. De um sem-número de funcionários da escola ao longo do século que se seguiu, nenhum se tornou tão reconhecível quanto Rinus Michels. Durante sua passagem por lá, o futuro treinador de Ajax, Barcelona e Holanda aprendeu a se comunicar de forma eficaz. Tinha de disciplinar as crianças para que se concentrassem exclusivamente nele, gesticulando e demonstrando técnicas de ginástica para o grupo. Mais tarde, na carreira internacional como técnico, Michels trabalharia encarando os jogadores enquanto passava suas instruções, uma das razões pelas quais ganhou o apelido de O General.

Exceto no caso de Johan Cruyff, um pré-requisito comum a muitos treinadores de sucesso é terem feito uma carreira nada espetacular como jogadores (Mourinho, Wenger, Benítez).[2] Michels, um ex-camisa 9 robusto, mas tecnicamente mediano, manteve a regra. Sua

---

[2] Talvez isso esteja mudando mais uma vez, considerando que muitos dos melhores técnicos hoje — Simeone, Guardiola, Ancelotti, Zidane — tiveram carreiras espetaculares como jogadores.

A ESCOLA EUROPEIA

capacidade de liderança ajudou o Ajax a ganhar o título de 1947 e, dez anos depois, o de 1957. Uma lesão o obrigou a se aposentar cedo, aos trinta; e, portanto, numa era pré-profissional, a ir trabalhar na escola para surdos.

Em 1965, Michels retornou ao Ajax como treinador. O clube viu os métodos modernos que ele vinha botando em prática no clube amador JOS, onde exercia a função de técnico em meio período, e foi rápido em trazê-lo de volta. Quando chegou, Michels encontrou o Ajax às portas do rebaixamento, mas no ano seguinte levou o clube de novo ao título. Os treinamentos tinham agora outra intensidade, com ênfase verdadeiramente tática. A mudança promovida por Michels, do antigo WM para o 4-2-4, de fato caiu bem no Ajax, especialmente para Johan Cruyff. A liberdade dada aos jogadores era uma ideia extraordinariamente inovadora para a época. A compactação do espaço, fazendo o campo parecer pequeno quando o Ajax estava sem a bola, seguida de um movimento de dispersão do time na retomada da posse, alargando e estendendo o gramado o quanto possível, formavam os dois princípios de jogo — ambos continuam a fazer parte do currículo do centro de formação do clube até hoje.

Ao instruir sua equipe a reagir tanto na recuperação quanto na perda da posse de bola, Michels se tornou um dos primeiros treinadores a desenvolver conscientemente uma estratégia de transições. "Para se conseguir melhorar o desempenho no futebol moderno, é absolutamente necessário fazer transições rápidas da defesa ao ataque e vice-versa", escreveu.[3] Os onze jogadores do Ajax também tinham liberdade para trocar de posição, desde que um companheiro de equipe se encarregasse de preencher o espaço vazio. Nos treinos, era comum que, dentro da formação, os jogadores exercitassem arremessar e pegar a bola, em vez de passá-la com os pés, o que lhes permitia identificar os gatilhos para iniciar a movimentação. "Se a bola for passada para A, como fazê-la chegar a B?" Michels ensinava o time a dar passes falsos ao parceiro "errado", de modo que este, pressionado, liberava espaço para o jogador que se pretendia que, desde o início, recebesse a bola. É o que hoje em dia se chama

[3] MICHELS, R. *Team-building: The Road to Success*. Leeuwarden: Uitgeverij Eisma, 2001, p. 107.

307

DANIEL FIELDSEND

de "trampolim", estratégia frequentemente usada por um número 6 [referência ao jogador que atua como volante, na base do meio de campo, e normalmente usa a camisa 5 no Brasil] que, recebendo o passe de um dos zagueiros, abre espaço no miolo do meio-campo. No Ajax, qualquer jogador era um armador de jogadas, sempre raciocinando três passes à frente.

No livro *Brilliant Orange*, de David Winner, o versátil defensor Ruud Krol explicou a lógica por trás do *Totaalvoetbal* de Michels, pela qual ele e seus companheiros foram convencidos a encampar o sistema: "Conversávamos sobre a questão dos espaços de uma maneira prática. Quando defendíamos, as distâncias entre nós tinham de ser muito curtas. Quando atacávamos, nos espalhávamos e usávamos as pontas. Nosso sistema também resolvia o problema físico. O condicionamento tem que estar 100%, mas como jogar noventa minutos e permanecer inteiro? Se eu, como lateral esquerdo, desse um pique de setenta metros para o ataque, não funcionaria bem ter que voltar imediatamente para a posição original. Então, se o meia-esquerda fizesse a cobertura, estaria encurtando as distâncias para mim".[4]

Winner escreveu que os holandeses estudam o espaço com mais atenção do que outros povos por viverem num território pequeno. Para eles, é um bem valorizado; seu uso frequentemente é objeto de discussão nas prefeituras do país. O time de Michels na década de 1960 e no início dos anos 1970 incorporou não apenas a atmosfera de liberdade da época, mas também essa noção holandesa de espaço. Assim como os modernos Feyenoord e Athletic Bilbao, também aquele Ajax foi moldado pela sociedade à sua volta.

Sob o comando de Michels, o clube forjou as raízes do estilo que pratica até hoje, o jogo de pressão, o qual era desenvolvido "independente e simultaneamente ao mesmo processo em curso sob Viktor Maslov no Dynamo Kiev",[LXXV] conforme explicou Jonathan Wilson. Sobre sua versão, Michels explicou: "Ao perder a bola, [deve-se] subir rápido a fim de pressionar imediatamente o jogador com a bola. Defensivamente, significa rapidamente afastar a bola do próprio gol e, na construção da jogada, criar uma situação de contra-ataque quando

---

[4] WINNER, D. *Brilliant Orange: The Neurotic Genius of Dutch Football.* Londres: Bloomsbury, 2001.

A ESCOLA EUROPEIA

ela é recuperada". Michels repetiu muitas vezes que o *Totaalvoetbal* era uma necessidade, somente usada por causa do bloqueio defensivo e recuado do adversário. Mudanças frequentes de posição entre as linhas costumavam surpreender o outro time, numa era em que a marcação homem a homem ainda era comum. Todos os jogadores do Ajax podiam participar das fases da organização ofensiva, desde que assumissem sua responsabilidade pelas fases da organização defensiva também.

Em 2001, aos 72 anos, Rinus Michels compartilhou uma vida inteira de conhecimento acumulado como treinador de futebol em seu livro *Team-building: The Road to Success*. As páginas iniciais oferecem uma bela analogia, na qual o autor compara o processo de *team-building* à música clássica. Ele escreveu:

> No meio da minha coleção de vídeos para análise e de registro dos melhores jogos do Ajax, do Barcelona e da seleção holandesa, existe um no qual o método do mundialmente famoso maestro [Leonard] Bernstein é descrito. Mostra como Bernstein dá início ao ensaio com uma filarmônica nos Estados Unidos. O maestro pede a todos os integrantes da orquestra que executem uma peça de seu arranjo musical. Escuta concentrado, apenas assentindo com a cabeça de vez em quando. Depois de alguns minutos, Bernstein analisa, com palavras cuidadosamente escolhidas, o que ouviu. "Individualmente, vocês são todos muito talentosos, mas, como orquestra, têm um longo e difícil caminho a percorrer. Vocês pensam que já estão no nível mais alto, mas, em termos de perfeição numa orquestra, de 95% sempre se pode chegar a 100%." A missão do maestro é não só se certificar de que cada um dos músicos possa contribuir, mas também garantir que o resultado seja harmônico.

O que Michels criou no Ajax era harmônico; um estilo próximo à arte. O time podia marcar gol na hora que quisesse, mas seria

DANIEL FIELDSEND

óbvio demais. Em vez disso, trocava passes, desarrumava o adversário e criava espaços. O gol viria em algum momento, mas as passagens intermediárias do jogo continham tanta beleza quanto o estufar da rede. Era esteticamente brilhante e os holandeses amavam aquilo. Os anos que Michels dedicou à formação da equipe culminaram no triunfo na Copa dos Campeões de 1971 contra o Panathinaikos treinado por Ferenc Puskás, e, graças àquela base deixada pelo treinador, o Ajax venceria os dois torneios seguintes sem ele. Desde o Real Madrid dos anos 1950 um clube não dominava tanto a competição. A essa altura, Michels estava no Barcelona com Johan Cruyff, encerrando uma espera de catorze anos do clube catalão para voltar a vencer o campeonato espanhol. Em 1974, os dois juntos levaram a Holanda à final da Copa do Mundo. De um começo pouco notável como clube semiprofissional, onde Michels vendia revistas no fim de semana para complementar a renda, o Ajax que ele deixou ao seguir para a Espanha fazia jus ao deus grego homônimo: um guerreiro imponente de enorme força e estatura.

O Ajax contemporâneo segue defendendo uma visão "michelsiana" de como o futebol deve ser jogado. Na ponderada biografia de Dennis Bergkamp, *Stillness and Speed* (também escrita por David Winner), há várias menções ao treinamento dos jogadores da base no Ajax. A valorização do espaço, das distâncias e do *timing* de movimentação no futebol total se torna um capítulo à parte, à medida que se descreve como o clube passa essa mensagem aos jovens jogadores. Escrito em 2013, o livro explica, nas palavras de Bergkamp: "É uma questão de saber mensurar. Cruyff agora fala sobre isso com os jovens do Ajax. Mensurar no ataque, mas também na defesa. É tudo questão de distâncias. Percebo a lacuna, conheço a velocidade do Patrick [Vieira, para quem Bergkamp daria o passe], portanto sei onde haverá um espaço vazio daqui a dois ou três segundos".[5] Michels ensinou a beleza da assistência a Cruyff, que por sua vez repassou o ensinamento a Bergkamp, o qual, quando visitei o Ajax, orientava jogadores por ora desconhecidos das futuras gerações do clube.

---

[5] BERGKAMP, D; WINNER, D. *Stillness and Speed: My Story*. Great Britain: Simon & Schuster, 2013.

A ESCOLA EUROPEIA

Michels ficaria orgulhoso de saber que os fios com os quais costurou a unidade do clube ainda se mantinham no lugar. Certa vez ele declarou: "Fico especialmente feliz com o fato de ter conseguido ajudar a tornar famoso no mundo inteiro o jeito holandês de jogar". Ficaria extasiado vendo que seu estilo de jogo hoje define o espetáculo moderno.

"Cruyffianismo"

Convenções são uma mentalidade que se pode desafiar. Um verdadeiro nativo de Amsterdã sabe disso. Cruyff ensinou.[6] Quando foi treinador, seus times mostraram o mesmo brilho que ele teve como jogador. Eram equipes "michelsianas" por natureza, mas com um foco extra na manutenção da posse. "Só tem uma bola, então a gente precisa ficar com ela", era sua mensagem. Em sua autobiografia, traduzida para o inglês postumamente, Cruyff explicou o jogo de posição que caracterizava seus times:

"Não é o homem da bola que decide para onde passá-la, mas os jogadores sem ela. Sua movimentação é que determina o próximo passe. É por isso que fico louco quando vejo jogadores parados em campo. Para mim, jogar assim está fora de questão. Com a posse, os onze precisam estar em movimento. Ocupados em fazer o ajuste fino das distâncias. Não é uma questão de quanto se corre, mas para onde. Triangulações constantes proporcionam rodar a bola ininterruptamente."[7]

Nos treinamentos, ele costumava parar para corrigir o posicionamento dos jogadores. "Vá um metro para a direita que você acha um ângulo muito melhor para o passe." Ele tinha na mente a jogada toda, como se ligasse os pontos do goleiro Menzo até van Basten, lá

---

[6] Cruyff encarnava um dom divino. Algumas pessoas são abençoadas com ideias, mas se esquivam delas temendo ser vaidosas. Outras são abençoadas com habilidades natas, mas tal é a raridade de seu talento que não chegam a compreendê-lo. Cruyff não era nem de um tipo nem de outro. Sua habilidade para jogar futebol era tão refinada, tão bela, que o tornou o maior jogador do mundo. Não bastasse, ele também entendia as razões que faziam dele o maior. Só ele compreendia o que significava jogar como Cruyff. Seu giro — o toque que dava recuando em direção ao próprio gol, fingindo preparar um cruzamento, para então se voltar e partir para dentro da zona de perigo — mostrava certo grau de concepção antecipada, embora ele negasse. Tinha solução para qualquer problema no jogo. E, depois de pendurar as chuteiras, seguiu sendo um celebrado visionário como treinador. Nem Maradona, nem Puskás, nem Pelé, nem Di Stefano, nenhum dos outros grandes nomes poderia se gabar de tamanha influência. Um herói local que se superou; um prodígio que ultrapassou seu enorme potencial. Johan foi, para muitos, o maior de todos no futebol.

[7] CRUYFF, J. *My Turn: The Autobiography*. Londres: Pan Macmillan, 2016.

DANIEL FIELDSEND

na frente. Como jogador, Cruyff organizava os companheiros ao redor dele. Apontava os espaços vazios e os movia feito peões num tabuleiro de xadrez. Já pensava o jogo num nível mais profundo do que qualquer um, de modo que, quando se tornou técnico, sua filosofia veio pré--moldada. O time do Ajax que treinou jogava num 3-4-3, com três zagueiros, quatro meios-campistas, dois alas avançados e um atacante. O 4-4-2 tinha se tornado popular no continente como uma formação que se estendia vertical e horizontalmente, o que Cruyff passou a tentar neutralizar. "Com quatro homens na defesa contra dois atacantes, sobram só seis no meio contra oito: não há como vencer essa batalha. Tivemos que colocar um defensor mais à frente."[LXXVI] Manter a posse de bola era fundamental para a versão "cruyffiana" do futebol total no final dos anos 1980.[8]

Johan tinha jogado com outros nativos de Amsterdã na década anterior e valorizava as possibilidades criadas pela inclusão de jovens jogadores da base. Um Ajax construído segundo essa visão deveria premiar o trabalho das categorias inferiores acima de tudo. Aron Winter foi promovido para substituir Ronald Koeman (que, numa decisão controversa, assinou com o PSV para se tornar um dos pilares daquele time depois campeão da Europa), ao mesmo tempo que se formava gente como o goleiro Stanley Menzo, o ponta adolescente Dennis Bergkamp, Richard e Robbie Witschge, John Bosman e a talentosa dupla Frank Rijkaard e Marco van Basten, cujas carreiras se entrelaçariam com tanto sucesso no Milan.

Apenas como curiosidade, o Ajax de Cruyff também contava com um jovem escocês, então considerado a "grande promessa" do futebol do país, chamado Ally Dick (hoje treinando os alunos de uma escola, a Stirling Albion, como uma versão escocesa do *Totaalvoetbal*). Muitos anos mais tarde, Dick declarou ao *Herald* que os treinos de Cruyff nem se comparavam com o que ele conhecia na Grã-Bretanha: "Era a grande diferença entre o futebol britânico e o futebol holandês na época: eles trabalhavam muito mais duro. Na pré-temporada,

---

[8] Nem é preciso dizer que o Ajax contemporâneo continua bem versado em manter a posse de bola. Sua média de posse na Eredivisie na temporada 2015-6 foi de 61,2%. No centro de formação, fiquei observando como os jovens trocavam passes em torno dos manequins, seus movimentos perfeitamente sincrônicos. "Isso que você vê é o que Cruyff queria", me disse um dos treinadores.

A ESCOLA EUROPEIA

treinávamos de manhã e à tarde e ainda jogávamos uma partida toda noite, durante uma semana, contra adversários locais". Dick havia sido o jogador mais veloz da Escócia, mas, como ele mesmo lembrou, van Basten o deixava comendo poeira.[LXXVII]

O futebol "cruyffiano" foi uma evolução necessária ao modelo de Michels. Enquanto as variações originais do *Totaalvoetbal* levavam em conta vários aspectos de condicionamento — muita correria, com ultrapassagens e infiltrações —, a versão de Cruyff focava no posicionamento, no *timing* de passes e movimentação, na criação de superioridade numérica e na decisão correta sobre para quem passar e quando. "Joga-se futebol com a cabeça, as pernas estão lá para ajudar", dizia Cruyff aos jogadores, reforçando a importância do olhar para o jogo; "eles devem ver uma situação e torná-la bela." Ao criar disputas mano a mano no campo todo e vencê-las (com um passe ou um drible ou estando bem posicionado às costas do marcador), Cruyff acreditava provocar o caos no campo adversário.

A filosofia do Ajax começa, hoje, com o treinamento dessas situações de mano a mano e grande ênfase no desenvolvimento individual. O trabalho de Cruyff que revolucionou a formação de jogadores no Barcelona costuma ser muito elogiado, mas no Ajax seu toque de Midas também foi sentido. No encerramento da temporada de 1987, o clube venceu o Lokomotive Leipzig, campeão da Alemanha Oriental, na final da Recopa Europeia. No ano seguinte, Cruyff voltou ao Barcelona, não mais como jogador, mas como técnico. Antes desse retorno (os calendários gregorianos na Catalunha, de brincadeira, referem-se ao "a.C." como "antes de Cruyff"), o Barcelona conquistara apenas três títulos em trinta anos (um deles quando o holandês atuava pelo clube). Nunca havia sido campeão europeu até então. A média de público baixava, enquanto reinavam uma dívida incapacitante e intrigas venenosas. Totalmente graças à ideologia de Cruyff, o clube conquistaria quatro títulos nacionais consecutivos e daria forma à escola de pensamento Barçajax.

"Van Gaalianismo"

Simon Kuper funcionou como uma boa referência para o futebol

DANIEL FIELDSEND

holandês "moderno" quando nos encontramos em Paris. Criado na Holanda, ele tem uma ligação emocional com a Laranja. Assim como o resto do país, ficou chateado pela fraca campanha da seleção nas eliminatórias da Eurocopa de 2016, sob o comando de Guus Hiddink, que culminou com a pequena Islândia tomando o lugar que seria dos holandeses. Quando perguntado se o Ajax ou o PSV algum dia voltariam a vencer a Champions League, Simon respondeu: "Não, porque hoje temos dois problemas. A liga não tem condições econômicas para competir, pois os contratos de tevê são muito baixos, assim tem sido já faz vinte anos. Mas isso não nos impedia de produzir bons jogadores. Tínhamos clubes ruins, mas uma boa seleção — basta pensar em Robben, van Nistelrooy e Sneijder. Agora, além de uma seleção ruim, temos clubes fracos. Esse problema é novo, nunca tinha acontecido antes". Em 1995, porém, sob o comando de Louis van Gaal e antes de o futebol ser tão dependente de dinheiro, os holandeses tinham bons jogadores e bons times.

Como Michels e Cruyff antes dele, van Gaal cresceu nas ruas de Amsterdã jogando futebol. Quando adolescente, ia para as arquibancadas do De Meer assistir a Rinus treinando Johan e seu time do Ajax. Alguns anos depois, ele assinou com o clube, mas nunca chegou a jogar no time de cima. Van Gaal era um meia-atacante e o time já tinha Cruyff, o melhor de todos. Na verdade, a carreira inteira de van Gaal foi definida, talvez inspirada, pela sombra de Johan Cruyff. Conta-se que os liberados anos 1960 passaram em branco para o devoto católico van Gaal. Se Cruyff representou a síntese daquela era, com seu cabelo comprido e fumando um cigarro atrás de outro, LvG e seu estilo de vida limpo foram a antítese. Ele conjugava o papel de professor em meio período com o de jogador que passava uma impressão de arrogância e autoconfiança. Discutia com os treinadores que o pressionavam a chutar mais a gol — preferia o passe. Quando se aposentou, van Gaal foi contratado como coordenador das categorias de base no Ajax e chegou armado com um plano para recuperar a grandeza do clube. Mas Amsterdã desde sempre só tivera espaço para Johan Cruyff. Os dois homens pareciam dois cientistas às turras sobre minúcias muito específicas de sua pesquisa. Estavam tão cegos pela certeza do próprio valor que muitas vezes não foram capazes de

A ESCOLA EUROPEIA

enxergar que compartilhavam uma mesma linha filosófica, a forma de ver o futebol de um herói comum aos dois: Rinus Michels.

Com sua atenção, obsessão, confiança e paixão pela formação de jogadores, Louis van Gaal é um típico treinador holandês. Cruyff e Michels gostavam de apitar faltas inexistentes nos treinos, como forma de criar confrontos e provocar seus jogadores a se esforçarem mais. Van Gaal não queria nada além de harmonia. Sempre que Cruyff ia embora de algum lugar, era van Gaal quem aparecia. Ou talvez fosse o contrário? O futebol "van gaaliano" pressupunha um maior grau de posse de bola do que nos times de Michels e Cruyff, mas, de acordo com este último, era mais mecânico, menos fluido, muito disciplinado e ensaiado. Como com Michels, a bola era rodada à frente de um bloco defensivo recuado para tentar abrir espaço. Se um homem estivesse pressionado por dois jogadores, isso significava que deveria haver vantagem numérica a ser explorada em outro ponto do campo.

André Villas-Boas, discípulo de segunda geração de van Gaal (e aprendiz de José Mourinho), explicou assim a abordagem do técnico holandês: "A ideia de Louis van Gaal é a da circulação contínua, de um lado ao outro, até que, numa dessas viradas de bola, se abra um espaço pelo qual fazer a infiltração. Então, o que van Gaal faz é, rodando a bola na horizontal, provocar o adversário até que, no desespero, ele saia para pressionar".[LXXVIII]

O perigo de jogar esse estilo de futebol é que, se os jogadores não estiverem posicionados corretamente para receber (num ângulo diagonal) e o passe sair na horizontal, o time fica exposto ao contra-ataque. A razão para o passe na diagonal é que, ao recebê-lo, o jogador se posiciona entre as linhas verticais e horizontais, numa zona em que os defensores adversários não sabem de quem é a responsabilidade de marcação.

Cruyff valorizava a liberdade, ao passo que van Gaal preferia a disciplina. "O futebol é um esporte de equipe, e os integrantes dessa equipe dependem, portanto, uns dos outros. Se alguns jogadores deixam de fazer seu trabalho adequadamente em campo, são os companheiros que sofrem", disse ele a Kormelink e Seeverens.[9] Como também era professor,

---

[9] KORMELINK, H; SEEVERENS, T. *The Coaching Philosophies of Louis van Gaal and the Ajax Coaches.* The

DANIEL FIELDSEND

van Gaal sabia quando aconselhar e quando ficar quieto. Cada detalhe era trabalhado: chutes a gol, passes, dribles. Conversava muito com os jovens recém-promovidos ao profissional e mostrava determinação em promovê-los: "Os jogadores formados no Ajax que chegam ao time de cima são como guardiões do estilo do clube. Os que vêm de fora precisam se adaptar".[10] Van Gaal definiu seu plano e os jogadores o encamparam.

De uma perspectiva tática, LvG compartilhava vários dos mesmos princípios básicos com Cruyff. Ambos acreditavam que a fase de posse de bola deveria ser desenvolvida a partir do goleiro e que o Ajax era mais forte quando tinha a bola. Mas, enquanto Cruyff permitia que suas equipes tivessem flexibilidade, van Gaal treinava cada ação e reação. Para ele, o sistema era primordial. Nos treinos, jamais previa um plano B fora do sistema. Se seus jogadores fossem capazes de se aperfeiçoar nele, não haveria necessidade de uma alternativa. Sobre o técnico, Bergkamp disse: "Louis é didático. Ele dá instruções a seus jogadores para que façam o sistema funcionar. E o sistema é sagrado. Todos os jogadores são iguais para van Gaal, para ele não existem grandes nomes, todo mundo está subordinado ao time e ao sistema, ao sistema dele, van Gaal".

Tendo chegado ao clube como coordenador das categorias de base, van Gaal ficou fascinado com os talentos de Seedorf, Davids e Reiziger. Exigiu que eles fossem promovidos ao time de cima na primeira oportunidade. Foi, portanto, uma pequena ironia que, quando se tornou técnico do time de cima, tenha sido um garoto finlandês obcecado por futebol, e não um nativo de Amsterdã, quem melhor encarnou o Ajax de van Gaal nos anos 1990. Descoberto por Ton Pronk quando jogava pelo MyPa, na Finlândia, Jari Litmanen tinha recebido baixa do exército não fazia muito tempo. Todos os seus amigos o chamavam de "Diego", por conta do cabelo comprido preto, tipo sul-americano, e da habilidade à la Maradona. Van Gaal, porém, não ficou impressionado com Litmanen de início. O clube ainda contou com Bergkamp, seu camisa 10, até 1993, quando o atacante se transferiu para a Inter de Milão. Van Gaal não jogaria com dois da posição — não combinava com o Ajax —, de modo que Litmanen teve que esperar.

Netherlands: Reedswain, 1997.

[10] Ibid.

A ESCOLA EUROPEIA

Com a saída de Bergkamp, Jari cresceu para conquistar o título da Eredivisie de 1994; com 26 gols, foi eleito o melhor jogador da temporada. Van der Sar ficava maravilhado com a dedicação do finlandês, que o convencia a, junto com Overmars e Davids, dar uma esticada nos treinos com exercícios extras; no ônibus a caminho dos jogos, ele e a figura alta e magra do goleiro batiam longos papos intelectuais. Aquele nível de reflexão era entreouvida e apreciada pelo treinador. LvG conversava constantemente com seus jogadores, procurando manter atualizada a pontuação de cada um em seu bloco de notas; valorizava especialmente a dedicação do finlandês. Um ambiente acadêmico seria forjado no Ajax.

Nos treinamentos, van Gaal incentivava a comunicação. Encorajava seus jogadores a questioná-lo e a se questionarem uns aos outros o tempo todo. O trabalho culminou num dos maiores triunfos da história do futebol, a conquista da Champions League de 1995 contra o Milan. A vitória na final, realizada em Viena, deu ensejo a que Kormelink e Seeverens revisassem a filosofia tática e de *team-building* implantada por van Gaal no Ajax, a qual incorporava elementos do que tinham feito antes Michels e Cruyff e até hoje se aplica a muito do que compõe a abordagem moderna do clube:

1. Van Gaal criou um modelo de jogo e incentivou os jogadores a investir nele.
2. Manteve alto grau de disciplina nos treinamentos, bem como em termos de padrão individual.
3. O desenho tático podia ser adaptado dependendo do adversário, mas o estilo se mantinha o mesmo.
4. Cada jogador tinha uma função a cumprir na estrutura.
5. A estrutura permitia que um jogo de triangulações reciclasse a posse de bola.
6. O time mantinha a marcação alta, pressionando com rapidez para impedir que o adversário fosse bem-sucedido na transição.
7. O time era paciente e esperava que o passe certo se apresentasse.
8. Van Gaal valorizava o fator intangível dos jovens formados na base.

DANIEL FIELDSEND

A revolução de veludo

O declínio foi lento e dolorosamente óbvio. De 1995 a 2010, o Ajax disputou quinze e ganhou apenas quatro títulos nacionais. Como o futebol se tornou cada vez mais dependente do dinheiro, a Eredivisie da Holanda passou a ser ignorada pelos patrocinadores e inevitavelmente ficou para trás. Se o Ajax tivesse tentado ficar à altura dos salários pagos em outros lugares, talvez pudesse ter aproveitado o sucesso na Champions League de 1995 para dominar a Europa por muitos anos. Acontece que o dinheiro estava em outra parte, e todos os jovens astros deixaram o clube. Edgar Davids, Patrick Kluivert e Michael Reiziger (Milan), Clarence Seedorf (Sampdoria), Finidi George (Bétis), Kanu (Inter), Marc Overmars (Arsenal), van der Sar (Juventus) e, por fim, Litmanen, Frank e Ronald de Boer (Barcelona) já tinham ido embora na virada do milênio — a maioria deles de graça.

O maior prejuízo ao Ajax não foi o desfalque no elenco, mas a perda de identidade. Seu estilo é algo primordial — o jogo de posição, a essência do clube. Assim, quando algum jogador vai embora — como tem acontecido em todas as janelas de transferência nos últimos anos — um substituto estará apto a ser promovido da base para ocupar a vaga. As vendas são pensadas de forma orgânica, para abrir espaço aos novos talentos do centro de formação. Faz parte de um plano sucessório. "Queremos ter o melhor time jovem da Europa", disse van der Sar mais tarde, como diretor de marketing do clube. Para cada posição, o Ajax tem uma lista de jovens prontos a entrar no time de cima. Cada jogador é avaliado pelos treinadores quanto ao melhor momento para a promoção. Uma vez acertada a venda de um dos profissionais, uma parte da receita é reinvestida nas categorias de base, alimentando um ciclo voltado ao surgimento de novos talentos. A abordagem em cascata de ensinar a todas as equipes de base o mesmo sistema reforça que a camisa vale mais do que o homem que a usa. Sob Martin Jol, um *outsider* nativo de Haia que chegou para comandar o clube em 2009, deixou de ser assim. O Ajax se tornou dependente do dono da camisa, e não mais do time, e, como consequência, perdeu sua identidade.

A ESCOLA EUROPEIA

Em vez de manter seu funcionamento orgânico, virou um clube genérico com desempenho condizente com a capacidade financeira. Cruyff ficou frustrado. "Esse é o pior Ajax que já vi", declarou de sua casa, na Catalunha.[11] Indignado ao ver tanta gente que simplesmente não compreendia o Ajax trabalhando no clube, organizou uma revolução. Frank de Boer seria o treinador do time de cima; Wim Jonk, o coordenador do centro de formação; Dennis Bergkamp, o elo entre a base e o profissional; Bryan Roy, o treinador dos juniores; e, substituindo os homens de terno nos bastidores, van der Sar se tornaria diretor de marketing, com Marc Overmars no cargo de diretor técnico. Mais adiante, Jaap Stam e Ronald de Boer também retornaram para treinar as categorias inferiores. "Cruyff continuará envolvido na implementação de sua visão de futebol dentro do clube", dizia o comunicado emitido pelo Ajax em abril de 2012.[LXXIX]

O primeiro-tenente de Cruyff nessa revolução, Dennis Bergkamp, descreveu o centro de formação pelo qual passou em sua época: "Se a gente olha para os treinadores de agora, eles são bem diferentes. Todos com seus crachás e muito simpáticos, sabendo exatamente que futebol jogar, e que tipo de exercício fazer, e por quantos minutos, e a distância entre os gols, e onde posicionar os cones. Talvez seja esse o problema. Nunca tivemos esse tipo de atenção [quando jovens], fomos mais autodidatas mesmo".[12]

Bergkamp sentia que os jogadores do time de cima do Ajax não sabiam encontrar soluções quando as coisas davam errado; olhavam para o banco perguntando: "O que é que a gente faz agora?". Quando eram treinados por Cruyff, os homens em campo tinham personalidade para superar os obstáculos. Ganhavam mais liberdade dos treinadores na base, e, sendo autodidatas, eram capazes de pensar por si mesmos. Van Gaal de certo modo se beneficiou disso com seu time de 1995. Na guerra civil que se iniciava, Bergkamp seria um dos aliados mais próximos de Cruyff. Um dos resultados da revolução capitaneada pelo ídolo do clube foi que os jovens passaram a aprender detalhes específicos sobre resiliência e técnica com jogadores

[11] BORN, E. *Blizzard: The Velvet Revolution*. 14 ed. Sunderland: Blizzard Media, 2014.

[12] BERGKAMP, D; WINNER, D. *Stillness and Speed: My Story*. Great Britain: Simon & Schuster, 2013.

DANIEL FIELDSEND

aposentados. O Ajax não mais produziria jogadores como numa linha de montagem, todos iguais. Seus futebolistas teriam cérebro.

Cruyff sabia que o Ajax não podia competir com os oligarcas financeiros do futebol moderno, de modo que não adiantava tentar vencê-los segundo as regras deles. Chegou a brincar, certa vez: "Nunca vi um saco de dinheiro marcar gol". Acreditava que o Ajax precisava de uma abordagem diferente, que servisse a seus próprios interesses, e não aos de seus rivais capitalistas. Decidiu que o centro de formação tinha que parar de produzir robôs para formar jogadores com personalidade como ele. Em especial, devia parar de comprar outsiders cujo coração não estava no Ajax, algo com que van Gaal provavelmente teria concordado também. Ao contrário do que costuma acontecer com revoluções políticas típicas, aquela funcionou. Sob o comando de Frank de Boer, o clube venceu quatro campeonatos nacionais consecutivos, de 2010-1 a 2013-4, ao mesmo tempo reformando sua identidade e alinhando a base ao time de cima.

Mas não há bem que dure para sempre. Os holandeses têm uma palavra para aquele momento em que tudo começa a desmoronar quando estava indo tão bem: *plankenkoorts*. Originalmente era usada no teatro, quando um ator esquecia suas falas diante da plateia. Hoje aparece mais em conversas sobre futebol. À medida que a revolução foi enfraquecendo, o PSV venceu dois títulos da liga. O relacionamento de Wim Jonk com a equipe técnica e administrativa desandou completamente, o que levou à sua saída do Ajax. Cruyff reagiu irado e se afastou da função de conselheiro. Parecia que seu levante seria desmantelado. Mas, quando da triste notícia de sua morte, em 2016, a cidade toda pareceu se dar conta de seu gênio, uma onda que varreu Amsterdã, e muitos no Ajax resolveram, muito determinados, preservar os ensinamentos do ídolo. "O modo como trabalhamos é totalmente parte do legado de Johan", confirmou o treinador da base, Peter van der Veen, durante a minha visita. O espírito de inovação de Cruyff permanecerá para sempre ligado ao Ajax de Amsterdã.

20.
A RECEITA DA COCA-COLA

A metodologia do Ajax é o resultado de três evoluções: a liberdade criativa de Rinus Michels, o jogo de posição de Johan Cruyff e o foco na posse de bola de Louis van Gaal. O processo evolutivo funciona de tal forma que os aspectos bem-sucedidos são mantidos e tudo o mais pouco a pouco é desenvolvido ou substituído. O Ajax inventou e reinventou seu modelo ao longo de quarenta anos, de forma a manter uma identidade pioneira. Seu sucesso na formação de jovens é tal que se tornou o ponto de referência para o qual outros clubes olham (e que muitas vezes copiam). Terminar minha viagem ali, no epicentro do pensamento em futebol, pareceu bem apropriado.

DANIEL FIELDSEND

Damiën Hertog solta uma risada de espanto com a pergunta. Estamos num campo de golfe ao lado do De Toekomst, o mundialmente famoso centro de formação do Ajax, e seguimos com nosso bate-papo sobre futebol. Hertog veio para assistir ao sub-17 do Feyenoord que, dali a algumas horas, terá vencido o time juvenil do Ajax. "O que o Peter respondeu?", ele se esquiva, o olhar ainda sorridente. Refere-se a Peter van der Veen, um dos mais conhecidos treinadores da base do Ajax e seu grande amigo — os dois jogaram juntos pelo Excelsior Roterdã, nos anos 1990.[1] Explico que meu encontro com Peter será apenas no dia seguinte, portanto ele, Damiën, é quem está respondendo primeiro à questão sobre como será o futebol do futuro. "O desafio pra gente é ser criativo e fazer algo que surpreenda o resto do mundo", diz ele. "Claro, é fácil dizer que vai ser desse jeito — mais compacto, com menos espaços e todos fisicamente mais fortes —, mas isso todo mundo já sabe. Sempre fomos criativos aqui na Holanda e continuaremos assim no futuro, de modo a achar oportunidades de superar os demais."

O Feyenoord desenvolve as funções cognitivas de seus jovens para torná-los capazes de tomar decisões ótimas. Hertog se inspira na rapidez de raciocínio de jogadores como Andrés Iniesta e Toni Kroos. "Adoro esses jogadores baixinhos e inteligentes, responsáveis pela tomada de decisão. Não porque sejam baixinhos, também gosto dos altos! O cara pode ser fisicamente forte, mas com o raciocínio sempre mais veloz, então acho que é por aí: mais jogadores tomando decisões com mais rapidez."

No dia seguinte, Peter van der Veen, do Ajax, respondeu à questão, não do ponto de vista do espetáculo em geral, mas da formação de jovens. "Bom, a gente vê que, na elite do futebol europeu, os times disputam sessenta jogos por temporada. A centelha se apaga e o fogo baixa um pouco. Então, no aspecto físico, vamos ver coisas realmente interessantes no futuro. Aqui a gente tem essa ideia de que os melhores talentos nunca se machucam", comentou ele, citando como exemplos os experimentados Luis Suárez e Ibrahimović. "A chance

---

[1] Peter, como tantos outros personagens aqui, tinha assumido outra função na época da publicação deste livro, passando a trabalhar no sub-16 do KNVB.

A ESCOLA EUROPEIA

de um cara que não costuma se lesionar chegar ao time de cima é grande, porque ele teve condições de se desenvolver. Mas jogar na elite da Europa está um passo além. Por que Messi e Ronaldo são tão bons? Motivação interna é a resposta. Ronaldo tem uma bicicleta na piscina de casa para se manter no auge da forma; os jogadores precisam se perguntar: 'Sou mais determinado que as outras pessoas?'. Isso é o mais importante. Temos alguns jogadores nas categorias de base cuja motivação é incrível. E em termos táticos? Nós [treinadores da base] temos que estar sempre a par da evolução do jogo e prever como será daqui a cinco anos."

O futuro

Quando cheguei, Peter estava treinando três dos meninos em regime de internato num exercício de chutes a gol. Consistia em, num tempo cronometrado, contornar um manequim no bico da área e cruzar para o atacante. Enquanto fiquei ali, o pequeno camisa 9 deve ter dado uns vinte chutes, a partir de todo tipo de assistência. Assistências as mais variadas. É parte do legado de Cruyff, sempre determinado a fazer evoluir o indivíduo em exercícios isolados, a enraizar a técnica como memória muscular pela repetição. Peter passou o exercício todo falando bastante, incentivando os jogadores e comemorando cada gol.

De Toekomst se traduz como "o futuro". Uma ponte separa o centro de formação da Amsterdam Arena, o estádio de 53 mil lugares do Ajax.[2] Essa infraestrutura pode ser vista como uma metáfora da jornada empreendida pelos garotos da base ao profissional: "Você está a apenas uma ponte de seus sonhos". O grupo de Abu Dhabi que assumiu o Manchester City gostou da ideia e resolveu construir as instalações de ponta de suas categorias de base junto a uma ponte perto do Etihad. Nos dias de jogos, tanto o City quanto o Ajax fazem seus jovens atravessar essas pontes para atuar como gandulas. Acreditam que ouvir de perto o barulho da torcida ajuda esses jovens a compreender o significado do clube.

---

[2] Enormes e impressionantes tapeçarias retratando momentos significativos na carreira de Johan Cruyff pendiam a intervalos regulares na fachada do estádio. Debaixo deles, nativos da cidade, tristes e silenciosos, mantinham o olhar parado ao longe. Nada de fotos, apenas luto.

DANIEL FIELDSEND

Enquanto Peter trabalhava, saí para explorar o complexo. Como no Feyenoord, um córrego estreito atravessa De Toekomst, dando uma sensação de tranquilidade. Enquanto eu caminhava por ali, um bando de meninos escandinavos loiros e seus pais chegavam para uma partida, todos parecendo aficionados pelo Ajax. Viram o capitão do time, Davy Klaassen, entrar pela recepção e correram até ele atrás de *selfies* (amor paterno em segundo plano, eram os pais quem tomavam a frente da fila).

A equipe sub-18 treinava num campo mais adiante. Quando terminei de cruzar uma série de pequenas pontes para chegar ao local, o treino tinha terminado e os rapazes estavam ansiosos para sair do frio. Jaap Stam reteve um jovem zagueiro por mais dez minutos para demonstrar um pouco de movimentação defensiva a ele. O adolescente ficou lá, parado sob a garoa, tanto ele quanto seu treinador aparentemente alheios ao fato de serem as únicas duas pessoas ainda no campo. Hertog havia descrito como inestimáveis os conhecimentos passados por jogadores de nível internacional. Stam se agachava, gesticulava, andava para lá e para cá apontando e explicando ao rapaz como cuidar de grandes atacantes, como um dia fizera com Ronaldo e Vieri. Alguns meses depois, ele assumiria como treinador do Reading.

Já dentro do prédio, inspirado pela atmosfera, perguntei a Peter van der Veen como era trabalhar com nomes como Stam e Bergkamp. Peter reconheceu a importância do conhecimento compartilhado por eles com os jogadores, mas também ressaltou aquilo que é transmitido a outros treinadores. "Assisti a uma aula do Stam sobre defesa e, depois de terminada, pude esclarecer diretamente com ele alguns dos pontos." Além disso, o Ajax se preocupa com seus treinadores e valoriza sua formação: "Temos a oportunidade de fazer um mestrado em Treinamento Esportivo no Instituto Johan Cruyff. Todo mundo aqui passou pela universidade, e toda sexta temos palestras no instituto sobre assuntos como contato com a mídia". Como consequência, o Ajax retém o conhecimento com seu pessoal técnico, transformando De Toekomst numa espécie de ágora do futebol — um local de debates filosóficos.

A ESCOLA EUROPEIA

O segredo do Ajax

Alguns lugares têm uma aura; passam uma sensação de substância e credibilidade. De Toekomst é um desses lugares. Os padrões associados ao centro de formação do Ajax estão entre os mais altos do mundo. Van Basten, Rijkaard, Seedorf, Bergkamp. Os nomes chovem sobre cada campo de treino, salpicando os jogadores de motivação. Inspira confiança saber que pertencem ao clube de origem do melhor da Holanda. Para os treinadores ali, há a pressão para manter as tradições e a história do clube. "Eu me divirto", garantiu Peter van der Veen. "Vejo maravilhas em termos de habilidade numa manhã. A gente trabalha aqui e se depara com situações viajando ao redor do mundo as quais não teria acesso se não fosse o nome Ajax. Há uns três anos, estive em St. George's Park, num torneio que disputamos lá. Pediram aos outros treinadores que assistiam ao torneio para escolher alguma questão tática da partida, que eu então tive que apresentar e explicar a eles." A consideração de que goza o Ajax entre os pares (e rivais) é tal que cada um de seus métodos é estudado e dissecado.

Essa filosofia formadora evoluiu ao longo de muitos anos. Para o Ajax, assim como para o Feyenoord, uma determinação inata, que brote naturalmente dentro de cada indivíduo, é essencial, algo a ser explorado e aproveitado, permitindo que os treinadores criem uma atmosfera vitoriosa contagiante. "É uma mistura de tudo. O mais importante é a motivação intrínseca. Se o jogador não tem essa determinação, não há o que fazer. Precisa ter esse fogo dentro dele, mas também é possível criar um ambiente propício a isso nas sessões de treinamento. No treino de hoje, você assistiu aos dois garotos que mais marcaram gols — tinha prometido pagar uma bebida para o vencedor. Fui anotando os gols de cada um e terminou 12 × 8. Nos coletivos, quem perde sempre tem que fazer alguma coisa, dar uma corrida, por exemplo, enquanto os vencedores vão descansar e beber algo, sabe?", prossegue Peter, dizendo que vencer não é ofensivo, e sim uma parte crucial da evolução do jogador. Ao tomar gosto por competir nos times de base, ele chegará ao profissional, mais tarde, com aquela gana exigida para ter sucesso no futebol. Em todos os esportes, até no xadrez, há um vencedor e um perdedor.

DANIEL FIELDSEND

Formar jogadores como faz o Ajax depende de uma receita secreta. No entanto, como acontece com qualquer ideia brilhante, não há grande mistério aí. Requer que o menino seja preparado para jogar no time de cima desde sua primeira sessão de treinamento na base; como constelações que se alinham. O sistema, no clube, é um 1-4-3-3. Inclui-se o "1" porque o goleiro é quem, como um primeiro atacante, inicia a construção das jogadas. Cruyff, quando trabalhava como treinador do Barcelona, queria que seu goleiro fosse um jogador de linha — podia, dessa forma, escalar de fato onze jogadores. A função dos goleiros evoluiu para um tipo de jogo com a bola que, no Ajax, significou passar a vê-los já há muitos anos participando de exercícios de passe com seus companheiros de linha.

Para Peter, o segredo para formar um jogador no Ajax começa por ensiná-lo, ainda criança, a ganhar suas disputas mano a mano. Por exemplo, o meia-esquerda contra o lateral direito. Em seguida, os meninos passam a trabalhar em exercícios de dois contra dois e três contra três, sempre em pequenos espaços para que toquem muitas vezes na bola. Os princípios da formação 1-4-3-3 vão ficando mais complexos à medida que a criança cresce. Peter explica como funciona essa evolução nas idades intermediárias (sub-13 ao sub-16): "A forma que temos de introduzir o campo inteiro com nossos sub-13 — uma vez que, nessa idade, eles ainda não jogam onze contra onze, mas precisam entender os princípios táticos — é exercitar a construção de jogadas a partir do goleiro e da defesa. No sub-14, pegamos os meios-campistas para trabalhar junto com os três da frente. E por fim, no sub-16, o foco é a movimentação do time. Na prática, o sub-14 envolve todo mundo, de modo que treinamos com três linhas. No sub-13 são duas, ou seja, nessa faixa etária o foco é mais no indivíduo".

Antes dos treze anos, os meninos trabalham a construção de jogadas a partir de suas posições de base (goleiro e defesa), enquanto os atacantes podem jogar instintivamente. "Planejamos a sessão e mostramos a eles onde estão as oportunidades. Claro, deixamos que eles descubram, mas fazemos perguntas como: 'Por que você acha que deve ir para esse lugar do campo?'. E dá para sentir isso nos jogos, tudo tem relação. Do profissional à base, todos jogam do mesmo jeito, com as mesmas características. Essa é nossa receita da Coca-Cola."

A ESCOLA EUROPEIA

Mas como o Ajax permanece inovador quando todos querem copiar sua receita? Usando a lógica, Peter responde: "Vemos o que os times de ponta podem querer implementar nos próximos cinco anos e tentamos fazer primeiro. Temos que ser criativos e tentar coisas novas. Se achamos que é o melhor para nós, então vamos tentar, não vamos ficar parados. Queremos ser os primeiros, ser especiais. É o que este clube tem mais do que qualquer outro na Holanda". E no mundo, potencialmente. Enquanto Peter toma um gole d'água, Edwin van der Sar passa pela nossa mesa com um grupo de clientes. Dennis Bergkamp está sentado duas mesas adiante. Como me arrependo de não ter trazido um caderno de autógrafos.

Exemplos dessa capacidade de inovação? "Bom, se você reparar como jogam o lateral esquerdo e o ponta do mesmo lado no Bayern de Munique [Alaba ocupa o que se chama de 'zona intermediária', à frente dos dois zagueiros, num corredor próximo dos meios-campistas; Douglas Costa fica bem aberto, percorrendo o campo todo na horizontal], é como treinamos o sub-13." Mais tarde, poderei observar a maneira como o lateral direito do Ajax se infiltra com a bola pela zona intermediária e pelo meio, enquanto o ponta permanece aberto, puxando os zagueiros com seu posicionamento. "Sabemos que é a grande novidade e estamos implementando. Temos visto como ajuda os jogadores a ocuparem espaços com os quais nunca costumávamos nos preocupar. Os adversários pensam: 'O que está acontecendo?', de modo que ficam sob pressão. Fizemos um treino de sete contra sete com certos espaços delimitados por quadrados, e o lateral direito e o ponta não podiam se posicionar na mesma linha vertical. Quando estou no banco, simplesmente digo aos jogadores: "Ponta!", e eles usam essa estratégia, às vezes no momento certo, aí se dão conta: 'Opa, tenho espaço aqui', o que é gratificante de ver para mim, como treinador."

A divisão do campo em espaços menores para exercícios, como descreve Peter, atesta a teoria segundo a qual o futebol está mais parecido que nunca com o xadrez. Tome-se um tabuleiro e o fato de que os peões só podem atacar o adversário na diagonal; os jogadores passaram a levar mais em consideração seu posicionamento lateral e longitudinal. O futebol adotou aspectos do *Totaalvoetbal*, de Michels,

327

DANIEL FIELDSEND

como a preocupação com a ocupação de espaços, e os desenvolveu no sentido de tornar o esporte mais rápido e transicional. No livro *Football & Chess: Tactics, Strategy, Beauty*, Adam Wells escreve sobre como a simplicidade fundamental de ambos os esportes, por conta da liberdade dos jogadores para tomar decisões, também os torna tão paradoxalmente complexos: "Todo movimento ou ação afeta tudo o mais em torno. Uma peça ou um jogador mal posicionados podem ser um desastre".[3] O melhor enxadrista do mundo, Magnus Carlsen, da Noruega, é torcedor do Ajax e já chegou a discutir tática com o zagueiro central do time, Joël Veltman. É da cultura holandesa analisar os problemas, ponderá-los, antes de oferecer uma saída intelectual.

I am Sterdam

Porque o nível da formação de talentos na Holanda é tão alto, os clubes mais ricos da Europa têm levado os melhores jogadores do país cada vez mais jovens. Mas, no verdadeiro espírito de Amsterdã, não há problemas, só soluções. O Ajax procurou contornar essa questão e decidiu aprimorar os vínculos emocionais que podem ser forjados com jogadores mais jovens. Enquanto o Feyenoord mantém seu sistema de camaradagem, o Ajax criou um esquema de mentoria. Peter explica: "Trabalho como mentor de dez jogadores. Tento dar mais atenção a eles do que aos demais da equipe. São três do sub-16, dois do sub-15, três do sub-14 e dois do sub-13. Todas as sextas-feiras fazemos uma análise de vídeo com nossos dez jogadores, para a qual eu preparo os clipes. Aí apareço nas escolas e nas casas deles, apenas para criar um vínculo, para dar mais incentivo ao desenvolvimento do que eles teriam em qualquer outro clube. Os meninos têm mais atenção e cada treinador cuida de dez. Estamos fazendo isso há dois ou três anos".

O Ajax sentiu que precisava criar laços mais fortes com as crianças para convencê-las de que De Toekomst era o melhor lugar para estarem. O pessoal do clube as visita, entra nos quartos e joga videogame com elas, que mostram ao treinador seus passatempos quando estão em casa, associando subconscientemente o profissional do Ajax com

---

[3] WELLS, A. *Football & Chess: Tactics, Strategy, Beauty*. Devon: Hardinge Simpole, 2007, p. 7.

A ESCOLA EUROPEIA

a vida doméstica familiar (e com um ambiente de afeto). Ninguém abandona totalmente um lar que tem amor — ele permanecerá no coração —, de modo que, ao forjar esse vínculo com as crianças sob sua orientação, os treinadores criam uma atmosfera familiar no centro de formação.

Depois do almoço, uma multidão do bairro invadiu o miniestádio para assistir à batalha entre os sub-17 do Ajax e do Feyenoord. Os técnicos das equipes se abraçaram como velhos irmãos — todos se conhecem e se encontram regularmente para discutir métodos que possam aperfeiçoar o futebol holandês. O fracasso na qualificação para a Eurocopa de 2016 tornou o diálogo mais urgente, e os grandes clubes decidiram que, a fim de melhorar a qualidade do desenvolvimento de talentos, deveriam promover competições entre si com mais frequência. Agora, o encontro entre Ajax e Feyenoord acontecerá três vezes por temporada, assim como jogos contra PSV e Twente.

"Talento forma talento, e os melhores jovens jogadores precisam ser desafiados", explicara Hertog no dia anterior. "Temos uma vantagem na Holanda, a de que somos um pequeno país com muitos jogadores; são apenas duas horas de carro de uma ponta à outra do território, de modo que é possível estar sempre jogando. Competição é crucial, e discutimos muito com outras equipes sobre como melhorar nossa competividade. Em vez de jogar numa liga com dezesseis, como fazíamos até o ano passado, hoje temos duas divisões com oito cada uma. Nossas equipes juvenis passaram a jogar com bastante frequência contra o Ajax e o PSV", completou Hertog.

A partida daquela tarde foi uma demonstração de determinação e entusiasmo por parte do Feyenoord e da rápida e dinâmica troca de passes do Ajax. O melhor jogador do Feyenoord era um meia-esquerda com cabelos no estilo Ruud Gullit. Veloz, habilidoso e direto. Procurei o nome dele no programa: Tahith Chong. Até os torcedores do Ajax nas arquibancadas aplaudiram seu desempenho. O lateral direito do time não conseguiu apoiar como faria normalmente por ter de marcar a velocidade de Chong. O mini-Gullit deu quatro assistências. Três meses depois, estava contratado pelo Manchester United. Igualmente impressionante, no Ajax, era o ponta pela direita,

DANIEL FIELDSEND

que garantiu a qualidade do espetáculo por aquele lado do ataque. Ao marcar um gol, o atacante acenou para o pai na linha lateral: Patrick Kluivert. Justin Kluivert era o capitão do time e um dos melhores jogadores. Dois senhores de boné à minha frente assentiram em aprovação, sua mensagem clara sem precisar ser dita: com jogadores como aqueles, a Holanda tem um futuro e tanto.

A ESCOLA EUROPEIA

Agradecimentos

Este livro não existiria sem o tempo e a assistência de muitas pessoas. Em primeiro lugar, sou eternamente grato a Gareth Flitcroft, uma das pessoas mais ponderadas do futebol, por seu apoio da concepção à conclusão do livro. A Pete Burns, da Arena Sports, obrigado por tentar a sorte comigo. Sou grato a ambos os meus revisores, Lee Baines, ótimo professor, e Will Veevers, meu bom amigo. Sean Rainey, seus gráficos ficaram absolutamente fantásticos. Aos funcionários e alunos da Pontville School — particularmente aos meus meninos do Atlético — obrigado por acreditarem; a vocês digo que, independentemente dos percalços da vida, se a gente desejar e perseverar, terá sucesso. E, por inspirar e convencer um novato de 25 anos de idade de que a missão era possível, serei para sempre grato à minha maravilhosa parceira Hannah Hurlow.

Reino Unido: categorias de base do Liverpool FC, Sam McGuire. Sylvia, Paul, Edna, Rachel e Lily Fieldsend pelo incentivo. Dr. Joel Rookwood e dr. Liam O'Callaghan por canalizarem uma paixão.

França: Simon Kuper, Jonathan Johnson, Cedric Hascoet, Hugo Payet-Burin, Enzo Guagnano, dr. Emmanuel Orhant e Mehdi Joumaili.

Espanha (e Catalunha e País Basco): Ekain Rojo, Iñaki Azkarraga, Jose Marí Amorrortu, Albert Juncà Pujol, Albert Rudé, Jordi Colome, Neil Moran, Kieran Smith.

Portugal: Tom Kundert, Sandro Carriço, Nuno Maurício, Vítor Matos, Ricardo Damas.

Itália: Filippo Galli, Luca Hodges-Ramon, Stefano Baldini, Roberto Brovarone, Pablo Longoria, Gianluca Di Marzio, Dario Vismara, George Rinaldi, Reza Ghaemi.

DANIEL FIELDSEND

Áustria e Hungria: René Marić, Christopher Vivell, George Hemingway, Abel Lorincz, Jasper de Muijnck, Ralf Muhr, Gaby Kovacs, Dagmar Glaser, Richard Kitzbichler, Oliver Zesiger.

Alemanha: Chris Williams, Tobias Escher, Nicolai Kammann, Randall Hauk.

Holanda: Damiën Hertog, Glenn van der Kraan, Peter van der Veen, Mark Lievisse Adriaanse, Steven Jones.

A ESCOLA EUROPEIA

Referências

[I] *The Guardian*. (2008) Fans' faux pas ensures that PSG lose even when they manage to win.

[II] QSI. Who we are.

[III] ESPN. (2016) The dominance of established 'superclubs' shows no sign of ending.

[IV] *The Guardian*. (2015) 1860 Munich, the city's other club.

[V] *Financial Times*. (2014) Can Paris Saint-Germain become the world's richest sports club?

[VI] *Le Monde*. (2016) En 1995, le PSG est passé à côté de David Trézéguet à cause d'une simple formalité.

[VII] *Ahram*. (2011) PSG hires Leonardo as new sporting director.

[VIII] *Harvard Business Review*. (2014) Overcoming the Peter Principle.

[IX] *The Telegraph*. (2016) Crystal Palace's Yohan Cabaye: "I left PSG for first-team football. Now I'm determined to win the fa Cup".

[X] *The Guardian*. (2016) Carlo Ancelotti: the arch firefighter who always pays his way.

[XI] BBC. (2011) Qatari takeover heralds new dawn for Paris Saint-Germain.

[XII] *New York Times*. (2016) When Even Soccer Divides the French.

[XIII] *The Telegraph*. (2008) Karim Benzema keeps feet on the Lyon ground.

[XIV] *ESPN*. (2012) President delighted with Lyon cost-cutting.

[XV] *Ligue1*. (2015) Aulas: The Architect of Lyon's Success.

[XVI] *Building*. (2016) Grande Stade de Lyon: Stadium Franglais.

[XVII] *Ligue1*. (2015) Aulas: The Architect of Lyon's Success.

[XVIII] *New York Times*. (2015) Using Only Local Talent, Athletic Bilbao Goes a Long Way.

[XIX] *Euskalkultura*. (2013) Mariann Vaczi, anthropologist, Athletic goes against the tendencies of competition; they are the Asterix and Obelix of world soccer.

[XX] *Telegraph*. (2013) Catalonia and Basque Country reignite call for independent national football identities.

[XXI] *Inside Spanish Football*. (2014) Rubén Pardo extends contract with Real Sociedad until 2018.

[XXII] *Bleacher Report*. (2013) Sir Bobby Robson and His Gifts to Football.

[XXIII] Sky Sports. (2016) Eddie Jones admits his admiration for "rugby fan" Pep Guardiola.

[XXIV] Marti Perarnau. (2012) Vítor Frade, el padre de la Periodización Táctica.

[XXV] Juan Luis Delgado-Bordonau. (S/D) Tactical Periodization: Mourinho's best--kept secret?

[XXVI] *International Business Times*. (2016) Andre Villas-Boas admits working with Jose Mourinho was the best time of his life.

[XXVII] *The Guardian*. (2014) Premier League clubs can learn from Portugal's profit centres.

[XXVIII] *Mais Futebol*. (2016) Jesus, Vítor Pereira ou Mourinho: o legado de Cruijff em Portugal.

[XXIX] *Give me Sport*. (2016) Cristiano Ronaldo hailed by Aurelio Pereira.

[XXX] *PortuGoal*. (2016) Portugal, united through adversity, aim to rewrite history.

[XXXI] OBV. (2014) Richard Williams: The Tenacity of a Black Father.

[XXXII] *La Region*. (2015) Hasta a Toshack le hubiese gustado.

[XXXIII] Fifa. (2008) Van Gaal: My football philosophy.

[XXXIV] Spielverlagerung.de. (2013) Juego de Posición under Pep Guardiola.

[XXXV] *FourFourTwo*. (2015) How Johan Cruyff reinvented modern football at Barcelona.

[XXXVI] *Mundo Deportivo*. (2013) Laureano Ruiz presenta "El auténtico método Barça".

[XXXVII] *The Telegraph*. (2016) An emotional return for Pep Guardiola?

[XXXVIII] *Marca*. (2016) Barcelona's new model leaving La Masia behind.

[XXXIX] *Independent*. (2010) The day Eric Cantona failed to bring down the French banks.

[XL] *The Set Pieces*. (2016) Transfer Window Myth-Busting.

[XLI] Juventus.com. (2016) Mission.

[XLII] *The Guardian*. (2016) The secret behind Sevilla's success? Meet Monchi, the transfer wizard.

DANIEL FIELDSEND

[XLIII] *Italian Football Daily*. (2014) "We fell in love with Vidal while Scouting Giuseppe Rossi".

[XLIV] *Independent*. (2015) Massimiliano Allegri interview: Juventus coach confident in his methods.

[XLV] *Corriere dello Sport*. (2016) Milan con 11 italiani giovani il sogno di Berlusconi.

[XLVI] *La Gazzetta Dello Sport*. (2016) Milan, casa Donnarumma: due giganti, le lasagne e un sogno rossonero.

[XLVII] BBC. (2013) German football model is a league apart.

[XLVIII] *The Guardian*. (2016) Want to understand Pep Guardiola's football? Look at Joshua Kimmich.

[XLIX] *The Guardian*. (2016) Pep Guardiola is a radical who will perfect his ideas at Manchester City.

[L] *The Guardian*. (2013) How Germany went from bust to boom on the talent production line.

[LI] *The Telegraph*. (2010) Spanish reap rewards for 10-year investment in youth football.

[LII] *The Telegraph*. (2006) Salzburg goes wild for Wolfgang.

[LIII] *Faz*. (2005) Zwischen mir und Abramowitsch liegen Lichtjahre.

[LIV] *Profil*. (2015) Red-Bull-Chef Dietrich Mateschitz über Fußball und die Formel 1.

[LV] LeftWingSoccer. (2011) The Myth of Moneyball: Financial Investment in Potential Growth.

[LVI] *The Telegraph*. (2008) Portsmouth accept £20m Real Madrid offer for Lassana Diarra.

[LVII] ESPN. (2015) Atlético president Enrique Cerezo defends club's transfer policy.

[LVIII] *Sapo de Sport*. (2015) Luís Filipe Vieira: "O novo modelo é apostar nos jovens e reduzir endividamento".

[LIX] *Watford Observer*. (2014) The mastermind of the scouting network behind Udinese, Watford and Granada.

[LX] *The Guardian*. (2015) Ajax are the most prolific producers of talent as English clubs lag behind.

[LXI] Consultancy.uk. (2014) Ajax hires BCG to review its youth football academy.

[LXII] *Z News*. (2013) Ajax most productive academy in European football.

[LXIII] *Equaliser*. (2010) Crucibles and Coffee Houses.

[LXIV] *Squawka*. (2015) Guardiola: David Alaba is Bayern's "God".

[LXV] *De Telegraaf*. (2014) Johan Cruijff looft Dirk Kuyt.

[LXVI] *Goal*. (2013) Guardiola: Lahm cleverest I've coached.

[LXVII] *The Guardian*. (2016) David Alaba: "I didn't know I could play as a central defender".

[LXVIII] *Cosmopublic*. (2014) Orbán builds Occupation Memorial – and his 'personal' Football Stadium.

[LXIX] Yahoo. (2015) Hungary's Orban seeks football glory days again.

[LXX] *FourFourTwo*. (2014) Year Zero: How Germany restructured itself – and why it couldn't work elsewhere.

[LXXI] ECA. (2014) ECA visits FC Schalke 04 Youth Academy.

[LXXII] *The Daily Mail*. (2009) On almost shunning football for fishing, graft over glory, respect for Rafa.

[LXXIII] *The Mirror*. (2007) Van Persie reveals the bizarre moment he realised Dennis Bergkamp's genius.

[LXXIV] *World Soccer*. (2011) Interview with Arrigo Sacchi.

[LXXV] *The Guardian*. (2013) The great European Cup teams: Ajax 1971–73.

[LXXVI] *FourFourTwo*. (2015) How Johan Cruyff reinvented modern football at Barcelona.

[LXXVII] *The Herald*. (2001) Scot who played with Ajax greats.

[LXXVIII] *The Telegraph*. (2011) Chelsea manager Andre Villas-Boas's footballing philosophy.

[LXXIX] *Independent*. (2012) Johan Cruyff set to implement "technical revolution" at Ajax.

Sobre o autor
Daniel Fieldsend é analista e técnico de futebol com formação pela Uefa, tendo vasta experiência na indústria esportiva. Graduado em Ciências e Estudos de Futebol, atuou como pesquisador do Liverpool FC para a série *Football Manager*. Também foi fundador e editor do site Leftwingsoccer.com, além de escrever para a revista acadêmica dinamarquesa *Sport Executive*.

2ª reimpressão

Este livro foi composto na fonte Adobe Caslon Pro em corpo 12 pontos, impresso pela gráfica Rotaplan em papel Avena 80g e diagramado pela BR75 texto | design | produção.

Rio de Janeiro, 2021